베를린, 천 개의 연극

베를린, 천 개의 연극

유럽 연극의 수도에서 삶을 뒤흔든 작품들을 만나다

박철호 지음

반비

아 버 지 들 에 게

일러두기

1. 고유명사는 국립국어원 원칙을 따라 표기하였으며 『두덴 발음 사전』(2010)을 참조하였다.

2. 독일에서 공연된 비독일 작품에 나오는 고유명사들은 원어 발음을 기준으로 표기하였다.

3. 이 책에서 다루는 주요 희곡을 포함해 문학작품의 제목은 국내에 번역되지 않은 작품에 한해 원어를 병기하였다.

4. 화가명, 가수명, 회화 작품명, 지명, 곡명, 영화배우명, 영화감독명은 의미상 필요한 경우를 제외 하고는 원어를 병기하지 않았다.

5. 각 장에서 다루는 대표 작품의 극작가, 연출가, 배우의 이름은 최초 등장시에 한해 원어를 병기 하였다. 이 외의 작품들의 경우, 국내에 잘 알려지지 않은 이름에 한해 원어를 병기하였다.

6. 본문에 나오는 인용문들은 국내 번역본이 있을 경우, 가장 신뢰할 만한 판본을 기준으로 인용 하였다. 번역본이 없는 경우에는 저자의 번역을 수록하였다. 다만 「일리아스」의 경우, 독일에서 제시된 새로운 번역판을 소개하는 공연이라는 특수성을 감안하여 해당 독일어 판본에 대한 저 자의 번역을 수록하였다.

추천의 글

현대 독일 연극 관극기가 국내에 출판되는 것은 거의 최초의 일인 것 같다. 독일 희곡을 소개하고 분석한 이론 서적은 몇 권 나와 있으나, 베를린의 극장에 올려진 연극을, 마치 현장을 그대로 녹화하여 보여주는 듯 그려내는 책은 처음 대한다. 독일뿐 아니라 다른 어느 나라 연극의 경우에도 마찬가지인 것이 우리 연극계의 현실이다. 그래서 이 책의 출판이 참으로 반갑다.

이 책에는 '단기' 베를리너이자 동시에 이방인으로서의 저자의 일상이 생생하게 드러나 있고 인문학의 향취가 진하게 배어 있으며, 연극을 향한 깊은 사랑이 녹아 있다. 읽는 것만으로도 베를린에 있는 저자의 모습이, 베를린 사람들의 삶과 사회가, 베를린의 현대 연극 무대가 선명하게 눈앞에 보이고 들리는 듯하다. 함께 수록된, 귀한 컬러 공연 사진들은 금상첨화라 하겠다.

연극을 사랑하는 관객들이 참으로 쉽게 읽을 수 있게 쓰였다. 나아가 연극을 만드는 배우와 연출가들에게는 "그들은 왜 연극을 하는가? 그들은 어떤 연극을 보고 있는가?"라는 질문을 통해 "우리는 왜 연극을 하는가? 우리는 어떤 연극을 보고 있는가?"라고 자문해보게 만든다.

세종문화회관 서울시극단 단장
김철리

7

책을 펴내며

"이렇게 두어도 한판의 바둑." 좋은 대국對局을 복기復碁하면서 바둑 해설자들은 종종 이렇게 말한다. 언제 들어도 의미심장한 말이다. 승리보다는 좋은 대국을 더 중요시하는 프로 기사들의 마음이 엿보이기 때문이다. 인생도 그와 비슷한 것 같다. 인생에 승리가 어디 있겠으며 정답이 어디 있겠는가. 빨리 달리건 천천히 달리건 나에게는 단 하나뿐인 소중한 인생이다.

바둑에는 좋은 상대가 있어서 명국名局을 만들어내지만 인생에는 이런 상대가 없다. 아직 젊은 나이지만 연극을 둘러싼 내 인생을 돌아보니 내 삶의 바둑판에는 욕망을 추구하고자 하는 나와, 타인들과의 관계를 먼저 조율하고자 하는 또 다른 나와의 싸움의 흔적이 가득하다.

처음 연극을 접한 것이 1994년이니 벌써 17년이 흘렀다. 뉴욕에 MBA를 공부하러 갔다가 유진 오닐의 「밤으로의 긴 여로」라는, 마약과도 같은 연극에 푹 빠졌었다. 이후 자본과 연극이라는, 현실과 이상 사이를 오가는 갈등을 수없이 하다가 결국 연극을 선택했다. 우선 파리로 가서 취약한 문학적 기반을 채우기로 결심했다. 그렇게 파리에서 프랑스 문학을 공부했지만 이것만으로는 연극을 향한 갈증이 채워지지 않았다. 영어와 프랑스어로 된 희곡 원서들을 읽으며 번역본과 원본에서 각각 전달되는 의미와 감동의 차이를 실감하고 나니 여러 언어를 더 공부해야 한다는 생각이 들었다. 그리스 고전 희곡까지 원어로 읽고 싶은 욕심에 고대 그리스어도 공부했으나 이것은 시간이 좀 더 필요한 일이어서 우선 스페인어와 독일어에 집중했다. 스페인어는 프랑스어와 문법이나 어휘가 비슷해서 큰 어려움이 없었지만 독일어는 조금 달랐다. 독일어 희곡을 읽기까지는 상당한 시간과 노력이 필요했다. 그래서 다시 독일로, 연극과 문화의 중심지인 베를린으로 가게 되었다.

하지만 외국에 머물면서 건강이 악화된 탓에 한국으로 돌아와 투병 생활을 해야 했다. 고작 1년 동안이었지만 그사이 연극에 대한 갈증이 타올라 완쾌되지 않은 상태에서 약을 잔뜩 챙겨 들고 다시 베를린행 비행기에 몸을 실었다. 그러면서 이번에는 독일어뿐만 아니라 독일 연극을 제대로 보고 배우자고 결심했다. 사실 젊은 시절에는 다른 연출자들이 하는 연극을 일부러 보지 않았었다. 설익은 공부가 이런 건방을 떨게 만든 것이다. 나 이외의 연출자는 인정하고 싶지 않다는 커다란 착각에 사로잡혀 있었다. 그러나 세월이 흐르고 철이 조금 들고 보니 그런 건방이 얼마나 잘못된 것인지 깨닫게 된 것이다.

2007년부터 2009년까지 베를린과 마드리드, 아비뇽에 머물면서 대략 500여 편의 연극과 공연을 접했다. 유럽 친구들에게 '연극에 미친 놈'이라는 소리를 들어가면서 거의 매일 공연을 보았다. 학교에서 공부하는 것도 중요하지만 연극은 결국 무대에서 만나야만 제대로 알 수 있다는 생각에 선택한 방법이었다. 앞으로 내가 만들어갈 무대를 위해서 이 모든 공연에 관해 스케치를 해두었음은 물론이다. 공연에 관한 프로그램과 자료들도 가능한 한 빠뜨리지 않고 수집해두었다.

독일 중에서도 베를린을 택한 것은 유럽 최고 수준의 연극이 거기 있기 때문이다. 독일에는 각 도시마다 레퍼토리 극장이 있다. 레퍼토리 극장이란 한 시즌에 몇 개의 레퍼토리를 선정하여 순서대로 상연하는 극장을 말한다. 보통 10편 정도의 작품을 선택한 후 1년 동안 연습한 뒤 한 달 간격으로 무대에 올린다. 그중 관객의 반응이 신통치 않은 작품들은 약 6개월 후 레퍼토리에서 빠지지만 살아남은 작품들은 짧게는 2년, 길게는 10년 넘게 공연된다. 그런데 독일의 레퍼토리 극장들은 1년에 50여 편의 연극을 무대에 올린다. 다른 말로 하면 한 배우가 1년에 50여 편의 작품에 출연해야 한다. 배우들에게는 결코 쉬운 일이 아니다. 그래서 이들 극장에서 활동하는 배우들의 연기는 탁월하기로 정평이 나 있다. 또 이런 극장들이니 작품성과 함께 흥행도 보장된다.

베를린에도 약 50개의 극장이 있지만, 베를린의 연극을 특징 짓는 극장은 역시 레퍼토리 극장들이다. 베를린에는 베를리너앙상블, 도이체스테아터, 폴크스뷔네, 샤우뷔네 같은 유명한 레퍼토리 극장들이 모여 있어 서로 다른 스타일의 연극들로 관객의 혼을 빼놓는다. 도이체스테아터에서 1년에 무대에 올리는 연극만 200여 편에 이르고 베를리너앙상블은 80여 편에 이른다. 여기에 폴크스뷔네와 샤우뷔네의 레퍼토리들을 합치면 2년 동안 이 4개의 극장에서만 매일 다른 연극을 만날 수 있다. 여기에 무려 3개나 되는 오페라하우스와 주로 세계의 유명 연극들을 초청해서 공연하는 베를리너페스트슈필레하우스 같은 극장, 거기에 라디알시스템처럼 새로이 주목받는 젊은 극장들까지 더해 생각하면 베를린은 가히 세계 공연 예술의 메카라 할 수 있다. 현 독일 총리인 앙겔라 메르켈의 말을 빌면, "베를린은 아름답지는 않지만 정말 섹시하다."

이 극장들 중 샤우뷔네나 폴크스뷔네는 한국과의 몇 차례 교류 덕분에 한국의 예술가와 관객들에게 제법 인지도가 있다. 하지만 나에게는 20세기 새로운 연극의 틀을 마련한, 베르톨트 브레히트의 베를리너앙상블과 연출 기법의 마술사로 불리는 막스 라인하르트가 기틀을 세운 도이체스테아터가 가장 중요했다. 해서 베를린 체류 기간 중에 이 극장들을 가장 먼저 방문해서 이들이 가진 레퍼토리들을 남김없이 보았다. 이 책에서 주로 이 두 극장의 작품들을 중점적으로 소개하고 있는 이유이다.

베를린에서 귀국한 후 그간 스케치해온 연극들을 하나씩 풀어가고 있는 중에 나의 연극 경험을 전해 들은 친구가 혼자서만 공부할 것이 아니라 책을 써서 다른 사람들과 함께 그 즐거운 경험을 공유하는 것이 어떻겠느냐고 제안했다. 그러면 한국의 관객들에게 조금이나마 연극의 코드와 매력을 알리는 데에도 도움이 될 것 같았다. 꽤 오랜만에 한국에 오니 이전과는 달리 많은 이들이 공연 예술에 관심을 갖고 있어 놀라울 정도였다. 하지만 여러 공연 예술 중에서도 연극은 여전히 일반인의 관심에서 많이 벗어나 있었다. 세계의 공연 예술의 중심에 항상 연극이 있는 것과는 다소 다른 풍경이다. 여러 가지 이유가 있겠지만 연극에 담긴 여러 코드들을 충분히 이해하고 있는 관객들이 적은 것도 그중 하나일 것 같다. 미술이나 영화를 제대로 감상하려면 거기에 담긴 코드를 알아야 하듯 연극을 충분히 즐기려면 여러 가지 코드들, 즉 연극을 둘러싼 문화나 역사적, 예술적인 배경 들을 아는 것이 중요하다. 나의 경험과 지식이 그런 이해를 돕는 데에 조금이나마 보탬이 되기를 바라는 마음에서 책을 쓰기 시작했다.

글재주가 뛰어나지 못한지라 하루의 일상을 이야기하는 식으로 편하게 풀어보았다. 베를린에서는 하루의 시간과 공간이 대부분 예술 작품 감상과 연극 관람으로 채워졌기에 비록 개인의 일상이지만 연극 무대의 감흥을 생생하게 전달할 수 있을 것 같아 이 방법도 나쁘지 않을 듯했다. 작품의 순서 또한 시간의 흐름에 따라 나열하고 보니 베를린의 연극이 먼저 펼쳐지게 되었다. 뒷부분에서는 베를린 체류 기간 중에 방문했던 파리와 마드리드의 연극 작품도 하나씩 소개해 보았다. 후에 마드리드의 연극이나 아비뇽 연극제에 관한 이야기까지 펼칠 기회가 있으면 좋겠다.

끝으로 이런 작업을 처음 제안했던 계원디자인예술대학의 김윤경 선생과 김윤해 사진작가, 이 책이 나오기까지 여러모로 도움을 준 문인화가 소담少潭 선생, 멀리 전주에서 애를 태우며 기다려준 김현수 군, 멋진 공연 사진들을 게재하도록 허락해준 베를리너앙상블, 도이체스테아터, 파리의 태양극단과 마드리드의 국립드라마센터, 그리고 졸렬한 원고를 편집하느라 수고하신 반비 편집부에 감사드린다.

박철호

차례

곰브로비치 作「이본, 부르군트의 세자빈Yvonne, Die Prinzessin von Burgund」은 베를리너앙상블에서 2006년 4월 5일에 초연했다. 오페라 연출을 많이 하는 권터 크래머Günter Krämer가 연출을, 헤르만 바일Hermann Beil이 드라마트루기를 맡았다. 주요 배우들은 다음과 같다. **Maria Happel**:Yvonne, **Axel Werner**: König Ignaz, **Traute Hoess**:Königin Margarethe, **Konrad Singer**:Prinz Philipp

01

이토록 흉측한 신데렐라 「이본, 부르군트의 세자빈」

나는 코미디 작가이며, 꼭두각시이며, 줄 타는 광대이며,

정치판의 선동자입니다.

내 작품들은 사람들을 즐겁게 하느라 뒤죽박죽입니다.

나는 서커스이며, 서정시이며, 시 그 자체이며, 공포이며,

투쟁이며, 유흥이기도 합니다.

나에게 도대체 뭘 더 원하는 겁니까?

―곰브로비치의 「어떤 증언Eine Art Testament」* 중

새벽녘에 빵을 사러 나서는데 정원 벽에 뭔가 붙어서 꾸물거린다. 다가가서 자세히 보니 달팽이가 어딘가로 길을 나서는 모양이다. 저 벽을 타고 어디로 가려는 걸까? 혹시 브로콜리 가루를 듬뿍 뒤집어쓴, 누군가의 식사가 되기 위해 프랑스로 여행을 떠나는 건지도 모르지. 등에 집을 둘러메고 기어가는 품이 고되어 보인다. 도와줄까 하다가 모든 살아 숨 쉬는 것은 살아갈 만큼의 고행이 있는지라 개입하지 않는다. 집도 없이 떠돌아다니는 주제에 그나마 번듯한 집을 가진 달팽이를 돕는다는 것이 한심스럽기도 해서 내 먹거리나 챙기러 나선다. 그런데 내 모습이 꼭 집에서 몸뚱이만 빠져나온 달팽이 같다. 한국 달팽이 참 멀리까지 왔다.

　　오늘 처음으로 베를린에서 연극을 보게 되었다. 진작에 보려고 했지만 마드리드에서 세비야, 타비라**를 거쳐 리스본으로 이어진 2주간의 여행 덕분에 학교 수업도 땡땡이 치고 연극도 못 봤다. 그래도 이 겨울에 스페인과 포르투갈의 이국적인 태양을 느끼고 왔으니 불만을 터트리면 안 되겠지. 말로만 들었는데 세비야에서는 진짜로 오렌지 나무가 가로수로 쓰이고 있다. 저자가 누구인지 까마득히 잊을 정도로 어린 시절에 읽었던 동화 중에

---

* 곰브로비치의 인터뷰와 에세이 등을 모아놓은 책이다. 그중 1968년에 베니스에서 프랑스의 작가이자 편집자인 도미니크 드 루와의 대화 중에서 인용했다.
** 포르투갈의 파로 옆에 있는 아주 작은 마을이다. 특별히 볼거리는 없지만 인생이 힘들다 느껴질 때 들르면 여유를 찾을 수 있는 곳이다. 세비야에서 버스로 3시간 정도 소요된다.

「오렌지 향기는 바람에 날리고」라는 동화가 있었다. 세비야에 머무는 동안 줄곧 이 동화를 생각했는데 내용이 전혀 기억나지 않아서 답답했었다. 나중에 한번 찾아봐야겠다. 오렌지 나무가 많으면 도시가 오렌지향으로 가득 차서 싱그러움이 있다. 하지만 쓰레기차로 들어가는 짓눌린 오렌지들을 발견하고서는 서울 거리에 가득한 은행나무들의 서러움이 그와 다르지 않겠다는 생각을 해봤다. 그 오렌지 나무들 사이의 벽에 붙어 있던 「키호타다 Quijotada」라는 연극 포스터를 몰래 한 장 떼어 왔었는데, 아침에 이 포스터를 화장실 벽에 전시품처럼 붙여놓았다. 당분간은 스페인 생각이 간절히겠지.

연극에 매달리기엔 아직 건강이 걱정되지만, 베를린에 온 주 목적이 연극이기에 수업 후에 공연 프로그램이나 슬슬 구해보려 베를리너앙상블 극장에 들렀다. 베를리너앙상블은 베를린에서 가장 유명한 레퍼토리 극장 중 하나로 극작가 베르톨트 브레히트Bertolt Brecht와 그의 부인이자 최고의 배우였던 헬레네 바이겔Helene Weigel이 함께 세웠다. 그만큼 유서 깊은 곳이다. 그런데 매표소 옆 칠판에 '오늘 공연 전 좌석 7유로'라고 적혀 있다. 이게 웬 떡이냐 하고는 덥석 한 장 샀다. 전에 폴크스뷔네Volksbühne*에서 19유로 주고 「햄릿」 본 걸 생각하면 거저 아니겠는가. 그런데 처음 들어보는 연극이네. 「이본, 부르군트**의 세자빈***Yvonne, Die Prinzessin von Burgund」. 극작가는 비톨트 곰브로비치Witold Gombrowicz. 자리는 앞에서 여섯 번째 줄에 오른쪽에서 두 번째. 좋은 좌석이다.

여기서 한국은 정말 멀지

공연까지 장장 7시간이나 남아 뭘 할까 고민하다가 일단 서점에 가서 곰브로비치의 작품집을 한 권 샀다. 공연 전에 한번 읽어볼 량으로 사긴 했지만, 지금의 독일어 실력으로 이 짧은 시간에 다 읽을 수 있을까? 그래도 건방지게 책을 옆구리에 턱 끼고는 두리번거리는데 색다른 분위기의 카페가 보인다. 이란이나 인도 지역의 여성용 모직 숄인 파시미나와 이색적인 장신구들이 가득 차 있고 한 켠에는 와인이 잔뜩 늘어서 있는데 거의 프랑스산과 룩셈부르크산이다. 간단한 프랑스식 샐러드들로 식사 메뉴가 꾸며져 있고, 오십 대 중반으로 보이는 주인 아줌마가 혼자 일한다. 니스풍 샐러드를 하나 시켜놓고는 아줌마가 주방에서 준비하는 사이에 프랑스어로 대화를 시도해본다. 아직은 독일어보다 프랑스어가 편안한지라 이야기를 내게 유리하게 꾸려가 보려는 속셈이다. 아줌마는 갑작스러운 프랑스어에 조금 놀란 기색이지만 반가워하면서 샐러드와 함께 말을 늘어놓는다. 룩셈부르크 출신이지만 프랑스어를 사용하지 않은 지 어언 30년인지라 알아듣기는 해도 단어들은 많이 잊어버렸단다. 아무리 모어母語라도 30년이면 한 세대가 지난 거니까. 남편은 이란 사람인데 여기 베를린에서 만나 결혼해 살고 있다고 한다. 이제야 이런 독특한 분위기가 이해된다. 그럼 고향 생각이 나지 않느냐는 물음에 "여기서 룩셈부르크라고 해봐야 비행기로 1시간이면 가는 거리이니 가고 싶으면 언제든 갈 수 있다."고 한다. 내 생각만 했다. 여기서 한국은 정말 멀지.

　정통 프랑스식 샐러드를 3.50유로에 먹었다. 이 황당하게 저렴한 가격에도 불구하고 지금까지 베를린에서 먹어본 음식들과는 수준이 다른 샐러드다. 베를린 최고의 샐러드라고 칭찬을 해주니 아줌마가 서비스로 페르시

안장미차를 한 잔 준다. 감사히 마시고는 "인샬라!" 하고 나온다. 자주 오게 될 것 같다. 카페 이름은 지그재그란다. 여러 문화가 섞여 있는 것을 상징해서 그렇게 이름을 지었을까? 아니면 왔다 갔다 하는 도시인들을 달래려고?

신데렐라가 흉측한 외모에 벙어리라면

신데렐라를 모르시는 분은 없을 것이다. 그 기원은 이집트에 있다고 하지만, 유럽 사회에는 1697년에 프랑스의 샤를 페로가 쓴 우화를 통해 소개되었다. 우리야 영어식 표현을 그대로 사용해서 신데렐라라고 하지만 신데렐라는 각 언어마다 다르게 표기된다. 먼저 유럽 동화의 기초가 된 샤를 페로의 이야기에서 신데렐라는 엉덩이에 항상 재를 묻히고 있다고 해서 못된 큰언니가 재투성이 엉덩이란 뜻의 퀴상드르Cucendre 라고 부르는 것을 좀 덜 못된 막내언니가 그건 너무 노골적이라고 생각해서 재투성이 아가씨란 뜻의 상드리용Cendrillon 이라고 부른다. 해서 이후 다른 언어에서도 이 상드리용을 자신들의 언어로 번역해서 부른다. 영어에서는 재를 의미하는 cinder에 -ella를 붙여서 신데렐라Cinderella 가 되었다. 독일에서는 그림 동화에 아쉔푸텔Aschenputtel 또는 아쉔브뢰델Aschenbrödel 로 소개되었고 스페인에서는 세니시엔타Cenicienta, 이탈리아에서는 체네렌톨라Cenerentola 라고 한다. 전부 재투성이 아가씨란 뜻이다. 그럼 유럽에서만 이렇게 재투성이 아가씨라고 부르는가? 아니다. 중국어로도 재투성이 아가씨란 뜻으로 후이구니앙灰姑娘이라고 한다. 유일하게 일본과 한국만 영어식 표현인 신데렐라라고 하는 것으로 보아 신데렐라 이야기가 일본을 통해 우리에게 소개된 것이 아닌가 생각된다.

이 신데렐라에서 유래한 '신데렐라 콤플렉스'는 아마 많은 젊은 여인 들이 가지고 있을 거다. 그게 아니라면 줄리아 로버츠가 리처드 기어와 영 화 「귀여운 여인」 한 편 찍고 단숨에 신데렐라가 된 것이 설명되지 않는다. 여인들이 오매불망 꿈꾸는 신데렐라. 그러나 다음의 이야기를 들어보면 생각이 달라질 수도 있겠다.

어떤 나라에 왕자가 있었다. 물론 그는 물질적으로 남부러울 것 없이 산다. 모든 여인들의 선망인 왕자이니 아리따운 여인들도 당연히 줄을 서 있고. 그런 그가 어느 날 산책을 하다가 한 여인을 만나서는 결혼을 하겠 다고 궁전으로 데려간다. 주위의 반대에도 불구하고 막무가내로 결혼해 야겠다고 떼를 쓴다. 지나가던 여인은 말 그대로 킹카를 잡은 것이다. 왕 과 왕비는 처음에는 좀 더 생각해보라며 반대하겠지만 어느 부모가 자식 의 사랑을 막을 수 있으리오. 결국 결혼을 허락하고 왕자는 신데렐라와 행 복하게 잘살았다는 것이 보통의 신데렐라 이야기이다. 한데 여기에 조건 을 하나 달아보자. 그 신데렐라가 흉측한 외모에 벙어리라면? 게다가 화 가 날 정도로 못생겼지만 그렇다고 그녀를 미워해야 한다는 사실에 더욱 화가 났기에 이런 일반적인 생각에 반발하기 위해서 왕자가 그녀와 결혼 하려는 것이라면? 과연 그녀는 행복해지겠는가?

오늘의 연극 「이본, 부르군트의 세자빈」이 이러한 내용을 담고 있다. 이 흉물스러운 신데렐라가 바로 이본이다. 그녀는 왕자를 따라 왕궁으로 들어가지만 모든 이들에게 미움을 받는다. 미움 정도가 아니라 흉측한데 다 벙어리이며, 겁도 많은 이본에게서 모든 이들은 전에는 생각하지 못했 던 자신들의 결함과 죄악을 발견하고 그녀를 죽이고자 광기의 축제를 펼 친다. 나중에는 심지어 그녀를 궁으로 데려온 왕자마저 이 광란의 파티에 가담한다. 그러나 이들은 이본을 노골적으로 처형할 수 없다. 단순히 못생겼다고 죽인다면 왕실의 체면이 서지 않는다. 결국 '하늘의 뜻'이 그 이유가 된다. 죽이는 방법은 이렇다. 그녀에게 가시 많은 민물붕어를 크림에 범벅한 요리를 저녁식사로 내온다. 요리를 먹은 이본은 목에 가시가 걸려서 죽는다.

우리의 신데렐라는 괜히 길 가다가 왕자의 눈에 띄어서 날벼락을 맞은 것이다. 호강시키려고 데려가는 것이 아니라 죽이려고 데려간다. 본인은 호의를 베푼다고 하지만 호의가 사람을 괴롭힌다면 그건 악의다.

우리는 얼마나 많은 이본을 살해했을까

이런 이본을 상상하면서 베를리너앙상블로 간다. 숨을 죽이고 막이 오르기를 기다리고 있는데, 강한 비트의 러시아 록 음악이 울리고 무대가 회전하면서 배우들이 등장한다. 시작부터 괴기하다. 배우들은 그로테스크한 섹스 장면으로 예상을 뒤엎는다. 저게 진짜로 하는 것인지 연기인지 분간이 안 된다. 여자는 의자에 반쯤 누워서 다리를 벌리고 관객을 향하고 있고, 남자는 그녀의 다리를 붙들고 흐느적거린다. 남자는 거친 너털웃음으로, 여자는 찢어지는 웃음으로 무대를 뒤덮어버린다.

극이 시작된 지 1분쯤 지났을까? 주인공인 이본이 등장하는 장면에서 갑자기 배우들이 "어차피 이 연극은 모던한 연극이다. 관객들, 불만 있으면 나와."라고 투덜대면서 카메라를 객석에 들이댄다. 그러더니 내 옆자리에 있는 여인이 무대 스크린에 보인다. 프로그램 책자로 수줍은 듯 얼굴을 가리기에 처음에는 배우인 줄 몰랐다. 그녀의 얼굴이 무대에 커다랗게 자리

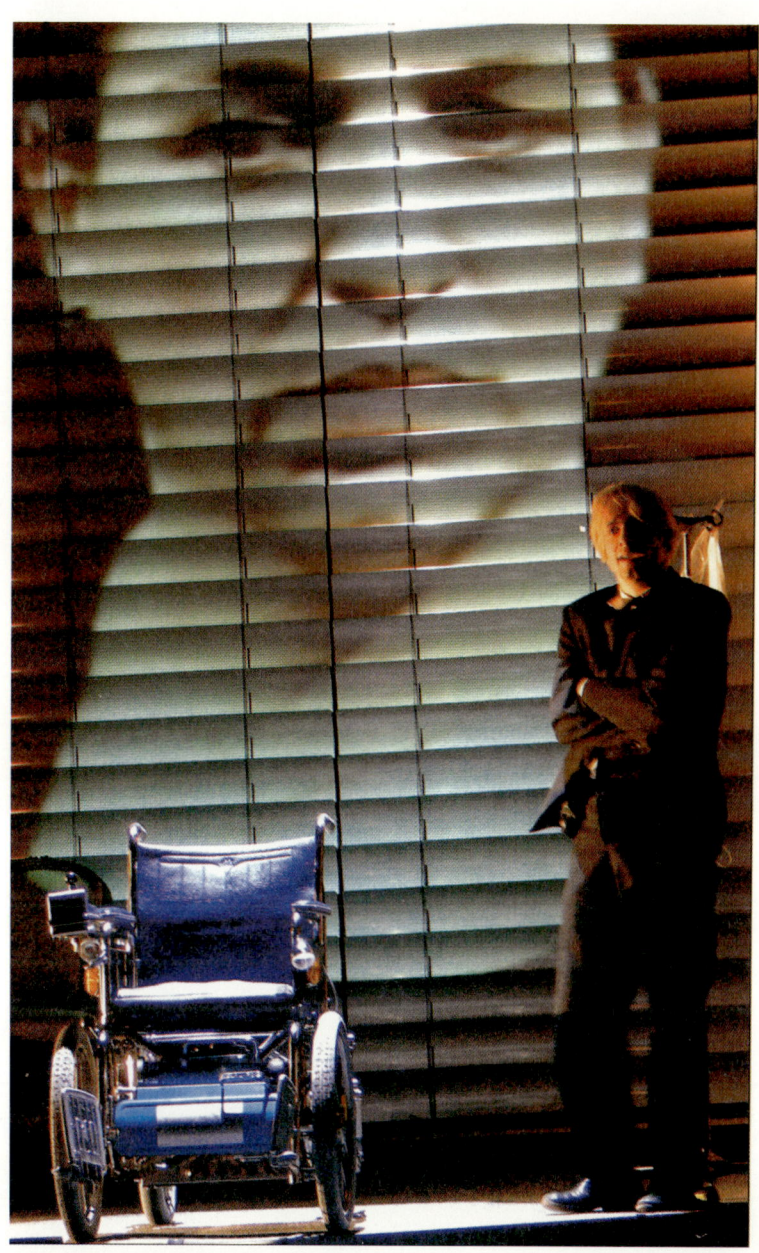

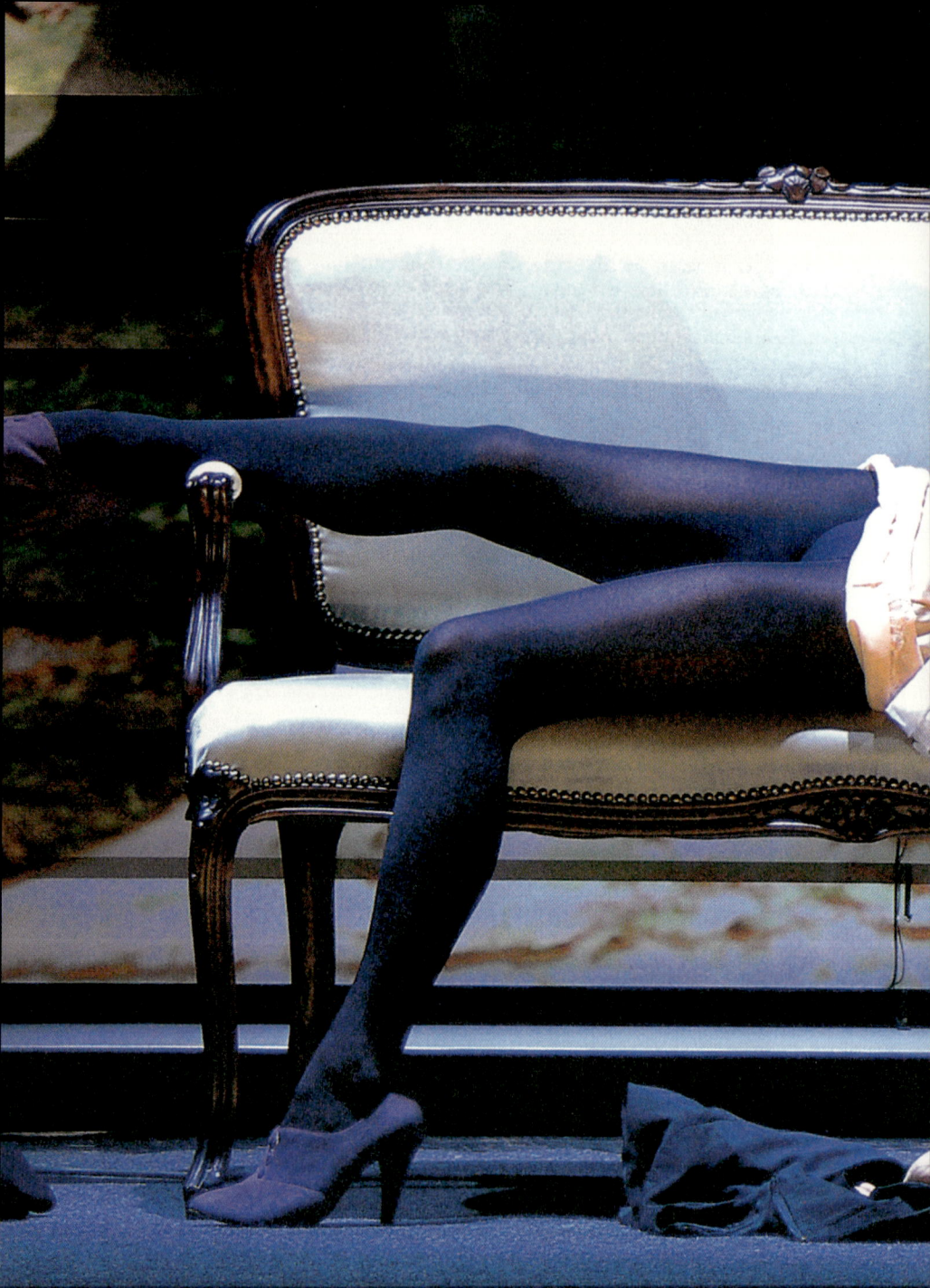

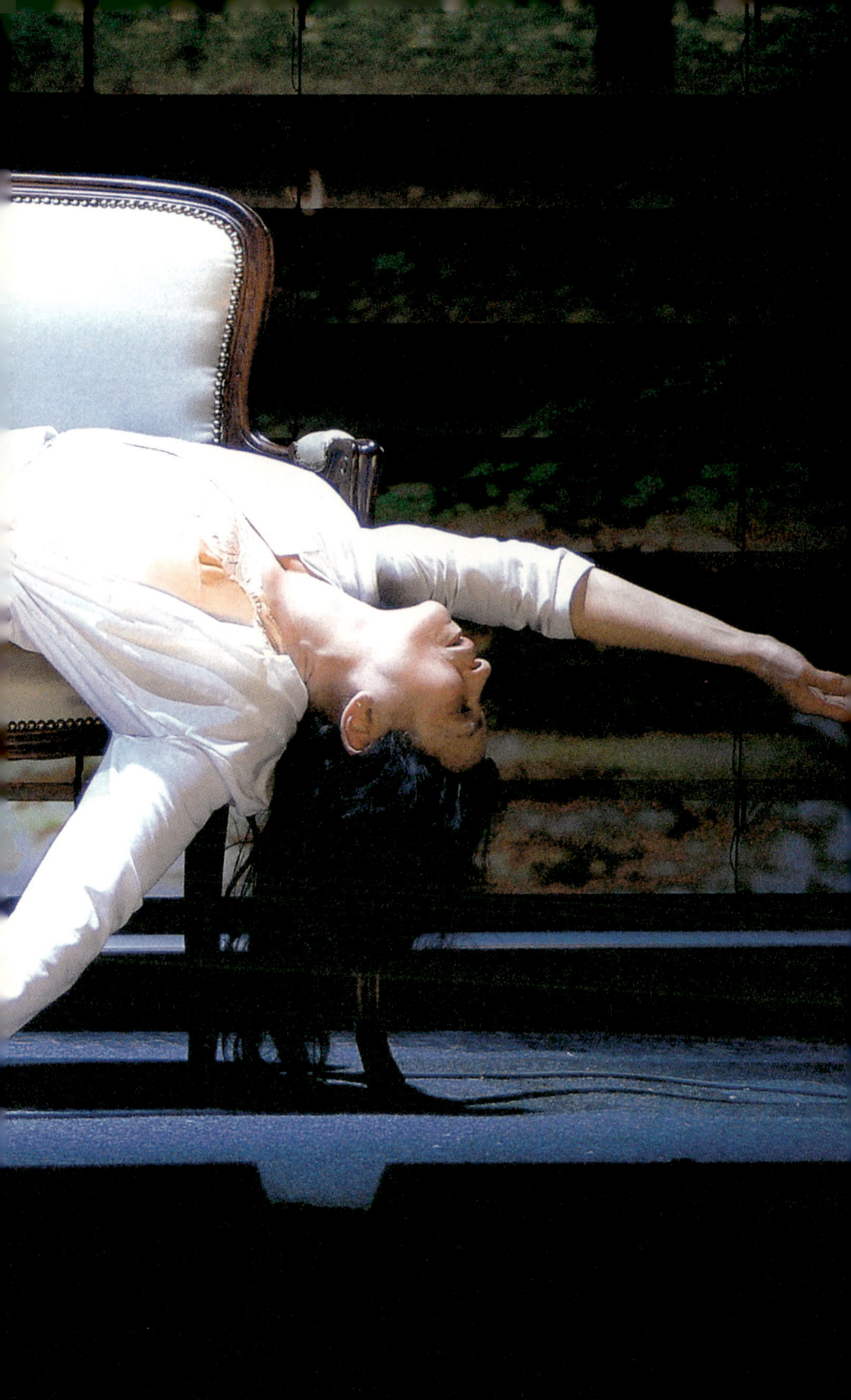

잡고 나서야 그녀가 이본 역의 배우라는 것을 깨달았다. 이본은 우리들 중의 하나라는 것을 알리고 싶었나 보다. 한동안 아무 감정 없는 얼굴만 스크린에 비춰지다가 무대에 올라가야 하는 장면이 되자, 객석 한가운데에 있던 그녀는 혼비백산한 관객을 헤치면서 마치 도마뱀이 기어가듯 재빠르게 의자를 타고 넘어서서 무대 위로 올라선다. 그러면서 본격적으로 연극이 시작된다.

데이비드 보위의 「유 빌롱 인 로큰롤」에서 로큰롤을 테아터Theater로 개사한 노래가 흘러나오는 동안 무대에 블라인드처럼 드리워져 있던 스크린이 거두어지고 무대는 회전목마처럼 돌아간다. 왕홀王笏을 쥐고 회전무대를 누비는 왕 이그나츠 역의, 쇳소리 같은 목소리를 가진 악셀 베르너Axel Werner의 연기에 넋을 놓아버렸다. 전혀 힘들이지 않고 연기하는 것 같은데 저 카리스마는 어디에서 나오는 것인지. 늙어빠진 노인 왕을 보여주는데도 그만의 꿈틀대는 생명력이 후광처럼 무대를 장악한다. 그뿐인가? 왕비 마가레테 역의 트라우테 회스Traute Hoess가 의뭉을 떨어대며 일기를 읽는 장면으로 객석의 박수를 끌어낸다. 큰 역할은 아니지만 막이 올랐을 때 섹스 장면을 연기한 이자 역의 우르술라 회프너Ursula Höpfner는 농염하면서도 건들거리는 동작으로 무대에 빈틈이 생기지 않도록 구석구석 채운다. 아, 이것이 연기이다!

그동안 채우지 못했던 연극을 향한 갈증을 이 연극 한 편으로 다 해소한다. 신데렐라의 역 버전이랄 수도 있고, 장화홍련전의 코믹 버전이라고 할 수도 있겠다. 이본에게서 나는 계용묵의 「백치 아다다」를 떠올리지만, 다른 이들은 영국의 다이애나 비나 셰익스피어의 「햄릿」을 떠올린다. 같은 연극을 봐도 서로의 의식에서 잠자고 있던 다른 이들이 깨어난다. 우리는 얼마나 많은 이본을 살해했겠는가? 가슴에 손을 얹고 생각해보자.

곰브로비치의 작품들　20세기 위대한 작가의 반열에 들어 있는 비톨트 곰브로비치가 대중에게 알려진 것은 그리 오래되지 않았다. 1904년에 폴란드에서 유태인으로 태어나 1969년 프랑스 방스에서 생을 마감한 곰브로비치는 1970년대 초에나 세상에 알려졌다. 그의 모든 작품은 폴란드어로 쓰였지만 폴란드에서는 그의 생전에 단 한 편도 출판되지 못했다. 국내에 알려진 작품은 1937년 작인 최초의 소설 「페르디두르케」와 1960년 작 「포르노그라피아」 정도인데 두 편 다 영화로 각색되어 극장에 선보였다. 그러나 그의 작품은 소설보다 희곡이 많은 이들의 관심을 끈다. 주로 프랑스, 독일, 스웨덴의 연극 무대에서 사랑을 받았기에 다른 나라에서는 잘 모를 수도 있겠다. 거장 잉마르 베리만이 그의 작품을 난골 메뉴로 무대에 올렸는데, 그의 희곡은 일종의 부조리극이다. 그의 작품을 처음 대면한 순간 사뮈엘 베케트보다는 이오네스코가 떠올랐으니 이오네스코적 부조리극이라고 하면 될까? 동유럽 특유의 감성이 그런 느낌을 불러일으킨 것 같다.

스트린드베리 作 「죽음의 춤」은 베를리너앙상블에서 2006년 12월 16일에 초연했다. 토마스 랑호프Thomas Langhoff
가 연출을, 노라 기제Nora Giese가 드라마트루기를 맡았다. 주요 배우들은 다음과 같다. Dieter Mann:Edgar, Dagmar
Manzel:Alice, Götz Schubert:Kurt, Christina Drechsler:Jenny, Ruth Glöss:Die Alte, Angelika Ritter:Kristin,
Roman & Gregor Dashuber:Wachtposten

02

죽음은 여러 가지 형태로 방문한다 「죽음의 춤」

나를 거쳐서 길은 황량의 도시로

나를 거쳐서 길은 영원한 슬픔으로

나를 거쳐서 길은 버림받은 자들 사이로.

나의 창조주는 정의로 움직이시어

전능한 힘과 한량없는 지혜,

태초의 사랑으로 나를 만드셨다.

나 이전에 창조된 것은 영원한 것뿐이니,

나도 영원히 남으리라.

여기 들어오는 너희는 모든 희망을 버려라.

— 단테의 「신곡」 지옥 편 제3곡, 1행~9행

아침에 저혈당이 왔다. 저혈당이 고혈당보다 더 무서운 것이라고 의사가
경고했었는데 정말이네. 머리가 어지럽다. 초콜릿 덩어리를 입에 가득 쑤
셔 넣고는 길을 나선다. 독일에 온 뒤 외국인을 위한 독일어 코스가 있는
학교를 다니고 있다. 중간에 잠깐 쉬느라 1시간 지각했다.

회화 선생인 자스키아가 괜히 신경을 긁어서 기분이 상했다. 힘이 빠
져서 목소리를 낼 수 없는 지경인데 발음을 교정해주겠다고 설친다. 동양
사람들은 발음이 안 좋다면서. 독일 사람이 아니니 완벽한 독일어 발음이
나오지는 않겠지만 이런 경우를 당하니 황당하다. 한마디 하려다가 그냥
참는다. 안 그래도 저혈당 때문에 지쳐 있는데 에너지를 아끼자.

죽음의 춤, 이 그로테스크한 감각

'죽음의 춤'이라는 말이 있다. 프랑스어로는 당스 마카브르danse macabre 라
하고 독일어로는 토텐탄츠Totentanz라고 한다. 예술 작품의 제목으로 많이
쓰이는 말이라서 도상학이나 그림에 관심 있는 사람들에게는 꽤 친숙한 말
이다. '죽음의 춤'이 서양 역사에 등장하는 시기는 대략 14세기이다. 100
년전쟁과 흑사병으로 종말론까지 대두되었던 당시의 분위기가 이런 그로

테스크한 미적 감각을 탄생시킨 것일지도 모르겠다. 이 시기의 기독교인들에게 가장 두려웠던 것은 회개할 준비조차 없이 다가오는 갑작스럽고 고통스러운 죽음이었다. 프랑스 문학의 대서사시 중 하나인 「롤랑의 노래」에 보면 죽음을 앞둔 롤랑이 삶을 뒤돌아보고 회개하는 장면이 장황하게 묘사되어 있다. 모든 준비를 마치고 죽는 것이 기독교인들이 원하는 죽음인데, 전쟁이나 페스트에 의한 죽음처럼 대비할 수 없는 죽음은 내세를 추구하는 유럽인들에게는 절망적인 것이었을 것이다. 해서 항시 죽음을 생각하라는 '메멘토 모리'의 개념으로 「죽음의 춤」이라는 그림이, 평온하게 죽는 방법을 그린 소책자 「아르스 모리엔디」와 함께 프랑스, 독일 등 북서유럽의 나라에 널리 퍼지게 된다.

가장 오래된 것으로 알려진 「죽음의 춤」은 파리의 중심부에 있던, 14~15세기에 병이나 전쟁으로 죽은 사람들을 묻던 심티에르데지노상 무덤의 프레스코 벽화이다. 하지만 이 무덤은 18세기에 보건상의 이유로 철거되고 무덤이 있던 자리는 오늘날 시장터로 바뀌어서 벽화는 볼 수 없다.

일반적으로 「죽음의 춤」은 죽음이 앞장서서 대열을 인도하는 원무의 형태로 그려져 있지만 16세기의 독일 화가 한스 홀바인의 목판화에서 보이는 것처럼 신분에 따라 독자적으로 존재하기도 한다.

「죽음의 춤」은 그림으로만 존재한 것이 아니다. 죽음과 죽음이 방문하는 당사자들 사이의 대화로 이루어진 연극도 존재했다. 이런 연극 형태는 주로 독일 지역에 페스트가 휩쓸고 간 뒤 등장한다. 대개 신분이 높은 순에서 낮은 순으로 내려오는데 교황과 황제부터 시작해서 마지막에는 소작농까지 줄줄이 다 나온다. 예컨대 남부독일에 전해오는, 작자 미상의 작품에서 죽음이 황제에게 이렇게 이야기한다.

황제여, 너의 검도 너를 도와줄 수가 없다.
왕홀이며 왕관이 무슨 소용이겠는가.
내 너의 손을 잡았으니
내 무도회에 와야만 하느니라.

소작농이 죽음에게 대답하는 말도 있다.

지금까지 나는 일만 죽어라 했어.
땀이 내 몸을 주르륵 흘러내리도록 말이지.
그래도 나는 죽음을 피하고 싶어.
하지만 여기선 그런 행운을 바랄 수가 없구나.

이런 게 무슨 연극이 되겠느냐고 생각할 수도 있다. 하지만 이 「죽음의 춤」이 변형된 형태인, 괴테의 시에 슈베르트가 곡을 붙인 「마왕」을 떠올려 보자. 이 작품은 내레이터, 아버지, 아이, 그리고 마왕이 서로 주고받는 대화 형식으로 이루어진다. 판소리가 아니리—자진모리—진양조—중모리—중중모리 식으로 이어지면서 훌륭한 일인극을 뽑아내는 것처럼, 슈베르트의 「마왕」에서도 한 사람의 가수가 온갖 감정을 섞어서 노래하는데 훌륭한 연극의 형태를 이루고 있다.

음악 중에서는 생상스의 「동물의 사육제」 중에 이 「죽음의 춤」이 나오고, 리스트의 소품에도 「죽음이 춤」이 있다. 클래식에만 있는가? 대중음악에도 있다. 록그룹 롤링스톤즈가 부르는 「댄싱 위드 미스터 디」도 있다. 미스터 디는 죽음Mr. Death를 말하는 것이다.

이런 「죽음의 춤」이란 제목을 가진 연극이 있다. 스웨덴의 거장 아우

구스트 스트린드베리August Strindberg의 「죽음의 춤」이 오늘 베를리너앙상블에서 무대에 오른다. 20세기를 넘어오면서 현대 연극에 가장 지대한 영향을 미친 작가로 입센과 함께 스트린드베리를 빼놓을 수 없다. 입센은 현대 사회의 문제점을, 스트린드베리는 인간 내부의 심리적 갈등을 노골적으로 무대에 올려놓았다. 이런 연유로 스트린드베리를 이해하지 않고서는 현대 예술과 연극의 복잡성을 소화하기 힘들다. 그의 연극 중 가장 많이 알려져 있는 것은 「줄리 아씨」나 「꿈연극」이지만, 표현주의에 대한 그의 생각을 잘 담은 연극은 역시 이 「죽음의 춤」이라 할 수 있겠다.

원래 「죽음의 춤」은 1, 2부가 있지만, 다 올리면 지루할 뿐 아니라 2부는 문제를 풀어가고 해결되는 구조로 이루어져 있어서 갈등 구조가 약하기 때문에 통상 1부만 무대에 올린다. 해서 보통 스트린드베리의 「죽음의 춤」이라고 하면 1부를 이야기한다. 오늘 베를리너앙상블에서도 역시 1부만 공연한다.

표독함이 도를 넘은 부부

혹시라도 이 연극에서 죽음이 나와서 춤으로 초대하는 장면을 찾아보려고 애쓸 필요는 없다. 그런 건 나오지 않는다. 그러면 왜 '죽음의 춤'이라는 제목을 붙였을까?

매일같이 싸우는 부부들이 있다. 아침에 싸우고 저녁에 또 싸운다. 얼굴만 마주치면 싸운다. 그러나 막상 헤어지려고 하면 헤어지지는 못한다. 그냥 체념하고 산다. 이혼이 흔해진 요즈음이야 이런 이들이 흔치 않지만 20년 전만 하더라도 이런 사람들이 많이 있었다. 남편한테 맞아서 멍든 눈을 계란으로 문대던 아내나 아내가 할퀸 뺨을 반창고로 감추고 출근하던 남편들. 싸우는 이유도 다양하다. 매일 다른 이유로 싸우지만 상황은 거의 다를 바 없이 전개된다. 살림살이들이 부서지고 고성이 오가고 욕설이 난무하고 아이들 울음소리가 들려온다. 싸운 뒤에 보통은 다음 날 언제 그랬느냐는 듯 일상으로 돌아가지만, 심하면 부인은 보따리 싸서 친정으로 줄행랑 치고 남편은 처가에 가서 무릎 꿇고 빌고서야 다시 부인을 데려온다. 요즘 젊은 부부들에게선 찾아보기 힘든 광경이다.

　시대와 장소를 바꿔서 100년 전 유럽의 나라, 지금은 부와 복지의 상징인 스웨덴으로 가보자. 한 부부가 25년 동안 어느 외딴 섬에 살고 있다. 이 섬은 전에는 감옥이었지만 지금은 포병대의 요새이다. 그런데 이 부부는 그리 사이가 좋아 보이지 않는다. 남편은 여태 포병대 대위로 남아 있는데 섬의 사령관이기도 하다. 그러나 이들 부부는 모욕적인 언사와 행동 때문에 섬 사람들과도 사이가 좋지 못하다. 오죽하면 일하던 하인들이 전부 떠나겠는가. 표독함이 도를 넘어버린 부부이다. 연극의 시작부터 대화가 툭툭거리는 싸움의 성격을 띤다. 이런 부부들의 특징이 있는데 싸움에 누군가 끼어들면 공격 대상을 그 사람으로 바꾼다. 합동작전으로, 끼어든 제3자를 공격하기 때문에 싸움 말리려다가는 괜히 얻어터지기 십상이다. 이런 식이니 아무도 이 부부 일에 관여하지 않는다. 또 특이하게도 이 부부는 전화를 부엌에 둔 채 사용하지 않는다. 전신기인 텔레그래프를 전화 대신 사용하는데 이것으로 외부와 연락을 주고받는다. 이유인즉 전화기 교환원과 싸워서 그녀의 목소리를 듣고 싶지 않아서란다. 정말 대단한 이웃 사랑이다. 특히나 남편 에드가는 자기 이외의 사람들은 모두 인간 쓰레기로 취급하면서 살고 있다. 섬을 떠나 시내에서 학교에 다니고 있는 딸 유디트만 예외다.

마지막으로 남아 있던 하인 제니와 크리스틴마저 부부의 모욕적인 태도를 견뎌내지 못하고 떠나간 날, 남편 에드가의 오랜 친구이자 부인 알리스의 사촌인 쿠르트가 섬의 검역소 소장으로 부임하면서 이 부부를 방문한다. 15년 만에 만나는 친척의, 전쟁 같은 부부생활을 보고 놀란 쿠르트는 부부를 화해시키려 노력해보지만 오히려 부부의 심리전에 말려들면서 이용당하는 신세가 된다.

　그런데 쿠르트와 대화 중에 에드가가 갑자기 졸도한다. 놀란 쿠르트는 의사에게 전화해 보지만 환자가 에드가라는 말을 듣고 의사는 전화를 끊어버린다. 이런 걸 자업자득이라고 한다. 그런데 에드가는 갑자기 정신을 차리면서 건강한 상태를 회복한다. 에드가는 그렇게 졸도했다가 다시 멀쩡하게 돌아오는 상황을 연극 내내 반복하는데 졸도 후에 정신이 돌아오면 점점 더 활력을 얻는 마법과도 같은 일이 벌어진다. 한편 직접 의사를 찾아간 쿠르트는 에드가의 병이 심장이 화석화되는 것이라는 말을 듣고 온다. 그런 병도 있었던가? 잠시 섬을 떠나 시내에 다녀온 에드가는 자기가 다른 의사를 만나고 왔는데 20년은 더 살 수 있을 거라고 했다면서 알리스와 이혼하고 다른 젊은 여인과 결혼하겠다고 거짓 선언을 해버린다. 알리스에게 일부러 못되게 구는 것이다. 그러자 알리스는 보복으로 쿠르트를 유혹하면서 에드가를 감옥에 넣을 음모를 꾸민다. 에드가가 공금을 횡령한 정보를 그의 정적政敵인 병참장교에게 밀고한 것이다. 그러나 쿠르트는 알리스의 유혹을 거부하고 떠나버린다. 쿠르트에 의지해서 끔찍한 결혼 생활에서 벗어나려 했던 알리스는 다시 에드가에게 돌아갈 수밖에 없음을 알고는 밀고한 것을 후회하면서 가슴을 졸인다. 그런데 알고 보니 알리스의 계획을 사전에 눈치챈 에드가가 선수를 쳐서 수포로 돌아갔다고 한다. 알리스는 안도의 숨을 내쉬면서 이 저주받은 결합에서 벗어날 수 없음을 인정하고 은

혼식을 준비한다.

여러 가지 형태로 방문하는 죽음

연극에서 자기가 가장 우월하다는 생각에 젖어 있는 에드가는 사실 죽음에 대해 공포를 느끼고 있다. 계속 찾아오는 졸도가 바로 이 죽음의 초대인 것이다. 그러나 그는 이 죽음을 극복하면서 계속 살아남는다. 여기서 스트린드베리는 자신과 에드가를 동일시했다고 한다. 또 니체의 초인 사상을 보여주고 싶었다고도 한다. 중간에 문이 계속 바람에 덜컹거리면서 열리는 장면이 나오는데 이 역시 죽음의 초대를 의미하는 것이다. 이때 나는 3층에 앉아 있었는데 문이 열리면서 불어닥친 바람을 내 자리에서까지 느낄 수 있을 것 같았다. 그리고 또 하나 재미있는 부분은, 한 노파의 별 이유 없는 방문에 그 도도하던 에드가가 소스라치게 놀라는 장면이다. 역시 죽음의 방문을 상징한다. 이 정도면 왜 이 연극에 '죽음의 춤'이란 제목이 붙었는지 이해된다. 이와 비슷하게 노파가 방문하는 장면을 다른 연극에서 본적이 있다. 1994년에 만난 테네시 윌리엄스의 「욕망이라는 이름의 전차」이다. 주인공 블랑시가 꽃 파는 멕시코 여인과 마주치는 장면이 있었는데 그 여인이 "죽은 자들을 위한 꽃 사세요!"라고 외치자 블랑시가 소스라치게 놀란다. 이 부분에서 관객들은 강렬한 복선을 느낀다. 그때는 이런 장치가 스트린드베리의 「죽음의 춤」에서 빌려온 것인 줄 몰랐었다.

그런데 이 연극을 보다 보면 죽음이 정확히 한 형태로만 방문하지 않는다. 어떤 각도에서 보면 쿠르트가 죽음을 상징하는 인물일 수도 있다. 쿠르트의 방문과 함께 에드가가 졸도를 하기 때문이다. 또 후반부에 알리스가 그에게 키스를 퍼부으려고 매달리자 그는 마치 드라큘라 백작처럼 그녀의 목을 물어뜯는다. 잠자고 있던 야성을 그녀가 깨웠다면서, 목에 구멍을 내서 피를 빨아 먹으려 했다고 태연히 말한다. 이러면 그 역시 죽음을 상징하는 캐릭터가 되겠다. 에드가는 이런 죽음과 여러 가지 술수를 쓰면서 싸운다. 마지막에 결국 쿠르트는 이런 미친 짓을 벌이는 부부를 두고 집을 떠난다. 죽음이 이런 미친 짓을 벌이는 부부를 당해내지 못하고 도망가는 것으로 해석된다. 재미있지 않은가? 죽음이 도망간다니.

그런데 죽음을 피해낸 인물이 또 있다. 물론 신화에서 말이다. 커다란 바위를 산 정상까지 끊임없이 올려야 하는 인물, 바로 시시포스다. 어느 날 바람둥이 제우스가 강의 신인 아소포스의 딸, 님프 아이기나에게 혹해서 독수리로 변해 아이기나를 납치하는 사건이 발생한다. 그녀를 납치해 아티카 근처의 어느 섬에 숨겨놓는데 이때 코린트의 왕인 시시포스가 이 광경을 목격한다. 하지만 상대가 신 중의 신인 제우스니 어찌하겠는가? 입 꼭 다물고 비밀을 지키겠다고 제우스와 약속한다. 한데 아소포스는 딸을 찾아서 사방팔방 돌아다니다가 코린트까지 오게 된다. 그리고 그가 강의 신임을 알아본 시시포스는 코린트에 맑은 물이 솟아나는 샘을 제공받는 대가로 아소포스에게 아이기나가 감금된 섬을 일러준다. 이에 불같이 화가 난 제우스는 죽음의 신인 타나토스를 보내 시시포스를 잡아오게 한다. 하지만 영악한 시시포스는 이런 타나토스를 감쪽같이 속인다. 순순히 잡혀 갈 테니 사슬 묶는 시범을 보여달라고 하자, 바보 같은 타나토스는 시범을 보이려 스스로 사슬에 묶인다. 그러자 시시포스는 그런 타나토스를 동굴에 가두어놓는다. 이후 한동안 세상에 죽는 사람이 없었다고 하는 통쾌한 이야기가 있다.

이런 면에서 보면 에드가는 죽음마저 등 돌릴 정도로 비인간적인 행위로 죽음을 물리쳤다고 볼 수도 있다. 너무 비약인가? 글쎄, 스트린드베리가 초인을 보여주고 싶었다면 그리 비약은 아닌 것 같다. 인간을 넘어서는 그 자체가 비약이니까.

한편 에드가, 알리스, 그리고 쿠르트, 이 세 사람이 서로에게 죽음의 상징으로 나타나는 것으로 해석할 수도 있다. 이런 각도에서 해석한 사람이 바로 사르트르이다. 그의 작품 「닫힌 방Huis clos」이 바로 이런 점에서 「죽음의 춤」의 변형이라고 평가받는다. 「죽음의 춤」을 패러디한 작품들은 심심치 않게 나타나는데 에드워드 올비Adward Albee의 「누가 버지니아 울프를 두려워하랴」도 그중 하나이다. 대니 드비토가 감독을 하고 마이클 더글러스와 캐슬린 터너가 주연한 영화 「장미의 전쟁」도 그렇다. 특히 「누가 버지니아 울프를 두려워하랴」의 경우 쿠르트 대신 신혼부부가 등장하는 것을 제외하면 거의 「죽음의 춤」과 구성이 똑같다.

깔끔한 무대가 연극을 더욱 고독하게 하다

그런데 오늘 보는 연극은 특별한 장치가 없다. 에드가 역의 디터 만Dieter Mann과 알리스 역의 다크마르 만첼Dagmar Manzel의 연기가 훌륭해서인지 시나브로 연극에 젖어든다. 연극적 사실주의인가? 한데 문의 덜컹거림이나 텔레그래프의 소리처럼 대본에 있는 장치만 사용하면서도 정신을 번쩍 들게 한다. 그리고 무대가 유난히 넓어 보인다. 특별한 장치도 없는데 서실이 이렇게 넓어 보이는 것은 왜일까? 그냥 넓기만 한 것이 아니라 넓이에서 오는 황량함이 무대에 고독을 덜컥 안겨준다. 또 대본으로 읽을 때는 대수롭지 않게 넘어갔었는데 딱딱거리는 텔레그래프 소리가 이 쓸쓸함에 긴장감을 더해준다. 죽음을 상징하는 것은 덜컹대는 문만이 아니었다. 부부에게 오는 메시지를 전달하는 텔레그래프 역시 에드가를 방문하는 죽음의 효과를 낸다. 사실적인 무대인데 자를 대고 반듯하게 자른 종이 도형 같은 느낌이다. 그리고 이런 깔끔함이 연극을 더욱 고독하게 만든다.

예사 솜씨가 아니다. 프로그램을 보니 연출가가 토마스 랑호프Thomas Langhoff다. 역시 명성이 헛되지 않다. 랑호프 가문은 아주 유명한 연극 가문이다. 토마스 랑호프의 아버지 볼프강 랑호프도 연출자였다. 나치를 피해 온 가족이 스위스의 취리히로 망명을 떠나 그곳에서 토마스 랑호프를 낳았다. 그리고 전쟁이 끝난 후 1948년에 베를린으로 다시 이주해서 자리를 잡았다. 토마스 랑호프의 동생 마티아스 랑호프도 유명한 연출자로 베를리너앙상블과 특별한 관계에 있다. 통독 후인 1992년에 베를리너앙상블은 하이네 뮐러와 함께 5인의 공동상임연출체제로 시스템을 바꾸는데 그중 한 사람이 마티아스 랑호프이다. 아버지와 동생만이 아니다. 토마스 랑호프의 큰아들 루카스 랑호프도 연출자고 작은아들 토비아스 랑호프는 배우이다.

토마스 랑호프는 1991년부터 2001년까지 장장 10년 동안 도이체스테아터*의 상임연출을 맡았는데 이후에는 연극의 발전을 위해 주로 젊은 극단이나 신생극단에서 연출한다. 하지만 가끔 이렇게 베를리너앙상블처럼 큰 극장에도 작품을 올린다. 좀처럼 만나기 힘든 토마스 랑호프의 연출 작품을 보는 것도 행운이다.

3층 가장 마지막 열에 자리를 잡았는데, 먼 거리도 문제지만 앞에 앉

* 번역을 하면 독일극장이 되지만, 독일 전역에 있는 극장이 모두 독일극장인 셈이니 그냥 도이체스테아터라고 하였다. 한국에는 도이치 극장이라고도 알려져 있다. 1983년에 개관하여 지금까지 매일 공연이 열리는, 독일에서 가장 오래된 극장 중 하나다. 1904년에 연출가 막스 라인하르트Max Reinhardt가 맡은 뒤 1933년 나치를 피해 독일을 탈출할 때까지 세계에서 가장 중요한 극장 중 하나로 꼽히며 크게 활약했다.

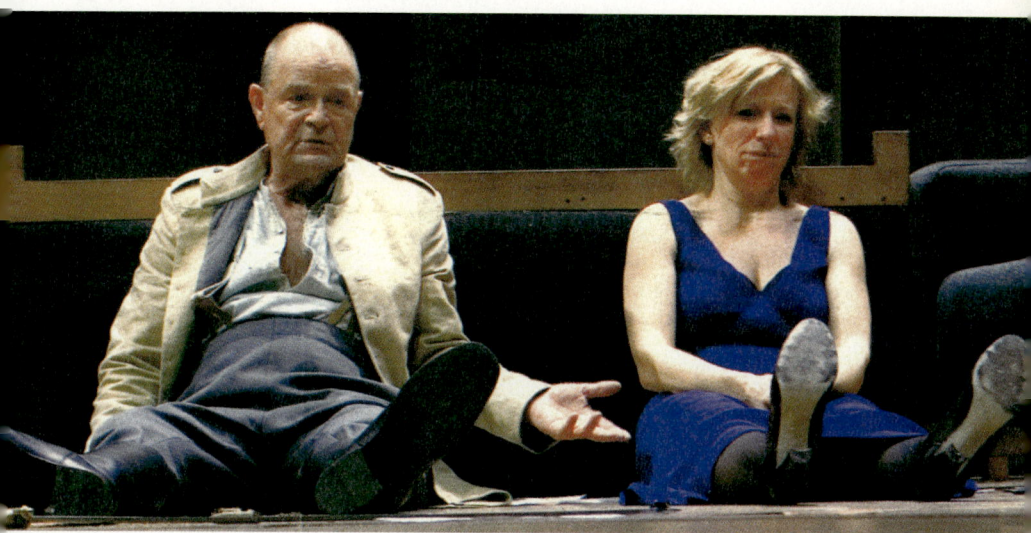

은 독일인들이 워낙 장신이라, 공연 내내 이쪽 저쪽으로 고개를 삐죽거리
면서 보느라 너무 힘들었다. 다음에는 10유로짜리로 사야지. 5유로 좌석과
10유로 좌석이 차이가 많이 나는 것을 절실히 느꼈다. 돈을 좀 내야 공연도
편안하게 본다. 그래도 연극은 좋았다.

　이렇게 사실주의 느낌의 연극을 보는 것이 실로 오랜만이다. 꼭 유진
오닐의 연극 같은 미국 연극을 보는 느낌이 들었다. 이건 스트린드베리의
감각일까, 아니면 토미스 랑호프의 감각일까? 바보 같은 질문이다. 튀지 않
으면서도 극작가의 의도를 있는 그대로 전달하는 연출자가 일류 연출자임
을 증명하는 연극이다.

　삶 그 자체가 지옥이라는 말이 실감나는 연극이었다. 지옥은 결코 먼
곳에 있지 않다. 우리가 바로 그 지옥을 만들어내고 있다. 단테는 지옥이
땅 밑에 있다고 했지만 지옥은 땅 밑에만 있는 것이 아니다.

표현주의 연극에 대하여 스트린드베리라고 하면 소위 표현주의 연극의 대명사로 알려져 있다. 그런데 표현주의 연극이리는 깃은 무엇인가? 독일 연극이 표현주의 연극의 대명사라고들 하는데, 이게 사실 그렇게 간단한 문제는 아니다. 전에 그림 그리는 친구가 표현주의 연극에 관해 내게 질문한 적이 있다. 그림에서 표현주의는 작가 내부에 있는 것을 밖으로 꺼내 표현하는 것으로 인상주의와 대비시켜 말하는 것이지만 도대체 연극에서의 표현주의라는 것은 이해되지 않는단다. 연극이야 모든 것이 내부에서 외부로 표현되는 것이니 연극 그 자체로 이미 표현주의가 아니겠는가? 복잡하게 생각하면 그럴 수도 있다. 당시에는 스트린드베리를 예로 들어서 설명했는데 간략하게 이야기하면 다음과 같다.

그림에서는 불안한 심리 상태를, 뭉크처럼 정신병을 연상케 하는 색과 선으로 표현하지만 연극에서는 색과 선이 없으니 표현하려면 다른 장치를 사용해야 한다. 여러 가지 장치들이 있지만 가장 연극적인 것들 중의 하나는 바로 '갈등'이다. 기존의 연극에서 대부분의 갈등은 외부적인 요인들로 인해 도출되지만 소위 표현주의 연극에서는 이런 갈등이 다분히 인물 내부에서 기인한다. 그래서 연극이 정신분열증적이라는 느낌을 받게 되는 경우도 있고 보는 이의 관점에 따라서는 아주 지루하게 느낄 수도 있다. 어찌 보면 연출하기 까다로운 작품들이다. 다른 관점에서 보면 입센이나 아일랜드 극작가 존 밀링턴 싱John Millington Synge 같은 자연주의 연극의 연장선에 있다고 보아도 무방하다.

한편 스트린드베리는 화가이기도 했다. 뭉크와 고갱의 친구로, 표현주의 기법을 사용해서 바다 풍경을 그리기도 했다. 이 작가는 사실 안 해본 일이 없는 사람이다. 사진가로서 자화상을 엄청나게 많이 찍어서 발표하기도 했고, 연금술에 빠져서 연금술에 성공했다고 주장하기도 했었다. 딸에게 흑마술을 거는 위험한 짓도 서슴지 않았다. 비유하자면 상징주의와 신비주의에 심취하면서도 빛을 추구한, 문학과 그림의 거장 윌리엄 블레이크의 어두운 거울상이라고나 할까? 그의 작품 전반에 북유럽 특유의 절망과 고독이 드리워져 있는 것 역시 이와 무관하지 않다.

그런데 극중의 남편 에드가가 스트린드베리 본인과 닮은꼴이라 한다. 그는 왜 자신의 이런 면을 무대에 올려서 치부를 드러낸 것일까? 변태라서? 그런 무지한 해석보다는 에드가를 통해 니체의 초인 사상을 무대에 올려놓고 싶었다는 해석이, 당시 유럽의 사상적 경향을 생각하면 일리 있어 보인다. 스트린드베리가 가장 좋아하는 그림 또한 아르놀트 뵈클린의 「죽음의 섬」이란다. 히틀러가 가장 좋아했던 그림도 이것인데 이게 우연의 일치일까? 그럼 연극의 무대인 섬이 혹시 뵈클린의 「죽음의 섬」인가? 내가 이런 이들과 취향이 같아지는 것이 좀 불안해진다.

실러 作 「도적 떼」는 베를리너앙상블에서 2004년 11월 5일에 초연했다. 하스코 베버Hasko Weber가 연출을, 헤르만 뷘
드리히Hermann Wündrich가 드라마트루기를 맡았다. 초연 당시의 배역 중 막스밀리안 역의 라이너 필리피Rainer Philippi
와 롤러 역의 헤닝 하르트만Henning Hartmann을 제외하고 다른 배역들은 그대로이며 주요 배우는 다음과 같다. Roman
Kaminski:Maximilian, regierender Graf von Moor, Norbert Stöß:Karl, Dirk Ossig:Franz, Sonja Grüntzig:Amalia
von Edelreich, Alexander Doering:Spiegelberg, Michael Rothmann:Schweizer

03

이상 가득한 혁명가 혹은 그저 도적에 관하여 「도적 떼」

그러나 그대 자신은 원한다면 듣도록 하세요.

그대는 돛대를 고정하는 나무통에 똑바로 선 채 전우들로 하여금

날랜 배 안에 그대의 손발을 묶게 하되, 돛대에다 밧줄의

끄트머리를 매게 하세요. 그러면 그대는 즐기면서 세이렌 자매의

목소리를 듣게 될 거예요.

―호메로스의 「오뒷세이아」 제12권 중에서

어제 허탕을 친 알테나치오날갤러리로 다시 가서 연회원 카드를 학생할인 받아서 반값인 20유로에 샀다. 이거 하나면 주립박물관은 모두 공짜다. 포츠다머플라츠에 있는 복합 미술관인 쿨투어포룸까지 대략 20개의 박물관이 이 카드 하나면 된다. 베를린 박물관들의 소장품들을 생각하니 벌써부터 가슴이 두근거린다. 일단은 뵈클린을 만나러 왔으니 훌쩍 뛰어서 2층으로 달려갔다. 큰 방 왼편에 뵈클린의 그림들이 연이어 걸려 있다.

　방에 들어서자마자 한눈에 들어오는 그림이 있다. 반라의 여인이 섬에서 하프를 연주하면서 저 멀리 바다를 응시하는 그림이다. 자신이 조각한 여인상과 사랑에 빠져서 비너스에게 그녀를 사람으로 만들어달라고 빌어 소원을 이룬 피그말리온 신화가 생각난다. 저런 여인이라면 나도 피그말리온처럼 소원을 빌어보고 싶다. 눈을 감으니 파도소리가 들린다. 그리스 바다에 떠 있는 상상을 해본다. 저 멀리 들려오는 음악소리. 나는 한 조각 배에 올라탄 오디세우스가 되어서 음악이 들리는 곳으로 배를 저어간다. 그러다 갑자기 쾅 하며 배가 산산조각 나버리고 나는 정신을 잃고 쓰러진다. 누군가 뺨에 키스를 하는 느낌에 눈을 떠보니 사긋빛 가운만 걸친 그녀가 그림 속에서 멜랑콜리 가득한 눈으로 나를 물끄러미 바라본다. 아, 탄식이 절로 나오는 그림이다. 제목을 보니 「die Meeresbrandung(der Schall)」이라고 되어 있다. '파도의 부서짐(소음)' 정도로 번역될 것 같다. 세이렌 신화를 저렇게 한번 돌려서 그렸겠지.

바로 옆에는 그 유명한 「바이올린을 켜는 죽음이 있는 자화상」이 걸려 있다. 해골 형태의 죽음이 화가의 뒤에서 바이올린을 켜고 있는데 바이올린 선이 하나 밖에 없다. G선이다. 그럼 「G선상의 아리아」를? 그러고 보니 그림에 나온 하프도 선의 길이가 다 똑같았는데 왜 그랬을까? 뵈클린, 아무튼 수수께끼투성이의 화가다.

그런데 유명한 「죽음의 섬」은 어디에 있는 거지? 아무리 둘러봐도 안 보여서 안내하는 사람에게 물어보니 브뤼셀에 있다고 한다. 특별전 때문에 벨기에의 박물관에 빌려줬는데 5월에나 돌아올 예정이란다. 할 수 없지 뭐. 베를린에 2년 더 머물 예정이니 그때 가서 보면 된다. 날씨가 너무 좋아서 해바라기도 할 겸 바로 옆 슈프레 강*가로 나가서 아이스크림을 한 개 사서 관광객 흉내를 내본다.

혁명가 혹은 도적에 관한 연극

배가 슬슬 고파지는 관계로 지그재그에 가서 프로방스풍 샐러드를 먹고는 베를리너앙상블로 발길을 돌린다. 프리드리히 실러Friedrich Schiller의 「도적 떼」를 보러 가는 것이다.

도적이라고 하면 우리에게는 임꺽정이나 홍길동이, 서양인들에게는 로빈 후드 같은 인물이 떠오른다. 도적 떼는 남의 물건을 강탈하는 무리들인데 청나라 말기의 마적단 같은 이미지보다 주로 의적의 이미지가 연상되

---

* 파리에 센 강이 있다면, 베를린에는 슈프레 강이 있다. 박물관 섬이 이 슈프레 위에 떠 있는 셈이다.

는 세상이라면, 서민들의 삶이 그만큼 편치 않다는 이야기이다. 체제 내의 합법화된 도적놈들 때문에 우리는 지금도 이런 의적을 그리워하면서 가끔은 부자들과 고위층의 집만 터는 도둑에게 의적이라는 이름을 붙이고 싶어 한다.

잠깐 홍길동 이야기를 해보겠다. 최초의 한글 소설이라고 알려진 허균의 「홍길동전」과 비슷한 구조의 연극이 바로 「도적 떼」이다. 홍길동은 서자를 차별하는 사회에서 살아남기 위해 집을 떠나야 하지만, 「도적 떼」의 주인공인 카를 모어는 야심만만하고 악마 같은 성격의 동생, 프란츠 모어의 음모에 빠져 아버지 막시밀리안 모어 백작에게 가문의 명예를 더럽혔다는 오해를 받고 쫓겨난다. 한국에서는 흥부놀부 형제처럼 형이 주로 악역을 차지하지만 서양에서는 주로 동생이 악역을 담당한다. 어쨌든 서양이건 동양이건 영웅들의 '길 떠남'은 대부분 집안의 갈등에서 비롯되게 마련인가 보다. 하지만 이렇게 머리 좋고 힘깨나 쓰는 인물들을 받아주는 곳은 많지 않다. 신화에서야 온갖 기연奇緣을 만나서 위대한 행적을 쌓지만, 현실 세계는 만만치 않다.

적당한 예는 아니지만, 청소년기에 주로 하는 가출을 생각해보자. 부끄러운 일이지만 나도 반항기에 가출을 해봐서 안다. 누가 가출 소년을 반겨주겠는가? 결국 그런 또래들이 모여 있는 집단을 찾아가거나, 또는 그런 집단이 접근하게 된다. 정상적인 직업을 갖기 힘든 아이들이 할 수 있는 일이라야 빤하다. 당시는 편의점 아르바이트도 없던 시절이다. 유흥가의 뒷골목을 맴돌거나, 또래 아이들에게 '삥'이나 뜯고 나니거나 더 심각하게 흘러가면 도둑질이나 강도짓도 서슴지 않는다. 떼강도로 변하는 것도 순식간이다. 집 떠난 홍길동이나 카를 모어도 별다를 바 없었을 것이다. 이들은 배운 바도 있고, 힘도 쓴다. 당연히 패거리의 두목으로 자리 잡는다. 그러나 의기 있고 머리 좋은 도적은 남의 물건을 함부로 강탈하지 않는 법이다. 대개는 의적이라는 이름을 걸고 혁명을 꿈꾼다.

연극 「도적 떼」는 바로 이러한 혁명가의 삶이 담겨 있는 연극이다. 물론 체제는 이러한 혁명가들에게 도적이라는 이름을 붙여준다. 이 연극에는 혁명만 있는 것이 아니다. 춘향전의 절개가 버선발이 아닌, 하이힐을 신고 나타난다. 모어 백작의 성에는 돌아오지 않는 연인 카를을 기다리는 여인, 아말리아가 있다. 아말리아의 사랑을 차지하고 싶은 프란츠의 노력이 변학도는 저리 가라다. 술수, 모략, 회유, 공갈, 협박, 겁탈까지 모든 수단을 다 동원해 보지만 정절을 지키는 성춘향, 아니 아말리아의 사랑이 눈물겹다.

이게 홍길동전이나 춘향전이라면 결말은 '그래서 행복하게 잘 살았다.'가 되겠지만, 한국의 해피엔드 드라마와는 달리 실러는 현실을 보여주고 싶었나 보다. 도적들은 보헤미아의 숲을 거점으로 세력을 넓혀가기 시작한다. 프란츠는 아버지 모어 백작을 탑에 가두고 스스로 백작이 되었는데 도적들은 이 프란츠가 있는 성을 공격한다. 그러자 절망에 빠진 프란츠는 자결한다. 악인은 당연히 지옥으로……. 탑에 갇힌 모어 백작을 우연히 구해낸 카를은 아버지가 자신을 일부러 버린 것이 아니라 프란츠의 음모 때문에 그랬다는 사실을 알게 된다. 그리고 아버지에 대한 원망으로 도적 떼에 합류한 자신을 원망해 보지만, 이미 때는 늦었다. 탈진한 모어 백작은 꿈에 그리던 아들 카를의 품에서 숨을 거둔다.

아말리아와 재회한 카를은 그녀가 여전히 자신을 사랑한다는 것을 알고 기뻐하지만, 동료들로부터 사랑에 빠져 혁명을 배신하려 한다는 비난을 받게 된다. 그러자 아말리아는 다시 자기를 버리고 떠나려면 차라리 죽이고 가라면서 애원한다. 카를은 처음에는 거절하지만, 도적들 중 하나가 그녀에게 총을 쏘려 하자, 자신의 여인은 자신이 생명을 거두어야 한다면서 스스로 방아쇠를 당기고 만다.

아말리아도 우미인과 다를 바가 없네

자, 여기서 숨을 한번 돌려서 생각을 해보자. 개인으로서 경험할 수 있는 가장 비극적인 일들이 한순간에 닥쳐왔다. 카를은 이제 어떤 행동을 취할 것인가? 이 이상理想 가득한 혁명가는 모든 슬픔을 딛고 다시 혁명의 대열을 이끌어나갈 것인가? 청년 실러는 그에게 희생이라는 운명의 틀을 씌워준다. 카를은 지금까지의 행동들은 도적질에 불과했다면서 순순히 법의 심판을 받겠다고 한다. 그 대신 자신의 목에 걸린 현상금을 10여 명의 자식을 키우는 어느 가난한 이가 받을 수 있도록 돕겠다고 하면서 길을 떠난다. 초패왕 항우가 사면초가의 상황에서 자신의 목을 부하에게 던져주어 현상금이라도 타게 하는 장면이 이런 식으로 재현된다. 카를 모어는 혁명가답게 부하 대신 가난한 서민을 선택한 것이 다를 뿐이다. 그러고 보니 아말리아의 죽음도 항우의 애첩 우미인의 자결과 다를 바 없네. 인간의 삶은 동양이나 서양이나 매한가지이다.

「도적 떼」는 한국에서도 종종 무대에 올려질 정도로 실러의 대표작이다. 2005년에 실러 서거 200주년을 기념하여 국립극장에서 이윤택 연출로 올렸을 만큼 연극인들이 한번쯤 무대에 올려보고 싶어하는 작품이다. 외국에서도 그러한데 독일 국내에서야 말할 것도 없다. 셰익스피어의 「햄릿」처럼, 독일의 학교에서 연극을 할 때, 제일 먼저 리스트에 올라가는 연극이 바로 이 「도적 떼」이다. 그러니 거의 모든 독일인이 이 연극에 대해 에헴 하면서 다들 한마디쯤은 읊는다. 이런 연극을 어찌 안 보겠는가.

연출은 1963년생인 하스코 베버Hasko Weber가 맡았는데, 약 2시간 분량으로 대폭 줄였다. 연극이 5막으로 이루어져 있으니 거의 절반 정도의 대사가 삭제된 셈이다. 등장인물들도 30명 정도에서 8명으로, 최소한으로 줄였다. 무대도 간단하다. 커다란 붉은색 벽에 '모어'라고 흰 글씨로 써놓은 것 외에 다른 배경은 없다. 모어 백작의 성이 저 핏빛 벽 하나로 처리된다. 저렇게 붉디붉은 벽을 그저 눈에 잘 띄라고 마련해 놓은 것은 아니다. 혁명을 저 벽 하나로 상징적으로 이야기하고 싶었을 것이다. 보헤미안 숲의 장면은 무대가 돌아가면서 벽의 모서리 부분만 보이는 것으로 말끔히 처리된다. 그러다가 도적들이 모어의 성을 공략하는 결말부에 가서는 그 거대한 벽이 관객 쪽으로 넘어진다. 내 간이 덜컥한다. 쾅 하고 넘어지는 소음을 예상하면서 귀를 막으려 했지만 먼지만 풀썩 날린다. 아! 이런 방법도 있었구나. 넘어진 벽 위에는 공연 중간에 벽 위로 올라가는 사다리였다고 생각되는 받침대들이 마치 다리의 난간처럼 대여섯 줄로 늘어서 있다. 그렇게 형성된 다리를 통해 카를 모어가 등장하고 연인 아말리아는 카를 모어에 의해 다리 위에서, 실러의 원본과는 다르게 총살이 아닌 교살을 당한다.

실러의 「도적 떼」를 사랑하는 독일인 중에는 하스코 베버가 연출한 「도적 떼」를 보고 실망한 사람도 있다. 독일인이 자랑하는 대작을 이렇게 미니화했으니 속상할 만하다. 그들의 심정도 알 것 같다. 하지만 춘향전도 완창이 아니라 부분만으로 공연하는 경우가 더 많으니 이해하자. 내용이야 독일인들이라면 다 아는 것이니 연출자 나름대로는 인간의 갈등 부분에 초점을 맞춰서 재구성하고 싶었을 테지. 앞의 설명에서 나는 프란츠의 역할을 두드러지게 묘사했지만, 사실 이 연극의 백미는 바로 이 악인 프란츠의 개성 넘치는 연기이다. 어찌 보면 자본주의 사회의 전형적인 인간형

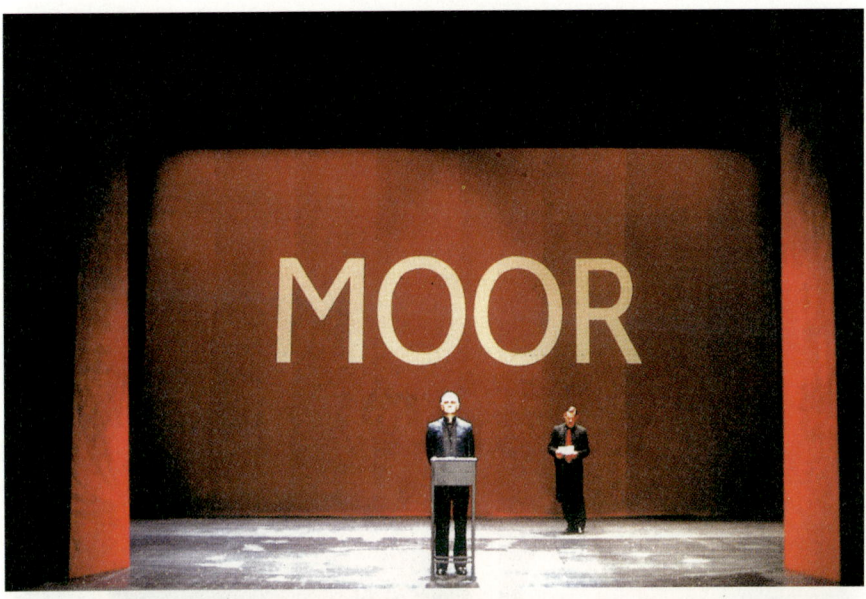
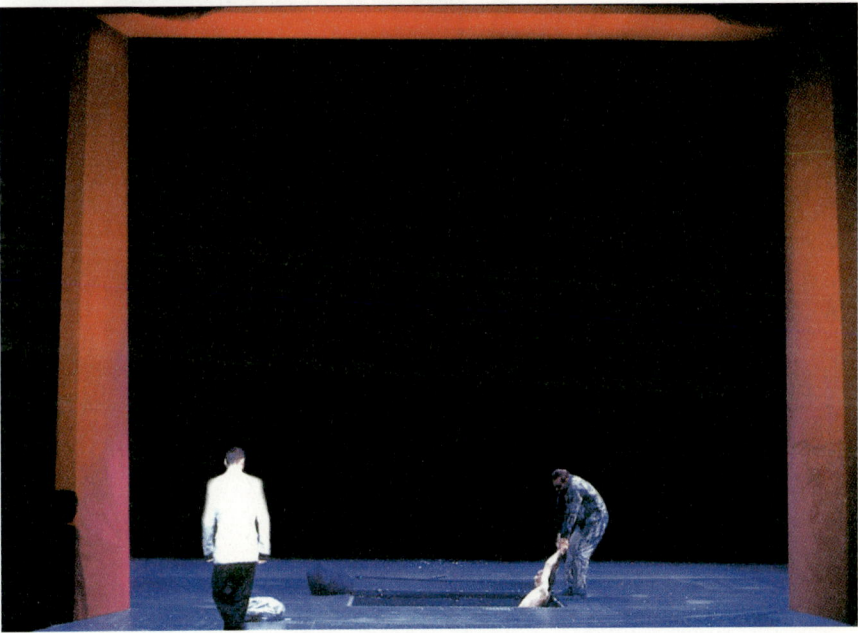

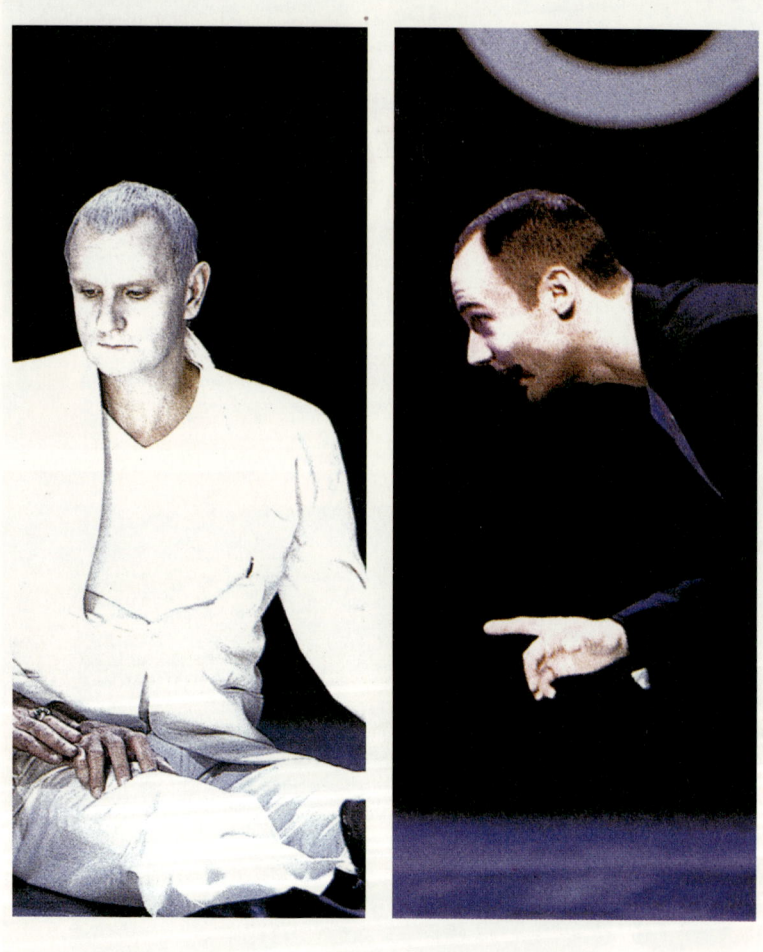

이라는 생각도 든다. 악역이라 욕을 먹지만, 우리의 삶을 돌아보면 우리 모두가 카를보다는 프란츠에 가깝다고 생각한다. 참고로 프란츠 역은 배우들이 가장 맡고 싶어하는 역할 중 하나이다. 프란츠가 간간히 뱉어대는 독백과 방백이야말로 햄릿에 버금가는 명대사들이다.

독일의 셰익스피어, 실러

독일의 3대 문호 중의 하나인 실러를 설명하는 것은 좀 사족이라는 생각이 들지만, 그래도 괴테는 소설 「젊은 베르테르의 슬픔」이나 역작 「파우스트」를 통해 잘 알려진 반면, 실러는 베토벤 교향곡 9번 「합창」의 성악 파트인 「환희에 붙여」를 쓴 시인 정도로 알고 있는 분들도 있을 것 같아 간략히 소개해야겠다. 단도직입적으로 말해서, 극작가로서 실러는 괴테와 비교할 수 없을 정도로 위대하다. 이건 독일인들의 평가이다. 그를 독일의 셰익스피어라고 이야기하는 것을 보면 작품의 양과 질이 어느 정도인지 짐작이 가겠다. 괴테와 함께 독일 낭만주의를 주도한 실러는 1759년에서 1805년까지 대략 45년 동안 이 세상에 머물다 갔지만, 그가 남겨놓은 것들은 200년이 지난 뒤에도 빛이 바래지 않는다. 실제로 유럽의 문화를 주도하는 TV인 아르테*에서 시청자들에게 투표를 한 결과, 유럽에서 가장 중요한 극작가로서 실러가 셰익스피어 다음으로 2위를 차지했다.

「도적 떼」는 그가 21세에 쓴 최초의 희곡이며, 그를 일순간에 스타넘

---

* ARTE, 프랑스와 독일이 공동으로 제작하는 방송채널이다. 같은 내용의 방송이라도 프랑스에서는 프랑스어로, 독일에서는 독일어로 방영된다. 이름처럼 예술과 문학 관련 프로그램이 압도적으로 많다.

에 올려놓은 작품이지만, 이로 인해 그는 갖은 고생을 한다. 이 작품으로 만하임에서 성공적인 공연을 했음에도 불구하고, 무정부주의를 지향하는 혁명적인 내용 때문에(공식적으로는 불법체류라는 명목이지만) 1782년에 만하임에서 체포된다. 모든 작품들은 출판이 금지되어, 결국 슈트트가르트로 도주한다. 그 뒤 라이프치히와 드레스덴을 전전하다 바이마르에 정착하게 되는데, 후에 괴테의 간곡한 청으로 다시 희곡을 쓴다. 바이마르에 돌아온 후, 괴테와 함께 그 유명한 바이마르 극장을 설립하면서 독일 문학의 황금기를 열었지만, 1805년에 결핵으로 세상을 뜬다. 아쉬움이 남는 생이다.

연극 「도적 떼」는 이탈리아어로 동일한 뜻인 「I masnadieri」라는 제목으로 베르디에 의해 오페라로 만들어져서 1847년에 런던에서 초연되기도 했다. 실러는 이 연극을 실화에 바탕을 두고 썼다고 하는데, 그 모델은 케제비어 형제라고 알려져 있다. 형 요한은 아버지가 재단사로 키워서 후일 비트겐슈타인 백작의 개인 재단사가 되고, 동생 크리스티안은 독일의 악명 높은 범죄 집단의 두목이 되어 후에 폴란드 감옥으로 보내졌다고 한다.

그런데 막상 이 작품을 보면서 머릿속에 떠오른 것은 셰익스피어의 「리어 왕」이다. 극중의 글로스터 백작의 가족사가 바로 이 모어 백작의 가족사와 그대로 겹쳐진다. 글로스터 백작의 두 아들 에드가와 에드먼드의 이야기가 거의 동일하다. 악인 중의 악인으로 나오는 사생아 에드먼드가 편지를 이용하여 음모를 꾸미는 것이나, 아버지와 형 에드가 사이를 이간질하는 수법이며, 백작의 지위를 빼앗는 것들이 놀라울 정도로 동일하다. 아무런 설명이 없다면 「리어 왕」의 부분 이야기인 글로스터 백작의 가족사를 실러가 독일어로 각색하고 살을 붙였다고 생각할 정도이다. 그러나 앞서 말했듯이 케제비어 형제의 실화에 근거했다고 하니 아무 소리 하지 말아야 독일에서 덜 미움 받겠다는 생각에 그냥 넘어갔다. 그나저나 이 연극을 원어로, 그것도 베를리너앙상블에서 보게 될 줄이야. 감히 상상도 하지 못했던 일들이 벌어진다. 베를린과 사랑에 빠지지 않을 수가 없다. 이런 감동이 내 핏속에 서서히 배어들도록 하루에 한 번만 느끼고 싶지만 그것도 쉽지가 않다. 가슴이 하루에도 몇 번이고 벅차오른다.

「도적 떼」의 실제 무대 실러의 희곡을 보면 이야기의 배경은 토이치란트이고, 모어의 성은 프랑켄에 있으며 카를을 비롯한 산적들의 활동 무대는 보헤미안 숲이라고 나온다. 하지만 당시 독일의 상황은 지금과 같은 독일 지도가 그려져 있지 않은 상태이다. 물론 토이치란트는 지금의 도이치란트, 즉 독일이라는 정식 명칭의 원형이 되는 말이지만, 지역적으로는 커다란 차이가 있다. 18세기 상황에서 지금의 독일 지역은 좀 복잡한 양상을 띠고 있는데, 베를린을 중심으로 한 브란덴부르크 지역은 영어로 프러시아라고 하는 프로이센 왕국에 속한다. 당시에 프리드리히 대왕이 있었으니 그 위세가 얼마나 대단했겠는가. 그러나 실러가 이야기하는 토이치란트는 독일의 전신인 프로이센이 아니라, 프로이센을 제외한 현 독일 지역이라고 생각하면 큰 무리가 없을 것이다.

실러는 모어의 성이 있는 곳이 구체적으로 프랑켄이라고 했는데, 이 지역 역시 지금의 지도와는 좀 다르다. 지금의 바이에른 주 북부와 튀링엔 주 남부, 그리고 바덴뷔르템베르크 주 북동부 지역을 통틀어 프랑켄 지역이라 한다. 너무 복잡한가? 지금 독일 지도의 동남쪽 지역이라고 생각하면 된다. 즉 실러가 자라고 교육받은 지역에서 벌어지는 이야기이다. 청년이 자신의 주위를 배경으로 희곡을 쓴 것이다.

카를이 도주하는 보헤미안 숲이라는 곳도 실제 이 프랑켄 지역에 근접해 있다. 오늘날 보헤미안 숲이라고 하면, 체코의 남보헤미아에서 오스트리아와 바이에른 지역까지 걸친 산맥을 말하는데 이 숲은 지금의 체코, 오스트리아, 그리고 독일의 국경을 자연적으로 만들었다. 실러가 이야기하는 보헤미안 숲은 바로 이 체코 지역의 보헤미안 숲을 이르는 것이다. 이 숲은 원시림처럼 깊고 울창하다고 하니 산적들의 소굴로도 적합하겠다.

프랑스 혁명이 1789년에 시작되었으니 실러는 대략 10년 전에 이미 이곳 프랑켄의 무대에서 혁명을 시작한 셈이 된다. 그의 젊은 혈기가 아직도 느껴진다. 당시 그는 이상을 얼마나 갈망했는지 1784년 11월에 그가 출간한 문예지《라이니셴 탈리아Rheinischen Thalia》에 쓴 선언문에서 이렇게 말한다.

나는 어떤 왕도 섬기지 않는 세계 시민으로서 글을 쓰는 것이다. 망원경을 통해서만 볼 수 있었던 커다란 세상과 바꾸기 위해서 전에는 조국을 잃어버리기도 했다. 기묘하게 꼬인 자연의 법칙은 내가 태어난 곳에서 시인이 될 것을 판결했다. 시에 대한 나의 애정은 그동안 내가 교육받은 학교의 규칙을 모욕하는 것이었고, 학교 설립자의 취지와는 정면으로 모순되는 것이었다. 이러한 열정으로 나는 8년 동안이나 군내 같은 규칙들에 대항해 씨워왔지만, 시를 향한 정열은 마치 첫사랑과도 같이 강하게 불타올랐다. 억눌러야만 했던 것들을 오히려 이 정열이 부추긴 것이었다. 나에게는 고문 그 자체였던, 도망쳐야 했던 주위 상황들에서, 내 가슴은 이상의 세계를 방랑하고 있었던 것이다.

베케트 作 「고도를 기다리며」는 베를리너앙상블에서 2006년 2월 4일에 초연했다. 조지 타보리George Tabori가 연출을, 헤르만 바일Hermann Beil과 아니카 바르도스Anika Bárdos가 드라마트루기를 맡았다. 주요 배우들은 다음과 같다.

Michael Rothmann : Estragon, Axel Werner : Wladimir, Roman Kaminski : Lucky, Gerd Kunath : Pozzo

04

불행보다 우스운 것은 없다 「고도를 기다리며」

에스트라공: 이젠 뭘 하지?

블라디미르: 글쎄 말이다.

에스트라공: 가자.

블라디미르: 갈 순 없다······.

에스트라공: 왜?

블라디미르: 고도를 기다려야지.

에스트라공: 참 그렇지.

—베케트의 「고도를 기다리며」 중에서

며칠 동안 마크를 볼 수 없었다. 학교를 땡땡이 친 모양이다. 오늘 쉬는 시간에 겨우 마크와 라셀을 만나서 연극 표를 건네준다. 저녁 6시에 베를리너앙상블에서 만나서 간단히 저녁을 먹고 연극을 보기로 약속한다. 이 둘을 보면 스위스 아이들이 다른 나라 아이들보다 사교성이 좋은 것 같다. 다양한 문화가 공존하는 나라라서 그런가? 그 작은 나라에서 여러 언어가 사용되니 불편할 것 같은데 그렇지 않다는군. 영화에도 독일어, 프랑스어, 이태리어 세 가지로 자막이 깔린단다. 그런데 프랑스어는 그 특유의 악센트를 고치기가 힘든 모양이다. 같은 스위스인이라고 해도 프랑스어권 스위스인은 유달리 악센트가 심하다. 그래도 유럽에서는 이런 프랑스 악센트가 들어가면 좋아들 한다. 다들 프랑스어를 배우고 싶어해서 프랑스어 사용자는 영어 사용자보다 대우를 받는다. 그래서 부러 악센트를 사용하는지도 모르지. 이것도 그리 공평한 일은 아닌 것 같다. 그럼 한국어 사용자는? 별 관심 없는 것 같다.

베를리너앙상블에 조금 일찍 도착해서 다른 공연 표들을 샀다. 조금 있으니 금방 도착한다고 마크에게 전화가 왔다. 전에 들은 이야기가 생각났다. 시간 약속을 정확히 지키는 사람들이라면 우리는 보통 독일인들을 떠올리지만 여기 독일에서는 스위스인들을 떠올린다. 시계 산업이 스위스에서 발달한 것을 생각하면 고개가 끄덕여진다.

마크와 함께 지그재그 카페에서 샐러드를 먹으려고 지름길처럼 보이는 곳으로 돌아갔는데 찾을 수가 없다. 길을 잘못 들어섰나 보다. 그냥 근처에 있는 아르헨티나 스테이크하우스로 들어가서 스테이크를 하나씩 주문해서 먹고 있는데 라셀이 도착한다. 공연이 7시 30분인데 7시 10분에야 라셀이 주문한 음식이 나온다. 이런 걸 보면 스위스인도 예외가 있다.

기다리는 사람은 오지 않건만

연애를 심하게 하던 시절이 있었다. 당시에는 지금처럼 휴대폰이 없었기에 시간과 장소를 정해서 만날 약속을 했었다. 사람마다 차이는 있겠지만, 1시간 정도는 아무렇지도 않게 기다리던 시절, 5시간을 기다린 적이 있었다. 카페에서 그 정도 앉아 있으면 눈치 보여서 차 한 잔을 더 시켜 마셔야 했다. 분명 오는 걸로 알고 있기에 떠나지 못하고 기다린다. 2시간이 지나면서는 혹시 그녀가 오지 않을 수도 있겠다는 생각에 집으로 갈까 말까 갈등한다. 3시간이 지나면 가방을 챙겨서 일어났다 다시 앉기를 수차례 한다. 4시간이 지나면 이제 오기가 생겨서 기다린다. 카페가 문을 닫을 때까지 기다린다. 그러다가 결국 그녀가 헐레벌떡하면서 나타나면 희노애락의 네 가지 감정이 한 번에 터져나온다. 기다림이란 이렇게 사람을 잡는다.

더 무자비한 기다림을 생각해보자. 두 남자가 누군가를 만나기 위해 와 있다. 그러나 이들은 그 장소가 약속 장소가 맞는지 확신이 서지 않는다. 언제 올지도 정확히 모른다. 오늘 올지, 내일 올지……. 그저 온다고 하니까 막연한 기대를 가지고 기다린다. 바쁜 사람들은 이런 짓을 못한다. 한가한 사람들, 아니면 무언가 절실히 원하는 사람들이나 이렇게 기다린다.

그나마 혼자가 아니라 둘이라서 다행이다. 둘이면 맞고라도 치면서 기다릴 수 있으니. 그런데 고스톱도 오래 치면 질린다. 포커로 판을 바꿔보기도 하고, 그러다가 속였네 아니네 하면서 싸우기도 한다. 이럴 때는 주로 잃은 쪽이 핏대를 올리게 되어 있다. 또 지나가는 사람이 있으면 불러서 다시 판을 벌인다. 지나가다 들른 사람들은 조금 하다가는 다른 볼일이 있다면서 일어서지만, 이 두 사람은 기다려야 할 사람이 있으니 못 떠난다. 그런데 기다리는 사람은 오지 않고 심부름꾼이 와서는 그는 오늘 못 오고 내일쯤 올지 모르겠다고 한다. 하루 종일 기다린 이들은 무슨 생각이 들겠는가? 나 같으면 그 따위 인간 다시는 안 보겠다고 투덜대면서 짐 챙겨서 집으로 가겠다. 하지만 이들은 별다른 할 일이 없는지 다음 날 또 그 장소에 와서 기다린다. 전날과 비슷한 상황이 되풀이되고 또 심부름꾼만 와서 그가 역시 오늘도 못 온다고 한다.

이런 걸로 연극을 만든 사람이 있다. 그 유명한 사뮈엘 베케트Samuel Beckett가 이런 짓을 했다. 그를 유명하게 만든 연극 「고도를 기다리며」* 가 이런 내용이다. 이야기만 들어도 지루한 연극이라 생각되지만, 사실 이 연극은 절대로 지루할 수 없는 연극이다. 서울에서도 산울림소극장에서 20년 이상 올리고 있는 작품이니 본 사람들이 꽤 있을 것이다. 이 연극을 아는 사람들은 내 말에 공감하리라 믿는다.

* 베케트는 이 작품을 프랑스어로 먼저 쓰고 나중에 영어판을 다시 썼다. 그래서 프랑스어판과 영어판의 내용이 약간 다르다. 베케트는 생전에 베를린의 실러 극단에서 이 작품을 직접 연출하기도 했다.

실존주의를 무대에 옮긴 부조리극

무신론자들 중에서 가장 유명한 사람이 사뮈엘 베케트이다. 그리고 이 무신론에 대한 예로서 가장 많이 거론되는 연극이 그의 대표작 「고도를 기다리며」이다. 여기서 무신론은 그냥 신을 부정하는 것만은 아니다. 니힐리즘의 명제처럼 사용되는 문장인 '신은 죽었다.'라는 말은 단순히 신의 존재를 부정하는 무신론자의 외침이라 하기엔 좀 복잡하다. 서양인들에게 무신론은 기독교라는 종교에 대한 철저한 성찰과 반성에서 나온 것이지 그저 신은 없다고 생각해서 나오는 것이 아니다. 그러니 기독교에서 가장 싫어하는 사람들이 무신론자들임은 당연하겠다.

내친김에 실존주의 이야기까지 해보자. 알베르 카뮈나 장폴 사르트르가 떠오르는 실존주의 역시 기존의 기독교에 대한 반발에서 나왔다. 철학의 커다란 테제인 '인간은 왜 사는가?'에 답하기란 매우 어렵지만, 서구사회의 기독교인들에게는 그 답이 너무나 간단했다. 사후세계를 믿고 심판의 날을 기다리는 기독교인들은 그 마지막 심판의 날을 위해 사는 것이다. 모든 행위와 윤리가 오직 그날을 위해 존재한다. 예수가 증언하는 마지막 심판의 날 이후 아버지 하나님의 나라로 가기 위해 현세의 삶이 존재하는 것이다. 다른 목적은 있을 수 없다. 단순 명료하다. 이렇게만 살 수 있다면 정말 편할 것 같다. 하지만 서양의 역사가 어디 그렇게 평온하게 흘러왔던가? 수많은 전쟁, 그것도 대부분 기독교가 주축이 되어 일어난 종교전쟁이 현세의 삶을 지옥으로 만들었다. 죽어야 가는 지옥을 그들은 신이라는 이름 아래 현실에서 겪어야 했다. 그럼 이들은 무슨 생각을 하겠는가? 루터나 칼뱅같이 기독교를 개혁하고자 하는 사람들도 있었고, 엥겔스나 마르크스처럼 유물론을 들고 나와서 '종교는 아편'이라고 외치는 사람들도 있었다. 그리고 이렇게 주장하는 사람들도 나온다. '인간은 아무 의미 없이 사는 것이다.' 우리가 태어나서 살아가는 것은 그냥 살아가는 것이다. 목적이고 의미고 없다. 신이 우리를 기다려서 사후에 심판하고 천국과 지옥으로 보낸다는 말은 말짱 헛소리다. 인간은 아무런 의미 없이 그냥 살다가 죽는 것이다. 이들이 바로 실존주의자들이다. 너무 과격한가? 그런데 그럴 만도 하다. 두 차례에 걸친 세계대전, 특히 나치와 파시스트가 행한 학살에서 그들은 인간의 존엄성이 무참하게 짓밟히는 것을 경험한 사람들이다.

이 실존주의를 무대에 옮긴 것이 바로 부조리극이다. 부조리란 말이 좀 어색할 수도 있겠다. 부조리극은 원래 프랑스어로 théâtre de l'absurde 라고 한다. 이를 영어로 theatre of absurd라고 번역한 것이다. absurde에는 이치에 맞지 않는다는 뜻도 있긴 있지만, 보통은 '제정신이 아닌', 영어로 하면 crazy에 가까운 말이다. 점잖은 단어를 써서 부조리극이라고 번역했지만, '미친 연극'이라고 번역해도 시비 걸 사람은 없다. 우리의 삶은 정상이 아니라고 보는 것이다. 아무 의미 없는 짓거리를 하는 것이 바로 우리 인간이고 지금껏 우리가 그것을 해오고 있지 않느냐는 반문인 것이다. 그렇지 않은가? 인간에게 이롭게 하겠다고 전쟁을 벌이고는 인간을 다 죽인다. 그것도 상상할 수 없는 이유로. 종교가 다르다는 것이 이유가 되는가? 종교가 같아도 종파가 다르다는 이유로 죽이기도 한다. 미친 짓이다. 서양 역사, 특히 20세기 역사의 거울을 연극 무대에 올려놓고 보니 이렇게 미친 연극이 되는 것이다. 인간은 치부가 드러나면 몹시 부끄러워한다. 심지어 어떤 경우에는 치부가 다 보여도 그게 치부인지 모른다. 해서 이들은 계속해서 인간의 본모습을 이렇게 무대에 올린다. 그것이 부조리극이라는 이름으로 있는 것이고, 그 부조리극의 중요한 작품으로 사뮈엘 베케트의 「고도를 기다리며」가 존재한다.

고도 씨가 와야 구원을 받는다

그럼 연극의 내용을 살짝 살펴보자. 어느 저녁, 시골길에 나무가 한 그루 서 있다. 막이 오르면 한 남자가 숨을 헐떡거리면서 벗겨지지 않는 신발과 씨름한다. 신발이 벗겨지지 않자 벗는 것을 포기하곤 쉬다가 또 다시 신발을 벗기려고 한다. 하지만 역시 벗겨지지 않는다. 그 와중에 한 남자가 들어오면서 그에게 말을 건넨다. 둘은 초면이 아니다. 약속은 하지 않았지만 그들은 여기에서 만나는 것을 이상하게 생각하지 않는다. 그리고 의미 없어 보이는 대화가 한동안 진행되다가 나중에 등장한 사람이 성경에 나오는 이야기를 꺼낸다. 예수와 함께 십자가에 매달린 강도 중 하나는 구원을 받았다는 말을 꺼내면서, 성경의 네 복음서를 쓴 네 사람 중 겨우 한 사람만이 이를 이야기했다는 말을 상기시킨다. 여기에서 그들은 의문을 제기한다. 네 사람이 그 장면을 똑같이 보았다면, 왜 한 사람만 이 이야기를 하는가? 다른 이들은 이런 이야기를 하지 않는데, 그럼 다른 사람들은 그 강도가 구원받지 않았다고 생각하는 것인가? 나머지 세 사람이 거짓말을 하는 것인가? 아니면 강도가 구원받았다고 하는 말이 거짓말인가? 이들은 이런 불손한 의문을 제기한다. 이런 일치되지 않는 이야기를 사람들이 믿는다면, 바보 같은 원숭이밖에 더 되겠느냐며 인간을 비웃으면서 길을 떠나려 한다.

신발을 벗으려 하는 남자가 에스트라공이고, 성경 이야기를 하는 남자가 블라디미르이다. 그럼 배경을 한번 보자. 길이 있다. 길이 의미하는 것으로 나그네 외에 다른 것은 떠오르지 않는다. '인생은 나그네 길 어디서 왔다가 어디로 가는가.' 하는 최희준의 노래가 떠오른다. 피곤한 여행길에 나무 아래서 잠깐 쉬는 것은 낯선 풍경이 아니다. 그런데 이 나무가 심상

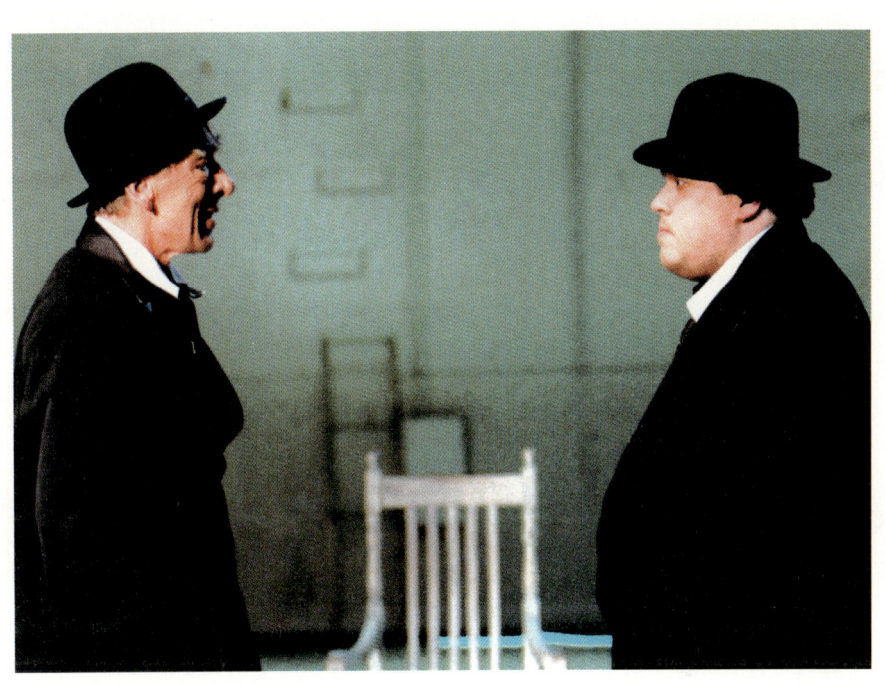

치 않다. 이파리가 하나도 없다. 겨울이라서? 글쎄다. 두고볼 일이지만, 종교의 역사를 아는 사람들은 '생명의 나무'를 단번에 떠올리겠다. 북유럽의 신화에 나오는 위그드라실Yggdrasil* 같은 우주목도 있지만, 아무래도 서양에서는 유태인들의 촛대인 메노라가 상징하는 생명의 나무를 생각한다. 이 생명의 나무는 성경의 창세기에도 등장한다. 선악과를 먹은 아담과 이브가 생명의 나무에 손을 댈까 두려워서 신은 이들을 에덴에서 추방한다. 생명의 나무의 열매를 먹으면 영원한 삶을 산다고 한다. 해서 기독교에서 이 나무는 예수 그리스도를 상징한다. 그럼 이 나무가 이파리가 없이 앙상한 데에는 까닭이 있겠다. 물론 이렇게 보지 않아도 된다. 그냥 아무 의미 없다고 생각한다고 무슨 큰일이 벌어지는 것도 아니니까. 연극 내내 에스트라공은 신발에 집착하고, 블라디미르는 모자에 집착한다. 이 역시 어떤 이들은 땅과 하늘을 상징하는 것이라고 해석한다. 또 어떤 이들은 에스트라공을 여자에, 블라디미르는 남자에 비유하기도 한다. 더 나아간 이들은 이들이 동성애적 관계라고까지 말한다. 어느 각도로 봐도 무방하다. 내용이 단순할수록 해석은 분분하다.

　길을 떠나자는 에스트라공에게 블라디미르는 갈 수 없다고 한다. 이들은 여기에서 고도 씨를 기다려야 한다고 한다. 고도 씨가 꼭 온다고 하지는 않았지만 약속을 했기에 기다린다. 장소가 맞느냐고 질문하는 에스트라공에게 블라디미르는 나무 옆에서 만나기로 했기에 다른 곳은 없다고, 여기서 기다려야 한다고 말한다. 이제야 이들의 목적이 밝혀진다. 여기서는 이 나무가 고도 씨를 만나야 하는 곳이다. 나무가 없으면 고도 씨는 나타나지

---

* 일종의 생명의 나무이다. 북유럽의 신화에서는 이 거대한 우주목을 9그루의 다른 나무들이 둘러싸고 있다고 한다.

않는다. 그럼 고도 씨는 언제 오는가? 오늘 오는가? 그렇지는 않은 것 같다. 오늘 오지 않으면, 이들은 여기에 내일 다시 와야 하고, 내일도 오지 않으면 모레 다시 와야 한다. 고도 씨가 올 때까지 그들은 계속 와야 한다. 두 사람은 단지 그가 올 수도 있을 것이라고 했다는 약속만 믿고 기다린다. 그럼 그들은 고도 씨를 왜 기다리는가? 처음에는 이유가 나오지 않지만, 후에 밝혀진다. 고도 씨가 와야 구원을 받는다. 무엇으로부터 구원을 받는지는 역시 모르지만, 구원받기 위해 고도 씨를 기다린다. 결국 이들은 매일매일 와서 기다려야 한다. 이 정도 이야기하면 이게 무슨 뜻인지 모를 사람은 없다. 최소한 서양 사회에서 이렇게 늘어놓는데도 베케트가 무엇을 말하는지 모르겠다는 사람은 문제가 있는 이들이다. 그런데 베케트는 고도 씨가 누구냐는 질문에 자꾸 딴소리를 한다.

고도 씨는 신일까, 아닐까

신을 뜻하는 영어 단어 갓God이 바로 연상되는 이름 고도Godot. 당연히 신을 뜻하는 God에다 프랑스어의 축소형인 ot를 붙인 것이라 생각하게 되는데, 베케트 본인은 극구 부인한다. 이 작품이 원래 영어로 쓰인 것이 아님을 상기시키면서, 만일 고도가 신을 의미하는 것이라면, 본인은 신이라고 직접 언급했을 것이라고 한다. 그러면서 괜히 고도라는 이름을 선택했다고 투덜댄다. 모든 이들이 고도를 신에 연관시키는 것이 마음에 들지 않는다고 한다. 고도라는 이름은 신발의 프랑스어 속어인 고디요godillot나 고다스godasse에서 따왔다는 것이 그의 설명이다. 해서 시작 부분에 에스트라공이 신발을 벗으려고 발버둥치는 장면이 나온다는 것이다. 작가 본인이 그렇다면 인정해야 하지만, 이 말을 곧이곧대로 믿는 사람은 별로 없다. 그런데 한국어로는 믿는 신이나 신는 신이나 다 신이라고 하는 것을 베케트가 알았더라면 더 기막혔을 것이다.

또 다른 자리에서 그는 파리에서 버스를 기다리고 있다가 고도라고 쓰인 거리 이름을 발견하고 그렇게 이름 지었다고 말한다. 이러면 그의 말을 더욱 믿을 수가 없다. 계속되는 추궁 아닌 추궁에 베케트는 이 작품을 프랑스어로 쓰면서 아마도 무의식적으로 신의 이미지가 들어간 이름을 사용했을 수도 있다고 울며 겨자 먹기로 시인한다. 사람들도 너무한다. 작가가 그렇다고 하면 피치 못할 사정이 있겠거니 하고 넘어가도 되련만. 왜 이들은 이렇게 집요하게 고도 씨와 신을 동일시하려 하는가? 답은 연극을 보면 안다. 전부터 생각한 것인데, 샤머니즘 같은 원시 형태의 종교는 현실 세계에 대한 바람이 주를 이루는데 고급 종교로 갈수록 현실보다는 내세에 집착하게 하는 경향이 있다. 죽음이라는 자연현상을 극복하고 싶기 때문인지는 모르겠으나, 한국에도 구원의 종교가 있었다. 미륵불 사상이 그것이다. 사람들이 얼마나 믿었으면 궁예 같은 사람은 본인이 미륵이라고 주장했겠는가? 미륵보살은 도솔천에 살면서 설법을 베푸는데 약 56억만 년 후에는 인간세로 하강하여 용화수 밑에서 인간의 모습으로 성불해서 대중을 구원할 것이라고 한다. 사람들은 이때 용화수 아래에서 미륵의 설법을 듣기를 간절히 원한다고 한다. 이렇게 보면 고도 씨는 미륵에 더 가까워 보인다. 베케트가 미륵 사상을 알고 있었더라면, 성경의 구절뿐 아니라 불경의 구절도 인용했을지 모를 일이다.

고도 씨를 기다리는 동안 찾아오는 사람들이 있다. 포조와 럭키라는, 초대받지 않은 주인과 거의 짐승의 이미지로 다루어지는 노예 커플이 등장하여 의미심장하고도, 무의미한 짓거리들을 하다가 떠난다. 그리고 고

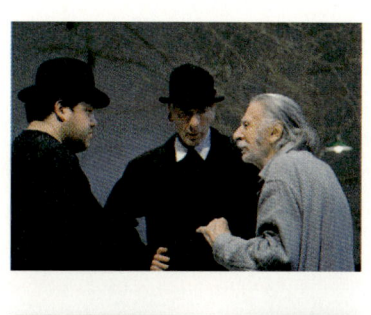
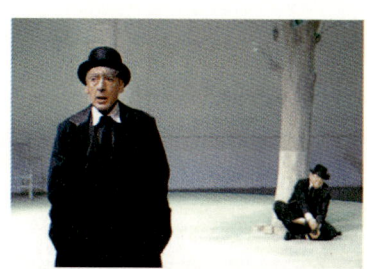
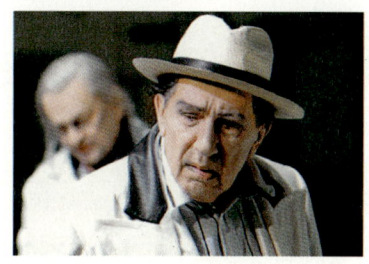
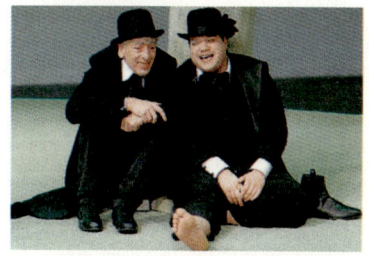
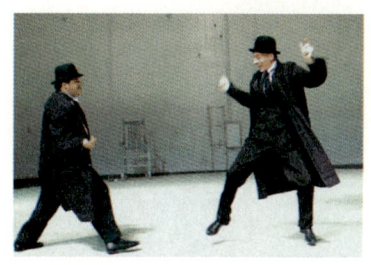
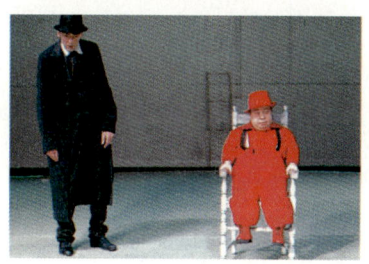
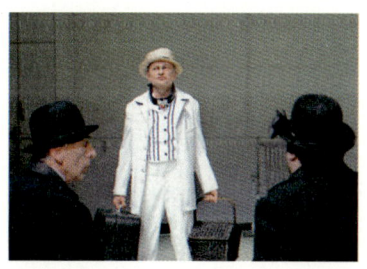
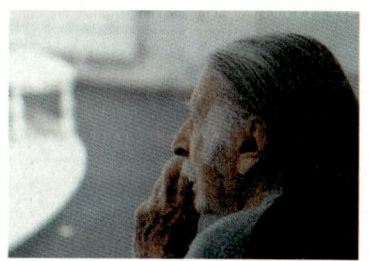

도 씨의 심부름꾼 소년이 등장하여 고도 씨가 오늘은 오지 못할 것이라는 전갈을 또 전한다. 이 연극에서는 모든 사람들이 이곳 나무 옆을 찾아온다. 즉 모두 다 이곳에 적을 두고 있지 않은 떠돌이인 것이다. 두 주인공인 블라디미르와 에스트라공 역시 방문객인 셈이다. 자신들의 거주지가 아닌 곳에서 기다리는 것이다.

불행한 것보다 더 웃기는 것은 없다

베케트의 연극 중 「고도를 기다리며」와 짝이 되는 연극이 있는데 한국어로는 「막판fin de partie」이라고 알려져 있다. 영어로는 엔드게임Endgame이다. 번역이 좀 어려운데, 엔드게임이라고 하면 체스 경기에서 거의 모든 말이 죽고 체크메이트가 되기를 기다리는 상황인 마지막 단계를 말한다. 한데 프랑스어 제목인 팽드파르티는 체스 경기뿐 아니라 다른 경기에서도 이와 같은 상황에 쓰인다. 베케트가 영어로 번역하면서 적당한 단어가 없음을 한탄했다고 한다. 한국식으로 하면 장기에서 장군이 되기 전에 장기말들이 거의 다 죽고 서너 개 정도만 남은 상황을 생각하면 비슷할지 모르겠다. 한국어 번역자도 '막판'이라는 제목을 달기까지 꽤나 고민 했겠다.

　「고도를 기다리며」와는 달리 「막판」에서는 떠나지 못하는 사람들이 나온다. 기다리는 것이 아니라 떠나는 것이 관건이다. 바닷가의 외딴 집에 휠체어에 의존하는 장님 함이 클로브라는 하인과 살고 있다. 이 둘은 서로를 죽이고 싶도록 미워하지만 떨어져서는 살 수 없는 관계이다. 휠체어에 앉아 있는 함은 클로브 없이 아무것도 할 수 없고, 클로브는 함이 주는, 하루만 살 수 있게 제공되는 음식 없이는 죽는다는 것을 알기에 떠나지 못한다. 밖에 나가봐야 세상에는 아무것도 남아 있지 않다. 태양도, 바다도, 구름도, 남아 있지 않다. 할 수 없이 클로브는 함과 살아야 한다. 떠나지 못하는 이들은 또 있다. 함의 부모인 내그와 넬이다. 이들은 2인용 자전거를 타다가 사고로 다리를 잃어서 쓰레기통에서 살고 있다. 공간 이동 자체가 불가능한 상태로 살고 있다. 「고도를 기다리며」와 비교해보면 재미있는 구성이다. 사람들은 이를 원자폭탄이 투하된 이후의 세계를 그린 것이라고 확신하지만 베케트는 이 역시 강하게 부인한다. 마지막에 클로브가 결국 떠나는 것으로 결말이 나지만, 문을 나서는 클로브는 어디로 갈 것인가? 남아 있는 것이라고는 이 집뿐인 세상에서 집의 문을 나서면 어디로 가는가? 역시 답은 우리들의 몫이다. "불행한 것보다 더 웃기는 것은 없다."는 넬의 대사가 베케트가 우리에게 던지는 동정이라고 생각하면 무신론자가 어떤 사람들인지 알겠다.

베케트가 작가로서 활동한 곳은 파리이다. 해서 어떤 이들은 그가 아일랜드계 프랑스인이라고 착각하기도 한다. 그러나 그에게 또 다른 중요한 도시가 있는데 바로 베를린이다. 지금은 주로 청소년을 위한 연극을 상영하는 베를린의 실러 극장에서 그는 수많은 자신의 작품을 직접 연출한다. 연출가로서의 베케트를 만들어준 곳이 바로 베를린이다. 그런 그이기에 많은 베를린 사람들의 특별한 사랑을 받는 것이리라. 특히 헝가리 출신의 연출가 조지 타보리George Tabori*는 1980~1981년에 '베케트의 밤'이라는 프로젝트를 1, 2부로 나누어 2년에 걸쳐 진행했다. 좀처럼 만나기 힘든 그의 단막극들까지 타보리 선생이 무대에 올렸다고 한다. 직접 못 봬서 이섭지만 시간의 차이를 어찌하리오. 그나마 타보리의 연출로 만들어진 「고도를

* 278~279쪽 참조.

기다리며」를 보는 것으로 그 아쉬움의 틈을 땜질한다.

블라디미르 역에는 악셀 베르너가 연기한다. 그런데 이 아저씨는 몇 작품을 하는 건가? 「이본, 부르군트의 세자빈」에서는 왕 역을 하고, 「유태인들」에서는 남작 역을 하고. 대단하네. 소년 역에는 난쟁이 아저씨, 페터 루파Peter Luppa가 나온다. 이 분도 「이본, 부르군트의 세자빈」에서 거지 역으로 나왔었는데. 이런 배우들이 있으니 연극이 여러 각도에서 응용될 수 있다. 그런데 무대에 원작에는 없는 인물이 있다. 무대 왼편에 책상 앞에 다소곳이 앉아서 대본을 들고 있는 여자가 보인다. 처음에는 배우들이 대사를 놓치는 것을 방지하기 위한 프롬프터를 무대에 올린 줄 알았다. 그러나 이게 다 계획된 연출이었다. 왼편에는 여인이, 오른편에는 소년 역의 루파가 책을 들고 의자에 앉아 있다. 배우들이 그녀에게 다가와서 친구에게 묻듯이, 또는 정중하게 손등에 키스를 하면서 대사를 확인하고 무대 중앙의 원으로 들어간다. 공연 시작 전의 막에는 히로니뮈스 보스의 「십자가를 진 예수」가 커다랗게 투사되어 있었는데 역시 연출자 타보리 선생의 감각이다. 이 연극을 연출자가 어떤 시각에서 보고 있는지 따로 설명이 필요없겠다.

막이 올라가면 나무 밑에서 잠을 자고 있는 에스트라공과 의자에 걸치듯 기대어 앉아 담배 연기를 심란하게 뿜어대는 블라디미르가 나타난다. 무대 중앙의, 허공에 떠 있는 동그란 스피커에서는 고도, 고도, 고도 하는 소리가 목신 판*의 상쾌한 신호처럼 울린다. 무대 중앙에 초록색의 원을 마련해놓고 초록색 고무호스 같은 조명으로 그 테두리를 감싸놓고는 그 안에

* 목축, 사냥 및 전원 생활을 담당하는 그리스의 작은 신들 중 하나이다. 머리에는 뿔이 있고 하반신은 염소의 모습을 하고 있다. 여인들을 납치하는 등 주로 악행을 일삼는 존재로 그려지지만, 음악에도 뛰어난 재주가 있어서 아폴론과 음악 대결을 벌이기도 한다. 이때 그가 사용하는 악기가 우리가 알고 있는 팬플루트이다.

서 에스트라공과 블라디미르가 연기를 한다. 장소의 제한을 이렇게 준비해놓았다. 문제의 나무에는 막간의 쉬는 시간에 나뭇잎을 단 하나만 달아놓았는데 2막에서 갑자기 나뭇잎에 초록색 불이 들어온다. 초록색은 타보리가 생명의 의미로 즐겨 쓰는 색이다. 2막에서 고도 씨를 기다리면서 나무되기 놀이를 하는 장면에서 타보리는 원작과는 달리 나무를 가차없이 쓰러트린다! 기다림의 상징인 이 나무가 쓰러진 뒤 장님이 되어버린 포조와 럭키가 등장해서 이 나무를 간신히 기어 넘어와서는 나무에 기대어 연기한다. 그리고 눈이 내려 무대가 하얗게 덮이는 장면으로 연극이 마무리된다. 어떤 연출가가 감히 이 나무를 넘어트릴 생각을 하겠는가! 베케트의 연극이면서도 다분히 타보리적인 연극이다. 역시 거장이 괜히 거장이겠는가.

나는 무엇을 기다리는 것인가

마크와 라셀도 즐거워한다. 너무나 재미있었단다. 라셀이야 이 연극을 프랑스어로 봤었고 학교에서 배우기까지 했다니 이해하는 데 별 문제가 없었겠지만 마크는 내용을 모르니 절반밖에 이해 못했을 텐데도 재미있게 봤단다. 연극은 이런 것이다. 언어의 장벽이 그리 문제가 되지 않는다.

공연 후에 마크와 라셀이 우겨서 집으로 가지 못하고 파울로 환송파티에 같이 갔는데 올가, 레나, 마리나, 그리고 파벨도 와 있다. 파울로는 브라질의 상파울루에서 온 친구다. 그러고 보니 파울로는 자신과 이름이 같은 도시에 살고 있네. 파울로는 대화만 나누고 있어도 기분이 좋아지는 아주 유쾌한 친구인데 떠난다니 섭섭하기 그지없다. 그런데 저 까무잡잡한 이탈리아 여자는 처음 보는군. 학교 기숙사에 다들 같이 산단다. 매일 이렇게 모여서 놀면 재미있겠다. 나는 연극이 있으니 연극하고 놀면 된다. 술을 시키라고 강요해서 와인을 한 잔 주문해보지만 역시 다 못 마시겠다. 약 때문에 불안한 탓이지. 5월이 지나면 약을 그만 먹어도 되니 그때까진 참자. 두 달은 더 있어야 하네. 12시경에 집에 가려고 나왔는데 아직도 지하철이 다닌다. 자정이 넘어서 집으로 가는 길, 두려움보다 외로움이 밀려온다. 나는 무엇을 기다리는 것인가?

사뮈엘 베케트와 제임스 조이스 베케트 하면 부조리극의 대부쯤으로 인구에 회자된다. 하지만 베케트 본인은 이를 부인한다. 사실 그의 작품들을 보면, 부조리극 작가보다는 텍스트의 길이를 최대한 줄이는 미니멀리스트에 더 가깝다. 「고도를 기다리며」나 「막판」을 제외하곤 작품들이 대개 몇 페이지 되지 않는다. 그럼에도 부조리극의 대명사처럼 생각되는 데에는 연극 「고도를 기다리며」가 전 세계에 준 충격 때문이리라.

베케트의 생에서 아주 중요한 인물이 있는데 바로 「율리시스」의 작가 제임스 조이스이다. 베케트는 파리고등사범학교의 영어강사로 일하던 중 이제껏 영어로 쓰인 소설 중 가장 복잡하고 정교한 작품을 쓴 조이스를 만난다. 이 시기에 베케트는 조이스의 작품을 위해 엄청난 양의 자료를 수집하고 이런 베케트의 도움으로 나온 작품이, 많은 지성인이 매우 어렵고 복잡한 구조를 가졌다고 말하는 소설 「피네간의 경야」이다. 이후 베케트의 모든 작품에서 조이스의 영향이 나타난다. 즉 제임스 조이스에서 사뮈엘 베케트로 아일랜드의 정신이 전달된다. 탄압과 저항의 역사를 가진 아일랜드. 영국이 언어마저 말살시켰지만 그들은 정복자의 언어인 영어를 빌려서 여전히 아일랜드의 정신을 노래하고 있는 것이다.

베케트가 파리에 정착해서 거의 모든 작품을 프랑스어로 썼다는 것은 잘 알려져 있는데, 모어인 영어가 아닌 프랑스어로 집필한 이유를 물어보니 의외로 간단하다. 외국어인 프랑스어로 글을 쓰니 스타일에 구애되지 않아서 그랬단다. 그래서 그의 작품을 보면 어려운 말이 없다. 프랑스어를 어느 정도 구사하는 외국인이라면 그의 작품을 큰 어려움 없이 읽을 수 있는 것도 이런 연유이다. 물론 그 안에 담겨 있는 사상이야 그리 간단치는 않겠지만.

05

자기 둥지를 더럽히는 놈

「클라우스 파이만 바지 한 벌 사고 나와 함께 식사하러 간다」

죽음만 생각하면, 모든 것이 우스워진다.

—베른하르트의 오스트리아국가문학상 수상 소감 중에서

수업이 끝나고 그냥 가려다가 마크와 조지아하고 점심 약속이 있는 것이 생각났다. 그런데 마크 이놈이 또 학교를 안 왔네. 땡땡이에는 마크를 따라 갈 자가 없다. 전화하니까 어제 새벽까지 술 마시고 노느라 늦게 잠들어서 이제 일어났다며 지금 오겠다고 한다. 마크를 기다렸다가 마크네 반 아이 들하고 터키 식당에서 크라무지라는 터키식 샐러드를 실컷 먹고 나니 갑 자기 공원으로 피크닉을 가자고 야단법석이다. 슈퍼에 가서 각자 먹거리를 사온다. U-3** 타고 떼 지어 가니 지하철에서 사람들이 우리를 구경하느 라 곁눈질을 하는데 그러거나 말거나. 크루메랑케는 처음 와보는데 호수도 있고 근사하다. 꼭 맨해튼의 센트럴파크가 변두리로 이사한 것 같다. 엠마, 사이먼, 에미, 마누엘라, 마크, 라셀, 조지아, 미사, 그리고 요헨까지 선선한 그늘에 자리 잡고 누워서 제각기 노는 것이 꼭 보스의 「실낙원」을 보는 느 낌이 든다. 나는 저녁에 볼 연극이 있는지라 아이들을 남겨놓고 홀로 일어 선다.

* 죽음에 대해 항상 심각하게 생각하는 오스트리아 사람들을 조롱하는 말이다.
** 독일어로 지하철이란 뜻인 Untergrundbahn을 줄여서 U-Bahn이라고 한다. U-3는 지하철 3호선이다.

불량 국가의 애국자에 대하여

오늘도 변함없이 베를리너앙상블로 간다. 오늘 보는 연극을 설명하려면 애국 이야기를 먼저 해야 한다. 국가라는 존재는 무엇인가? 과연 실체가 있는 것인가? 어떤 사람들은 국가를 위해, 혹은 국가의 부름을 받고 국가가 명하는 대로 했다고 하지만, 국가가 입이 달려서 말을 하는 것도 아니고 애매모호하다. 나쁜 짓 해놓고 다 국가가 시켜서 한 일이라고 하면 용서가 되나? 그렇다면 그 국가란 놈은 여기에 책임을 지고 욕도 먹어야 하는데 이럴 때면 어디 숨어 있는지 나오지 않는다.

2차대전 후에 전쟁에 참여했던 독일인들에게서 가장 많이 나온 말이 '난 그저 명령에 따랐을 뿐'이다. 심정적으로 이해 가는 말이어서 많은 사람들을 심각하게 불편하게 한다. 패전 국가의 병사이기에 전범이 되어야 한다는 것은 같은 군인으로서 전쟁에 참여한 승전 국가 병사들에게 동정심을 일으킨다. 역사는 승자의 편이라는 것도 실감케 한다.

국가가 불량 국가라면 그 나라의 애국자는 어찌되는 것인가? 이런 애국자들에게 당혹감을 주는 인물이 있다. 그가 바로 오늘 볼 연극 「클라우스 파이만 바지 한 벌 사고 나와 함께 식사하러 간다Claus Peymann kauft sich eine Hose und geht mit mir essen」의 작가 토마스 베른하르트Thomas Bernhard이다. 그가 주로 활동한 곳은 빈이다. 오스트리아 하면 빈이 떠오르고 빈 하면 음악과 예술의 도시로 알려져 있다. 혹시나 해서 오스트리아 하면 뭐가 떠오르는지 한국 친구들에게 물어봤다. 당연히 모차르트나 베토벤을 외친다. 그림에 관심 있는 친구들은 구스타프 클림트나 에곤 실레를 답하기도 한다. 그 외에 다른 특별한 것은 떠오르지 않는 모양이다. 다른 질문을 해봤다. 오스트리아 출신 작가를 아는가? 단 한 명도 떠오르지 않는단다. 그렇구나.

이번에는 유럽의 친구들에게 물어봤다. 오스트리아 하면 무엇이 떠오르는 가? 서슴없이 "네오 나치!"라는 대답이 나온다. 모차르트나 베토벤은? 오 스트리아인이라고 생각하지 않는단다. 국적은 오스트리아라도 독일 음악 가로서의 이미지가 더 강하기 때문일까? 아니면 그저 오스트리아를 비아 냥대고 싶었는지도 모르겠다. 오스트리아 최고의 작가를 물어봤다. 두말 않고 베른하르트라는 이름이 나온다. 동시대에 사는 사람들인데 너무나 반 응이 다르다.

자기 둥지를 더럽히는 놈

베른하르트를 모르고는 이 연극을 이해할 수 없다. 베른하르트는 기이한 수상 소감으로 스캔들을 불러일으킨 이후 1989년에 사망하기까지, 아니 사망 이후에도 여전히 정치적인 스캔들을 몰고 다닌 인물이다. 수많은 소 설과 희곡을 썼고 전 세계적으로 그 명성을 떨쳤는데 그에 비하면 한국에 서는 별로 인지도가 없다. 도대체 왜 이런 일이 벌어진 걸까? 어쩌면 '애국 자'를 좋아하는 대한민국의 분위기상 그를 소개하는 것이 당시 지식인들 로서는 껄끄러웠을 수도 있겠다. 오스트리아에서는 그를 '자기 둥지를 더 럽히는 놈'이라고 부른다. 표현이 재미있다. 이런 걸 프랑스어로는 '수프에 침 뱉는다.'라고 하는데, 한국 속담의 '누워서 침 뱉기'와 비슷하다.

작품에서뿐만 아니라 공개석상에서도 그는 오스트리아를 직나라하세 비판한다. 비판 정도가 아니다. 개나 돼지 같은 동물을 이용한 표현도 서슴 지 않으며 독설을 퍼붓는다. 국가만 욕먹는 것이 아니다. 지식인과 예술가 들 역시 이런 욕설을 피해가지 못한다. 그뿐이랴. 오스트리아 국민들 역시 베른하르트에게는 바보, 멍청이에 나치들이다. 그에게 오스트리아는 가톨릭 나치 국가 외에 다른 이미지는 없다. 오스트리아에서는 예술과 지식도 가톨릭 나치를 포장하기 위한 위선의 도구로 존재한다는 것이다. 한국에서 「벌목꾼」이라는 제목으로 번역된 소설에서는 한 음악평론가와 그 가족 및 주위의 인물들을 다루고 있는데 소설의 화자는 그들의 위선에 계속 구토를 느낀다. 얼마나 심했는지 이 소설의 모델이라고 여겨지는 한 친구가 이 작품을 명예훼손으로 소송을 걸어서 몇 년 동안 판매가 금지되기도 했다. 아마 실명을 거론하지 않은 대신 상황을 세세하게 묘사했을 것이다. 세세한 상황 설명은 픽션인 소설을 이런 지경으로 몰고 간다. 도둑이 제 발 저린 것이다. 이런 것을 보면 사람들은 소설과 신문기사를 종종 착각한다. 신문 기사를 소설처럼 쓰다 보니 그렇게 된 것일지도 모르겠다.

베른하르트가 예술에 문외한이라서 그런 소설을 쓴 것은 아니다. 그는 오페라 가수가 되기 위해 잘츠부르크의 모차르테움Mozarteum*에서 3년간 전문 교육을 받았었다. 비록 어린 시절에 앓은 폐결핵 때문에 배우의 꿈을 접기는 했지만 누구보다 음악을 사랑했고 잘 알았다. 그래서 그런 음악으로 위장한 나치 국가, 오스트리아를 더욱 참기 힘들었을 것이다. 이런 그의 행보는 오스트리아가 나치에 통합된 50주년의 해인 1988년에 발표한 희곡 「영웅광장」으로 절정에 달한다. 그의 거의 모든 작품을 초연한 연극 동지, 클라우스 파이만Claus Peymann이 오스트리아의 심장부 빈에서, 그것도 빈 최고의 극장인 부르크 극장에서 100주년 기념·작품으로 「영웅광장」을 무대에 올리겠다고 하자 오스트리아 보수 신문들이 들고일어났다. 초연 4

---

* 잘츠부르크 태생의 천재, 모차르트를 기리기 위해 1841년에 설립한 연구 기관이자 음악 학교이다. 세계적인 지휘자 카라얀을 비롯해 많은 음악가들이 배출되었다.

주 전부터 상영을 금지해야 한다는 여론이 들끓고, 베른하르트와 파이만을 고립시켜야 한다는 등 소위 난리가 났다. 그러나 이런 것에 눈 하나 깜짝할 베른하르트와 파이만이 아니다. 공연은 예정대로 1988년 11월 4일 무대에 올랐다. 그날 부르크 극장 앞은 정말 볼 만했다고 한다. 극장 밖에서는 베른하르트를 비난하는 시위대의 고함이 난무하고 극장 안에서는 베른하르트를 찬양하는 플래카드가 휘날렸다. 베른하르트는 50년 전 히틀러가 독일-오스트리아 합병을 선언하는 군중연설을 행한 장소인 영웅광장을 무대에 올려놓고는 국민들에게 이렇게 말한다. "자, 이게 거울에 비친 당신들의 모습이다. 그래도 자랑스러운가?" 「영웅광장」이 초연된 지 3개월 후인 1989년 2월에 그는 세상을 떠난다. 그런데 그마저도 그냥 떠나는 것이 아니다. 조국에 침을 뱉고 떠난다. 오스트리아 국경 내에서 그의 모든 작품이 출판되거나 공연되는 것을 금하는 유언을 남기고 떠난다. 소위 사후망명을 택한 것이다. 이쯤 되면 「영웅광장」의 내용이 궁금해질 것이다. 다행히 대한민국은 오스트리아 국경 밖에 있어서 한국어로 번역되어 출판되어 있으니 한번쯤 읽어보시라.

오스트리아 내부에서 쏟아지는 비난과 달리 '배신자' 베른하르트는 전 세계인에게 오스트리아를 대표하는, 20세기 후반 최고의 지성으로 평가받는다. 이런 지식인이 없었다면 오스트리아는 반성이고 뭐고 없이 정말 썩어빠진 인간들만 있는 불량 국가로 기억되기 쉬웠을 것이다. 오늘은 베른하르트를 생각하며 드레퓌스 사건이 일어났을 때 많은 사람들이 떠올렸던 그 의문을 곱씹어본다. '과연 누가 더 애국자인가?'

오스트리아에 대한 지독한 독설들

이만하고 연극 이야기로 들어가야겠다. 「클라우스 파이만 바지 한 벌 사고 나와 함께 식사하러 간다」라는 좀 괴상한 제목의 연극은 그의 사후인 1990년에 출판되었으니 오스트리아에서는 만날 수 없는 작품이다. 3부작으로 이루어진 미니 드라마, 즉 소극의 형태인 이 작품은 1부는 「클라우스 파이만 보훔을 떠나 부르크 극장의 연출감독으로 빈으로 가다Claus Peymann verläßt Bochum und geht als Burgtheaterdirektor nach Wien」, 2부는 「클라우스 파이만 바지 한 벌 사고 나와 함께 식사하러 간다」 그리고 3부는 「줄츠바이제 위의 클라우스 파이만과 헤르만 바일Claus Peymann und Hermann Beil auf der Sulzwiese」로 짜여 있다. 이 연극은 오스트리아 정부와 언론에 대한 베른하르트의 통쾌한 보복이다. 실존 인물인 그의 연극 동지 클라우스 파이만을 등장시켜서는 그의 입을 빌려 오스트리아, 특히 빈을 신랄하게 조롱한다. 연극의 시점은 1986년으로 실제로 파이만이 독일 보훔의 샤우스필하우스의 연출감독에서 빈의 부르크 극장 상임연출자로 계약하고 이삿짐을 싸는 장면으로 시작한다. 이 연극의 등장인물들은 모두가 실명이거니와 거론되는 인물들도 모두 실명으로 처리되지만, 1부만 제외하고는 베른하르트 사후에 출판되었고 그의 유언에 따라 오스트리아에서는 출판되지 않았기에 거론된 인물들이 어찌해 볼 도리가 없었다. 눈 뜨고 모욕을 당하는 처지에 놓인 것이다.

1부는 파이만이 비서 슈나이더 양과 보훔과 빈에서 벌이는 대화로 이루어진다. 2부는 파이만과 베른하르트 자신이 제목에서처럼 바지를 한 벌 사고서 식당 '마술피리'에 가서 밥을 먹는 사이에 나누는 대화들이다. 3부는 파이만과 그의 그림자 같은 드라마트루그, 헤르만 바일Hermann Beil이 부르크 극장에서 셰익스피어의 작품을 공연하기 위해 줄츠바이제라는 동산에서 간식을 먹으면서 나누는 대화로 이루어진다. 개요만 본다면 독일의 어느 저명한 연출가가 빈에 와서 일하면서 겪는 경험이라 별 대단할 게 없어 보인다. 하지만 대화의 내용을 들여다보면 기절초풍할 지경이다.

1부를 먼저 보자. 극장의 사무실에서 슈나이더 양이 짐을 싸는데 배우들이며 드라마트루그들을 가방에 차곡차곡 챙긴다. 사람이 들어가는 것이 아니라 인형들을 가지고 이런 짓을 하면서 나누는 대화이다. 슈나이더 양이 도나우 강은 보훔의 루르 강보다 더 끔찍한 악취가 난다고 들었다고 하니 파이만이 이렇게 대꾸한다. "맞아요. 도나우 강의 악취는 가장 끔찍해요. 강뿐인가, 사람들도 마찬가지지요."

그리곤 배우들 몇 개 빼고, 그 대신 북부독일의 비평가들을 몇 개 더 챙기라고 지시한다. 뭐, 이 정도면 점잖게 돌려서 말한다고 봐줄 수도 있다. 그런데 1장의 마지막 부분에서 이런 대사가 나온다.

그래, 빈손으로 빈에 갈 수도 있지만, 현실은 장난이 아니거든. 내가 말하는 것들 다 잘 챙기세요. 먼저 나한테 좋은 평을 했던 독일 비평가들 몇하고, 여기 보훔에서 내가 항상 받아왔던, 미친 듯이 쳐대는 박수갈채들 챙기고, 최고급인 졸링엔 칼을 챙기세요. 내가 그동안 알고 지냈던 오스트리아 돼지들 멱을 따야 하니까. 이 칼을 밤낮으로 잘 갈아두세요.

좀 심한가? 그래도 이 정도는 보통의 독설가들도 할 수 있는 말이다. 조금 더 가보자. 2장은 빈의 부르크 극장에서 여행 가방을 풀면서 벌이는 대화이다. 파이만이 짐을 풀지 않고 그냥 다시 보훔으로 돌아가고 싶다고 투덜대는 것을 보고는 슈나이더 양이 바보 같은 짓이 될 거라고 말한다. 그러자 파이만은 이렇게 받아친다.

맞아, 바보 같은 짓이 되겠지. 부르크 극장 연출감독이라니, 이게 말이나 될 법
한가? 내가 도대체 어디에 올라탄 건지 모르겠어. 음모와 중상모략의 대명사인
도시의 극장 연출감독이라니. 벌써 톱 켜는 소리가 들린다. 내가 앉은 나뭇가지
를 잘라내는 톱질 소리 말이야. 나는 바보 멍청이 새란 말이지. 이미 계약서에
서명을 했으니 어찌하나? 일을 해야지. 짐을 푸세요. 가방에 있는 것 죄다 꺼내
세요.

빈이 졸지에 음험한 도시로 비춰지는 순간이다. 2장의 말미에서 파이
만은 어느 나라든 장관이라고 하는 것들은 모두 재수 없지만, 그중에서도
가장 재수 없는 것들은 오스트리아 장관들이라고 투덜대며 이렇게 말한다.

장관에게 가서 내 똥꼬나 핥으라고 전하고, 언론에게도 내 똥꼬나 핥으라고 전
하고 대중들에게도 역시 내 똥꼬나 핥으라고 전하세요.

베른하르트는 파이만이라는 실존인물을 극중인물로 둔갑시켜서 이렇
게 오스트리아에 욕설을 퍼붓는다. 3부작 중 1부인 이 작품은 1986년 파이
만의 보훔 고별 공연으로 헤르만 바일이 무대에 올렸다. 보훔 관객들의 아
쉬운 마음을 한껏 달랬을 것이다.

2부에서는 파이만이 베른하르트 본인과 함께 이탈리아 명품인 제냐
의 여름 바지를 사러 가서는 연극과 바지를 비유하면서 대화를 나눈다. 새
로운 도시에 왔으니 아주 잘 맞는 새 바지를 사겠다는 파이만에게 베른하
르트는 그럼 전에 입던 바지를 달라고 한다. 그러자 파이만은 완강히 싫다

고 한다. 바지 입어보는 것이 연극 만드는 것만큼 힘들다면서 바지 입어보다가 발작을 일으켜 죽을 수도 있다며 익살을 떠는 것까지는 순조롭다. 하지만 이야기가 연극과 바지의 상관관계로 심각하게 진행되면서 극중 파이만의 입을 빌어 다시 독설이 시작된다. 오스트리아는 웃기는 개그인데 오스트리아 사람들은 자기들 조국이 비극이라고 믿고 있다고 한다. 파이만은 오스트리아는 무대에 올려서는 안 되는 일종의 셰익스피어식 코미디라면서 너스레를 떤다. 사람들이 자기에게 세계 최고의 극장을 물어보면 주저하지 않고 오스트리아라고 답을 한단다. 그러면 오스트리아 어느 극장이냐고 다시 묻는데 오스트리아 어느 극장이 아니라 오스트리아 그 자체가 가장 최고의 극장이라고 답을 한단다. 이런 최고의 코미디물을 어디에서 볼 수 있겠는가 하면서, 두 사람은 식사를 하러 마술피리 식당에 들어간다. 식당에서 벌이는 대화는 이러하다.

파이만 저기 저건 누구지?

나(베른하르트) 부수상이야. 나치야.

파이만 그럼 저건?

나 농산부장관. 늙은 나치.

파이만 그럼 저기 저건?

나 국방부장관. 나치야.

파이만 그럼 저건?

나 외무부장관. 늙은 나치.

파이만 그러면 저기 저건?

나 재경부장관. 늙은 나치.

파이만 그럼 저건?

나   빈에서 제일 영향력 있는 신문사 편집장이야. 늙은 나치.

파이만   그러면 저쪽에 저건?

나   빈에서 두 번째로 영향력 있는 신문사 편집장. 늙은 나치.

파이만   그러면 저건?

나   저건 문화부장관인데 새대가리에 바보지.

파이만   그러면 저건?

나   저건 연방 수상. 새대가리.

파이만   그럼 저건?

나   저건 새로 선출된 연방 대통령인데 늙은 나치야.

파이만   그러면 저 사람들은?

나   저것들은 그냥 나치들이야.

파이만   그러면 다른 사람들은?

나   저것들은 그냥 새대가리에 나치들이고.

파이만   그럼 여종업원은?

나   그녀는 가톨릭 신자인데 모든 사람을 알지만 아무것도 모르지.

파이만   그럼 그냥 간단하게 소고기수프나 시켜 먹자고.

그들이 음식을 주문하면서 멋진 도시에 멋진 나라라고 비꼬면서 막이 내린다. 3부는 파이만이 빈으로 옮겨온 지 1년 후에 드라마트루그인 헤르만 바일과 줄츠바이제라는 동산의 라임나무 밑에서 비엔나슈니첼을 먹으면서 앞으로의 공연 계획을 의논하는 장면이다. 의논이라기보다 파이만이 계획을 이야기하면 바일이 맞장구치는 식이다. 파이만의 계획은 셰익스피어의 전 작품을 하룻밤에 무대에 올리는 것이다. 그것도 세계의 모든 언어로 번역해서, 5시간 이내로, 소네트까지 다 무대에 올리겠다고 한다. 물론

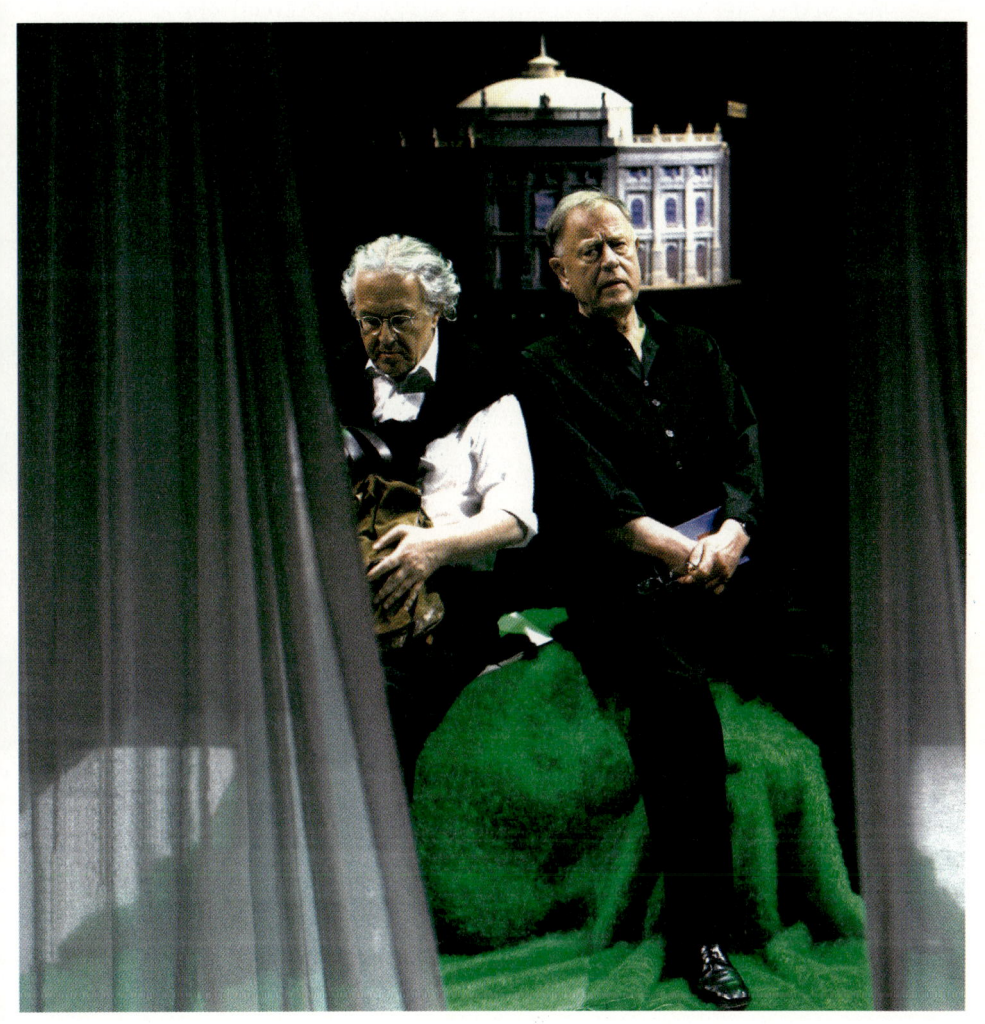

미친 소리지만 대화는 진지하게 진행된다. 그러나 말미로 가면서 파이만은 빈에 있었던 지난 1년 동안 단 하룻밤도 못 잤다고 투덜거리면서 이렇게 이야기한다.

내가 보기에 빈 사람들은 다른 도시 사람들이 좋아하는 것은 경멸하고, 경멸하는 것은 좋아하는 것 같아. 간밤에 꿈을 꾸었는데, 연방수상인 프라니츠키가 쳐들어와서는 내 목을 조르는 거야. 그리고 문화부장관인 하브리체크가 벽돌로 머리를 찍지 않나, 빈 시장인 질크는 나를 발로 걷어차고 내 등에 칼까지 꽂았다고. 내가 기진맥진하기 전까지 배우들은 나를 실컷 비웃고 있었고. 오, 친애하는 바일 당신은 내 눈을 짓뭉개고 내 입마저 짓뭉갰다고. 1년 내내 내가 죽는 꿈만 꾼단 말이지. 빈 사람들은 나를 뒤에서 사육하고 죽인다고. 내 이름을 부르곤 나를 살해하고, 나를 찬양하면서 뒤통수를 갈긴단 말이야. 나를 구석에서 딴죽을 걸어서 자빠트린 다음 대갈통을 갈긴다고. 연방수상 프라니츠키가 나를 환영하지만 그게 덫이야. 문화부장관 하브리체크 역시 나를 환영하지만 덫이란 말이지. 노조위원장도 나를 환영하지만 역시 덫이고. 나는 덫에 걸려든 거야. 오스트리아에 온 것이 덫에 걸려든 거야. 빈에 온 것이 덫에 걸려든 것이었다고. 부르크 극장이라는 덫에 걸려든 거야.

이렇게 꿈이라고 의뭉을 떨면서 실명을 거론하며 정치인들을 한껏 비웃는다. 정치인뿐만이 아니다. 빈 시민들 전체가 도마에 오른다.

우리가 빈 사람들을 과소평가했어. 이 사람들은 우리가 생각했던 것보다 훨씬 경멸스럽고 독살스럽단 말이야. 우리가 생각했던 것보다 훨씬 높은 수준의 예술 취향을 가지고 있어. 우리는 이 사람들이 예술 취향도 없고 그렇게 독살스럽거나 경멸스럽지 않다고 생각했지만, 이들은 예술 취향도 아주 고상하고 세계에서 가장 독살스럽고 경멸스럽단 말이지. 내가 언젠가 빈에서 연극을 하리라고 상상이나 했겠어? 당신은 빈에서 연극을 하리라고 생각했었어?

물론 바일의 반응은 아니다이다. 이런 식이다. 베른하르트가 얼마나 오스트리아를 호되게 비난하는지 이 연극 한 편만으로도 상상이 간다. 그러니 오스트리아 사람들이 그를 좋아할 리 없다. 아니, 차라리 그를 두려워한다고 보면 되겠다. 이런 이유로 오스트리아 사람들은 웬만하면 베른하르트를 거론하고 싶어하지 않는다.

파이만이 직접 파이만을 연기하다

이런 독설 가득한 연극을 보려고 자리에 앉았는데 분위기가 이상하다. 배우들이 나타나니 연기를 시작하지도 않았는데 사람들이 벌써 웃는다. 그리고 한 배우가 대본을 들고 나와서 읽으면서 연기한다. 이게 무슨 일이람? 혹시나 해서 프로그램을 들여다보니 슈나이더 양, 베른하르트, 그리고 바일 역의 배우는 헤르만 바일이고, 파이만 역의 배우가 클라우스 파이만이다. 파이만이 여기 베를리너앙상블의 상임연출로 있었다. 1999년에 빈을 떠나 이곳 베를리너앙상블에 둥지를 틀고 있었는데 다른 배우를 쓰지 않고 본인들이 직접 연기하기로 마음먹은 거다. 알고 보니 파이만은 용감하게도 베른하르트의 유언에도 불구하고 2006년 5월, 이 미니 3부작을 들고 본인이 직접 연기까지 하면서 콧대 높은 음악 행사인 빈 축제를 찾아갔었다고 한다. 빈 축제에 찬물을 끼얹으러 간 것이다. 친구인 베른하르트를 너무도 잘 알기에 이런 대담한 행동을 보여줬다. 오늘 바로 그 공연을 베를린으로 옮겨서 우리에게 보여준 것이다. 파이만이 전문 배우가 아니기에 연기는 어색하지만 그런 것은 아무도 타박하지 않는다. 노장의 용기에 그저 박수를 보낼 따름이다.

베른하르트 이후의 오스트리아　베른하르트가 너무 심하다고 생각할 사람도 있을 것 같아서, 베른하르트 사후에 벌어진 일을 잠깐 언급해두고자 한다. 2000년에 전 세계가 경악한 일이 벌어졌다. 외르크 하이더란 인물이 오스트리아 정치 전면에 나선 것이다. 1999년 총선에서 하이더가 이끄는 자유당이 무려 27%나 득표하면서 제1당으로 올라선다. 사정이 이러니 당시 수상인 볼프강 쉬셀은 자유당과 연정을 하게 된다. 이렇게 되자 유럽연합과 각 나라의 정부는 온 신경을 곤두세우고 쉬셀이 이끄는 내각과 모든 관계를 끊어버린다.

　　도대체 하이더가 어떤 인물이기에 이런 반응이 나온 걸까? 그는 뼛속까지 나치라고 보면 된다. 반유태주의를 비롯해 그의 모든 정책들은 히틀러 시대의 정책과 일치한다. 그뿐만 아니라 공식적으로 나치의 정책을 찬양하면서 SS친위대 같은 나치 전범들이 다시 모여야 한다며 2000년에 전 나치 베테랑들의 회합을 주도했다.

　　이후 유럽연합의 거듭되는 압력을 무마하기 위해 하이더는 자유당의 수반에서 물러나지만 2008년에 죽기 전까지 케른텐 주의 주지사로 계속 선출된다. 하이더가 오스트리아 정치 전면에 부각되면서, 긱 나라들은 사태의 심각성을 인지하게 되고, 특히 이스라엘의 비밀정보기관인 모사드 같은 조직은 하이더를 주요 감시인물로 다룬다. 이제 사람들은 드디어 베른하르트가 무엇을 말하려 했는지 인식하기 시작했다.

브레히트 作「소포클레스의 안티고네」는 베를리너앙상블에서 2006년 8월 25일에 초연했다. 조지 타보리가 연출을, 노라 기제Nora Giese와 헤르만 바일이 드라마트루기를 맡았다. 주요 배우는 다음과 같다. **Traugott Buhre:**Tiresias, **Christina Drechsler:**Antigone, **Franziska Junge:**Ismene, **Gerd Kunath:**Kreon

06

모든 부당함에 대항하다 「소포클레스의 안티고네」

그렇다면 앞으로 더 이상 기도하지 마시오.

인간은 정해진 운명에서 벗어날 수 없으니까요.

—소포클레스의 「안티고네」 중에서

코리가 마르셀라와 페르가몬박물관에 같이 가자고 졸라서 한 번 더 들렀
다. 아이들은 박물관의 대표 소장품 중 하나인 이슈타르 문을 보라 하고 나
는 2층으로 가서 이슬람관을 구경하는데 놀랍다. 화려함의 극치를 보는 것
같은, 벽으로 가득한 '알레포의 방'. 17세기 초 시리아의 알레포에 살았던
상인의 방이라는데 어떤 인물인지는 모르겠지만 일개 상인의 방이 이 정도
면 당시 아라비아 상인의 부가 어느 정도였는지 짐작이 간다. 종교적인 이
유로 동물이나 인물의 상징이 극히 제한된 상황에서 나온 아라베스크 무
늬들이 마치 벨리댄서들처럼 춤을 춘다. 너무 멀어서 잘 보이지는 않는데
인물들이 그려져 있는 것 같다. 이상하다 생각했는데 옆에 장황하게 쓰인
안내문을 보니 의문이 풀린다. 그 상인의 이름은 이자 이븐 부트루스Isa ibn
Butrus인데, 베드로의 아들 예수란 뜻이다. 그런데 당시 오토만 제국의 일부
였던 알레포에서 이런 이름이 나오는 것이 어째 낯설다. 이자 이븐 부트루
스가 기독교인이었단다. 우리의 편견을 확 깨버리는 내용이다. 그는 당시
최고의 예술가들을 불러서 이 방의 벽을 장식했는데, 이슬람의 주제인 꽃
과 기하학적 문양뿐 아니라, 구약과 신약에 나오는 *기독교적 주제들*도 그
려넣었다. 그리고 「시편」의 내용들과 아랍의 격언들, 그리고 페르시아의
원론들까지 들어 있다. 서로 다른 종교가 공존하는, 평화의 공동체를 꿈꾸
는 이자 이븐 부트루스의 생각을 엿볼 수 있다. 그림은 최후의 만찬, 헤롯

왕 앞에서 춤을 추는 살로메, 이삭의 희생, 성모 마리아, 성 조지, 그리고 실제와 상상의 동물들이 그려져 있다. 아랍인들을 이교도들이라고 치부하던 유럽의 기독교인들에게 한 방 먹이는 작품이다.

박물관을 나와서 오른쪽으로 걷다가 전차가 다니는 길로 돌아서 나오면 베를린 최고의 피자 집으로 유명한 '12사도'가 있다. 12사도에 가서 칼조네와 유다스피자를 하나씩 시켜서 셋이 나누어 먹는데 맵다. 매운맛이 가득해서 배신자인 유다의 피자라고 했나 보다. 아무리 매워도 우리는 멕시코인과 한국인인지라 끄떡없이 잘 먹는다. 특별 가격을 적용해서 점심에는 모든 피자가 개당 6유로, 합이 12유로다. 다음에 또 와야겠다.

코리와 마르셀라 둘이 시간을 보내라 하고는 나는 공연을 보러 베를리너앙상블로 걸어간다. 시간이 남아 카페에서 커피 한 잔 하려는데 코리가 전화해서 선생님 어디 계시느냐며 까분다. 내가 너무 아는 척을 했나 보다. 선생님은 시간이 조금 남아서 커피 한잔하려 하신다 하니 이쪽으로 오겠다고 한다. 그대로 헤어지기 섭섭했던 모양이다. 마르셀라가 내일 런던으로 돌아가니까 포옹 한 번 진하게 해주고 키스도 해준다. 나중에 런던에 꼭 놀러오란다.

신의 의지를 거스르지 못하는 인간

공연 시간이 다 되었네. 오늘은 브레히트의 「소포클레스의 안티고네」를 본다. 소포클레스는 오이디푸스를 소재로 3부작을 썼다. 왕이자 망명자이며 예언자로서의 오이디푸스를 1부에서는 테베를 무대로, 2부에서는 아테네를 무대로 그려낸 다음 3부에서는 무대를 다시 테베로 가져와서 안티고네를 주인공으로 한 「안티고네」로 결말을 짓는다. 당시 이 소포클레스의 「안티고네」가 어느 정도로 인기를 끌었느냐 하면, 아이스킬로스의 작품인 「테베를 공격하는 일곱Seven against Thebe」이 「안티고네」 스토리와 연결되기 위해 아이스킬로스가 죽은 지 50년 후 그 마지막 장면이 다시 쓰인다. 아이스킬로스가 알았으면 무척 찝찝했겠지만 이미 죽은 후니 어찌할 도리가 없다.

그럼 브레히트의 「소포클레스의 안티고네」를 보기 전에 먼저 소포클레스의 「안티고네」를 살펴보자. 서구 세계에서 동양인으로 살다 보면 가장 많이 받는 질문 중 하나가 유교에 관한 것인데, 그때마다 간단하게 대꾸해주는 구절이 있다. "군군신신부부자자君君臣臣父父子子. 임금은 임금의 도리를 다하고 신하는 신하의 도리를 다하며, 부모는 부모의 도리를 다하고 자식은 자식의 도리를 다한다." 짧은 말이지만 여기에 유교의 많은 것이 담겨 있다. 하지만 우리에게 당연하게 생각되는 이 말이 「안티고네」의 배경인 테베의 상황에 접하게 되면, 우르르 무너져버리고 만다. 비록 천륜을 저버렸다고는 하지만 자신의 의사와 무관하게 벌어진 일임에도 불구하고 저주를 받아야 하는 가족들을 보고 있노라면 신의 의지를 거스르지 못하는 인간의 나약함에 한숨이 절로 나온다.

자신이 아버지를 죽이고 어머니와 결혼했다는 사실을 알고 스스로 두 눈을 찔러 장님이 되어 떠돌던 오이디푸스는 테세우스가 왕으로 있는 아테네에서 생을 마감한다. 그리고 오이디푸스의 두 아들은 테베 왕국을 차지하기 위해 골육상잔을 벌인다. 동생 에테오클레스가 빼앗은 왕위를 되찾기 위해 형 폴리네이케스는 테베를 공격한다. 결국 형제는 서로의 손에 둘 다 죽음을 맞이한다. 이에 이들의 외삼촌인 크레온이 테베의 왕이 된다. 그리고 그는 조국 테베에 반기를 들다가 죽은 폴리네이케스의 시신을 매장하지 말라는 명령을 내린다. 하지만 인간의 도리를 지키고 싶은 안티고네는 오빠 폴리네이케스의 시신을 매장하기 위해 동생 이스메네를 한밤에 몰래 성문 밖으로 데리고 나와선 도움을 청한다. 그러나 처벌이 두려운 이스메네는 청을 거절하고 시신을 매장하지 말라며 말린다.

크레온이 등장해서 폴리네이케스의 시신을 둘러싼 자신의 포고령에 대해 말하는 사이, 한 병사가 들어와서 누군가 폴리네이케스를 매장했다고 보고한다. 크레온은 기분 잡쳤을 것이다. 왕이 되어 처음으로 내린 명령이 지켜지지 않다니 얼마나 화가 났겠나. 당장 범인을 잡아오지 않으면 병사의 목을 베겠다고 불호령을 내리자, 병사는 앗 뜨거워라 하곤 바로 범인인 안티고네를 잡아온다. 범인 생포가 이렇게 빨리 되는 것은 역시 독재하에서 가능한 일이다. 크레온의 심문에 안티고네는 순순히 자백하면서 포고령의 부당함과 자기 행위의 정당성에 대해 기죽지 않고 변론한다. 크레온의 권위가 다시 한번 구겨지는 순간이다. 그러자 크레온은 화풀이 대상을 다른 곳에서 찾는다. 분명히 이스메네가 안티고네를 도왔을 것이라면서 이스메네를 소환한다. 이스메네 역시 의인이기에 자신이 도왔다고 허위진술을 하면서 안티고네와 함께 죽기로 결심하지만, 언니인 안티고네가 이를 용납하지 않는다. 이에 어찌할 바 모르는 크레온은 일단 두 여인을 가두기로 한다. 이들이 퇴장하면 크레온의 아들이자 안티고네의 약혼자인 하이몬이 들어와서 처음에는 아버지의 비위를 맞추는 척 작전을 벌이다가 슬며시 안티고네를 풀어줄 것을 설득한다. 그러나 부자지간의 논쟁은 점점 거세어져 급기야 심한 욕설로 이어진다. 화가 난 하이몬은 다시는 크레온을 보지 않겠다면서 떠난다.

드디어 크레온은 결정을 내린다. 이스메네는 살려주고 안티고네는 생매장을 하기로 한다. 집 밖으로 끌려 나온 안티고네는 운명을 한탄하면서 최후 변론을 한다. 그리곤 생매장 당하러 끌려간다. 이때 장님 예언자인 테이레시아스가 나타나서 신들이 안티고네의 편에 있다고 경고한다. 열 받은 크레온은 테이레시아스가 무슨 뇌물을 받은 것 아니냐며 비난에 나선다. 테이레시아스는 이에 지지 않고 폴리네이케스를 매장하지 않고 방치한 죄와 안티고네를 생매장한 죄로 크레온은 다섯 자식을 잃게 될 것이며, 모든 그리스인이 그를 경멸할 것이며, 신들은 앞으로 테베에서 올리는 제물을 받아들이지 않을 것이라고 경고한다. 죽은 사람은 매장하지 못하게 하면서 살아 있는 사람을 매장하는 것은 자연의 순리에 어긋나는 일인데 신들이 그 꼴을 곱게 보지는 않을 것 같다. 이 신통한 장님 예언자의 말을 듣던 동네 주민들이 발칵 뒤집어진다. 당장 안티고네를 풀어주고 폴리네이케스를 장사 지내도록 크레온에게 요구한다. 크레온은 부들부들 떨면서 주민들의 요구를 받아들이고, 앞서의 잘못된 명령을 바로잡기 위해 새로운 명령을 내린다. 그러나 때는 이미 늦었도다. 생매장되느니 스스로 목숨을 끊은 안티고네의 죽음을 필두로, 이에 절망한 아들 하이몬의 자결 소식이 들려온다. 그리고 이를 들은 하이몬의 어머니이자 크레온의 아내 에우리디케역시 크레온을 저주하면서 스스로 생을 마감한다. 비록 왕위는 차지했지만 사랑하는 아들과 아내를 잃고 정신이 나가버린 크레온은 자책하면서 탄식을 내뱉는다. 살아서 지옥을 맛보게 된 크레온. 앞으로 살아도 사는 것 같지 않을 것이다.

브레히트는 왜 오래된 고전을 꺼낸 것일까

이상이 소포클레스의 「안티고네」의 내용이다. 그런데 오늘의 연극은 소포클레스의 「안티고네」가 아니라 브레히트의 「소포클레스의 안티고네」이다. 소포클레스의 「안티고네」를 횔덜린이 독일어로 번역한 것을 다시 브레히트가 약간 변형해서 1948년, 미국에서 돌아온 지 몇 달 안 되어 스위스에서 무대에 올렸다. 그리스 고전극의 특성상 등장하는 코러스* 부분들을 노인들로 변형하고 원전에 있는, 에우리디케가 나오는 장면은 전부 생략했다. 그리고 1948년에 공연된 판본에는 프롤로그를 넣었다. 프롤로그는 1945년 4월 베를린에 있는 방공호에서 집으로 돌아온 두 자매가 나누는 대화로 이루어지는데, 후에 1951년에 공연되는 판본에서는 완전히 새로운 프롤로그가 등장한다. 테이레시아스가 관객을 돌아보면서 짧은 독백을 뱉어내는 것으로 바뀌는데, 오늘 공연도 새롭게 바뀐 프롤로그로 진행된다.

그런데 왜 브레히트는 이렇게 오래된 고전을 다시 꺼내어 손을 본 것일까? 그는 이 작품에서 독일 제3제국의 모습을 그려내고 싶었다고 한다. 부당한 명령을 따르지 않고 정의로운 일을 감행한 뒤 마침내 죽음을 택한 안티고네와, 부당한 명령을 수행하고도 자신들은 명령에 따랐을 뿐이라고 항변하는 전후 독일의 나치 군인들의 모습을 비교해 보여주고 싶었을 게다. 당당한 태도로 재판에 임해서 크레온을 궁지에 몰아넣는 안티고네의 태도 역시 그가 고전에서 찾아낸 혁명가의 모습이었기에 보여주고 싶었을 것이다. 1933년에 히틀러가 권력을 장악하자 브레히트는 기나긴 망명 길에 오른다. 덴마크, 스웨덴, 핀란드를 거쳐 1941년에 미국에 망명하지만 미국 사회는 이런 거물을 받아들일 수 없었다. 결국 미국은 전쟁이 끝나는 1945년에 닭짓을 하게 된다. 미국 하원이 '반미활동조사위원회'라는 것을 결성하는데 주 목적이 미국 사회의 공산주의자들을 조사하는 것이다. 한국은 반공 이념이 워낙 투철한 사회이니 이런 것이 이상하게 느껴지지 않을

* 183~184쪽 참조.

108

지 모르겠지만, 당시 미국에서 보면 정말 우스운 짓일 수밖에 없다. 어제까지 바로 공산당과 손잡고 연합군이라는 이름으로 나치 독일과 일본 제국에 대항해서 피 터지게 싸운 것이 다름 아닌 미국 정부가 아니었던가? 그리고 사상의 자유를 보장한다는 미국에서 공산당 활동이 불법으로 규정된 것도 아닌 이상 이런 위원회를 구성해서 마녀사냥을 벌이는 것 자체가 미국 헌법에 위배되는 일이었기에 다들 처음에는 코웃음을 쳤다. 그런데 이 위원회가 사고를 친다. 소위 '할리우드 블랙리스트'라는 것을 만들어서 연극, 영화 및 예술계에서 좌파 성향을 가진 사람들을 심판대에 올린다. 위원회에 출석하게 해서 청문회를 열고는 여기에 응하지 않는 이들을 의회모독죄로 엮어서 감옥에 보내는 짓을 벌인 것이다. 국가보안법이 아닌 의회모독죄이다. 그리고 마침내 1950년대에 매카시를 반공투사로 만들면서 정말 볼만한 광대짓을 하게 된다. 그 첫 번째 작품으로 위원회는 1947년에 할리우드 블랙리스트 중에서도 가장 빨갱이 냄새가 나는 41명을 호출한다.

그런데 이 할리우드 블랙리스트의 작성자들이 웃긴다. FBI나 CIA 같은 정보기관원들이 아닌 영화 스튜디오 사장들이 작성했다. 자기들 말을 잘 듣지 않는 배우나 영화감독이 이 리스트에 올라간 것이다. 물론 그들은 좌파 성향이었을 것이다. 그러니 영화사 사장들의 말을 잘 들었을 리 없다. 이 청문회에 불려 나온 이들 중 19명은 기가 차고 대꾸할 가치가 없다고 생각해서 정치적 성향에 대한 증언을 거부할 것을 선언했는데 브레히트도 그중 하나다. 그런데 브레히트는 갑자기 태도를 바꿔서 청문회에서 증언하겠다고 한다. 브레히트는 독일어로 증언하겠다고 했으나, 위원회의 거부로 증언은 영어로 진행되었다. 우연한 기회에 나는 이 청문회의 녹음 내용을 들은 적이 있었다. 약 27분에 걸친 증언이었는데, 브레히트는 어눌한 영어를 사용하면서 이 위원회를 가지고 놀았다. 이들이 던진 질문을 보면 이렇다. "당신은 공산당에 가입한 적이 있습니까?" 그러자 브레히트는 되묻는다. "여기 미국에서 말입니까?" 장내에 약간 당황하는 분위기가 맴돈다. 자기들끼리 상의를 하더니, "당신은 그럼 어떤 나라에서건 공산당에 가입한 적이 있습니까?" 하고 다시 묻는다. 그러자 브레히트는 단 한 번도 공산당에 가입한 적이 없다고 한다. 실제로 브레히트는 공산당에 가입한 적이 없었다. 그리고 다른 질문 중의 하나는 이랬다. "당신은 혁명적인, 체제전복적인 글을 쓴 적이 있습니까?" 그러자 브레히트는 이렇게 답한다. "네, 썼습니다. 그런데 내 모든 글은 히틀러와 나치 독일 정부를 전복하기 위한 글이었습니다."

증언은 이런 식으로 계속된다. 그리고 위원회가 예전에 쓴 글들을 영어로 번역하면서 트집을 잡자, 브레히트는 자기는 독일어로 글을 썼지 영어로 그렇게 쓴 적은 없다고 한다. 번역된 글은 번역자의 의도에 따라 뉘앙스가 달라진다. 브레히트는 자신이 쓴 글을 완전히 다른 내용으로 변화시키면서 위원회를 계속 가지고 논다. 당해낼 도리가 없다. 청문회장은 웃음바다로 변한다. 청문회가 끝난 다음 날 브레히트는 바로 유럽으로 날아간다. 이렇게 미국에서 빠져나온 후 스위스에 머물면서 내놓은 작품이 바로 이 「소포클레스의 안티고네」이다. 브레히트는 크레온에게 심문을 받으면서도 오히려 크레온을 궁지로 몰아넣는 안티고네에게서 워싱턴의 청문회장에 앉아서 증언을 하던 자신의 모습을 발견하지 않았을까?

안티고네의 절규가 크레온의 망토 속으로 사라지다

연출은 브레히트와 함께 할리우드 블랙리스트에 당당히 이름을 올렸던 타

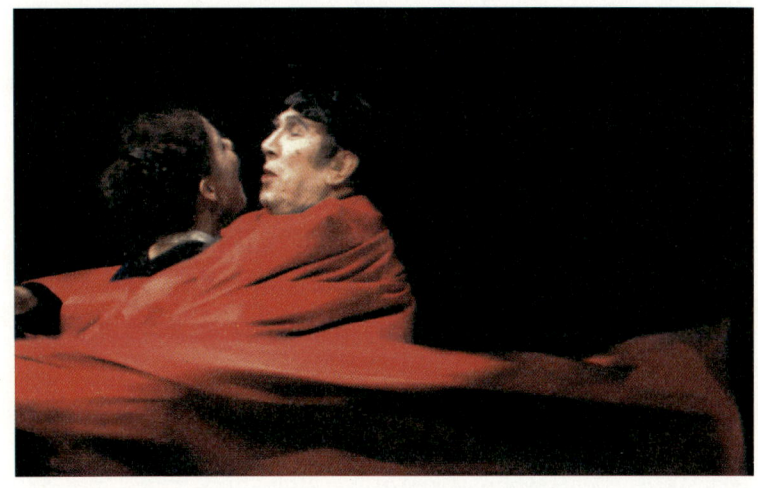

보리가 맡아서 했는데 역시 독특하다. 특별한 소품 없이 신비한 효과를 낸다. 별명 그대로 '무대의 매버릭(괴짜)'답다. 무대를 대각선으로 가로지르는, 십자가 모양의 하얀색 길이 놓여 있고, 이 길이 끝나는 왼편 안쪽 무대에 상자 모양의 통로가 세워져 있다. 이게 무대 장치로 끝이다. 무대 소품으로는 크레온의 왕좌를 상징하는 평범한 의자 하나와 나중에 안티고네를 잡아 가둘 검은색 관 하나가 끝이다. 조명도 백주대낮처럼 환히 밝혀놓고 공연 내내 변화가 없다. 아무리 봐도 큰돈 들인 무대가 아니다. 그런데도 초라한 느낌이 전혀 없다. 여기에 하얀 그리스 복장을 입은 브라스밴드가 나타나 무대 안쪽에 자리를 잡고 각 장이 바뀔 때마다 빰빠라밤 하고 연주를 하는데 꼭 옛날 곡마단 느낌이 난다. 소외효과*를 이렇게 표현한 걸 게다.

　　장님 테이레시아스는 레인코트에 동그린 선글라스를 끼고 등장해서는 지팡이를 휘두르면서 명연기를 펼친다. 그리고 코러스 격인 노인들 역

* 198~200쪽 참조.

으로 남녀 한 쌍이 흰 분칠을 한 얼굴에 호주 원주민 같은 문신을 하고는 하얀 그리스 복장을 입고 손을 잡은 채 등장하고 퇴장하면서 그 호흡에 맞추어 대사들을 내뱉는데 멋지다. 한 사람의 목소리가 쏟아내는 것과 두 사람의 다른 톤의 목소리가 쏟아내는 것은 확실히 효과가 다르다.

안티고네는 코발트색의 그리스 복장을 하고, 이스메네는 흰색 드레스로 휘감았다. 크레온은 검은색 갑옷에 붉은색 망토를 둘렀는데 망토의 길이가 땅에 질질 끌릴 정도로 길다. 이걸 펄럭거리면서 연기하는데 그 소리를 들어보면 재질이 일반 천이 아닌 듯하다. 한번씩 펄럭거릴 때마다 관객들은 가슴이 덜컥하고 내려앉는 느낌을 받는다. 이런 색대비를 보면 현실보다 동화를 보는 듯한데 이게 타보리의 특징인가 보다. 77세의 고령에도 불구하고 힘찬 연기를 보여주는 크레온 역의 게르트 쿠나트Gerd Kunath는 「고도를 기다리며」에서도 포조 역을 맡아서 열연을 펼쳤는데 나이를 잊은 열정에 그저 놀랄 뿐이다. 하긴 타보리 선생이 93세이니 늙었다고 투정 부릴 처지도 아니겠다.

크레온의 빨간색 망토가 잊혀지지 않는다. 저주받은 도시 테베에서 인간의 도리를 지키려다 죽음을 당하는 안티고네의 절규가 크레온의 망토 속으로 사라진다. 그리고 당당히 죽음을 맞이하는 안티고네. 그녀의 이름이 상징하는 '모성에의 대항anti-gone'이 모성뿐 아니라 모든 부당함에 대항하는 것으로 나타난다. 브레히트가 여기에 관심을 기울인 것이 당연하다. 여기에 연출자 타보리는 크레온의 피 냄새 가득한 붉은 망토로 안티고네를 감싸 안으면서 가족사를, 아니 인간사를 피의 바다에 던져버린다.

집에 가는 길에 그 망토가 계속 눈앞에 아른거린다. 아찔하다.

알레포, 이슬람 문화의 수도 페르가몬박물관에서 본, 알레포 상인의 방에 나오는 알레포는 지금의 시리아에 있는 전통적인 상업도시이다. 아랍어로는 할라브라고 하지만 서구 사회에는 알레포로 알려져 있다. 알레포는 시리아에서 가장 커다란 도시였을 뿐만 아니라 오토만 제국에서도 콘스탄티노플과 카이로에 이어 세 번째로 큰 도시였다. 2차대전 후 시리아의 고립으로 알레포는 잊혀진 고대 도시 정도로 취급되었지만, 오히려 그 덕분에 고대와 중세의 유물들이 잘 보존되었다. 그래서 지금은 '이슬람 문화의 수도'라는 별명까지 얻으면서 옛 영광을 회복하고 있는 중이다.

박물관의 상인이 17세기 초에 살았다고 했는데 당시에도 이 도시는 매우 유명해서 셰익스피어의 「맥베스」와 「오셀로」를 비롯해 많은 작품에 등장한다. 「맥베스」에서는 1막 3장의 시작 부분에서 세 마녀가 수다를 떨면서 알레포로 장사하러 떠난 어느 선장의 아내를 괴롭혔다고 자랑하는 대목이 나온다. 「오셀로」에서는 마지막에 오셀로가 자결하는 장면에서 오셀로가 알레포에서 베니스인을 구타하는 못된 터키인을 죽였다고 하는 장면이 나온다. 당시 무역 중심 도시로서의 알레포의 위상을 엿볼 수 있는 대목이다.

입센 作 「페르 귄트」는 베를리너앙상블에서 2004년 4월 8일에 초연을 하고 같은 해 8월에 에든버러연극제에 참가했다.

페터 차덱Peter Zadek과 로제 리그스Rosee Riggs가 공동연출했고, 베를리너앙상블 공연을 위해 특별히 보토 슈트라우스 Botho Strauß가 새롭게 5막으로 각색했다. 주요 배우들은 다음과 같다. **Angela Winkler**: Aase, **Uwe Bohm**: Peer Gynt, **Axel Werner**: Aslak, Apis, Schiffskoch, **Annett Renneberg**: Solveig

07

배우란 얼마나 고된 일인가 「페르 귄트」

겨울도 봄도, 그리고 다음 여름도 가고 한 해가 또 흘러가네.

하지만 나는 알고 있지, 당신은 언젠가 돌아온다는 것을.

그러기에 나는 기다리고 있어요. 당신과 약속한 그대로.

이 세상에서 당신의 걸음을 하나님이 지켜주시기를!

하나님 앞에 서서 당신이 축복 받기를!

이곳에서 나는 당신이 돌아오기만을 기다리고 있어요.

하지만 당신이 저세상에서 기다린다면 거기에서 만나요.

—입센의 「페르 귄트」 중에서 「솔베이의 노래」

점심을 먹으러 바피아노에 간다. 이탈리아 식당인데 유럽 전역에 체인점을 가지고 있다. 이케아 스타일의 가구들로 시크하게 꾸며놓은 식당인데 먹는 방식이 조금 색다르다. 금단추가 달린 하얀 요리사 복장에 빨간 두건을 해적 모양으로 두르고 오픈 키친에 서 있는 요리사에게 직접 주문하면 즉석에서 요리해 주는데 그것을 받아서 자기 자리로 돌아가 먹으면 된다. 여기 쿠담*에 있는 지점은 1층과 2층으로 되어 있는데, 겉보기에 비싸 보여서 큰맘 먹지 않고는 발길을 하기가 망설여진다. 여차하면 다시 나올 작정으로 들어갔는데 예상보다 저렴하다. 매콤한 파스타인 페네아라비아타를 시켜서 입을 달래준다.

　우체국에 들러 친구에게 편지를 보내고 노이에나치오날갤러리**에 들러 구동독 출신 화가인 베르너 튑케의 그림을 보려고 했더니 없다. 분명히 여기 있었는데…… . 안내원 아줌마에게 물어보니 슈바벤에 있는 박물관에 대여했는데 10월이나 되어야 돌아온단다. 아깝다. 이럴 줄 알았다면 더 자주 와서 볼걸. 다른 그림들을 감상하고 있는데 안내원 아줌마가 다시 나를

* 쿠어퓌르스텐담을 줄여서 쿠담이라고 한다. 쿠담 거리는 베를린의 샹젤리제라고 할 수 있다. 소위 명품이라고 하는 브랜드들이 연이어 늘어선 거리다.
** 서베를린 지역에서 동베를린 지역의 알테나치오날갤러리에 대응해서 만든 건물이다. 독일 통일 후, 두 국립미술관이 작품들을 통합해서 20세기 이전의 그림들은 알테나치오날갤러리에, 20세기 이후의 작품들은 노이에나치오날갤러리에 전시한다.

부른다. 어느 미국인이 그림 설명서에 쓰인 독일어인 ausgezeichnet이 무슨 뜻이냐고 질문을 하는데 자기는 영어를 모르니 대신 설명을 해달란다. 엑설런트excellent지 뭐야. 한 번 설명을 해주니 이 미국인이 나에게 거의 모든 것을 번역해달라고 매달린다. 귀찮아졌다. 그냥 모른다고 할걸.

튑케의 그림엽서가 있을까 해서 미술관의 서점에 들러보지만 없다. 물어보니 내가 찾는 그림은 너무 복잡하고 커서 그림엽서로는 인쇄가 안 된다고 한다. 포스터라도 구해보려 했더니 그것도 없단다. 여기에 없으면 독일에 없는 거지. 독일에 없으면 전 세계 어디에도 없는 거고. 구동독의 화가들 작품을 모아놓은 화집이 있어 들춰보니 거기에는 들어 있다. 비싼 값을 치르고 그거라도 산다. 나와서 도이체스테아터 가는 길에 서점 엑스리브리스에 들러서 게멜데갤러리 작품집과 프란시스 베이컨, 피터르 브뤼헐의 화집도 샀다. 지갑에서 장장 80유로가 사라진다. 그런데 마침 도이체스테아터에서 연극 표를 학생할인 해준다. 무려 70퍼센트나 할인된다. 18유로에 연극 2편을 보게 되다니. 저녁에 베를리너앙상블로 가서 브레히트 동상 앞 벤치에 앉아 사람들을 지켜본다. 오늘처럼 날씨가 좋은 날이면 연인들은 잔디에 누워서 노닥거리고, 베짱이 할아버지는 쭈그러진 모자를 턱하니 발 밑에 놓곤 아코디언을 연주하면서 모여드는 사람들에게 동전 한 닢씩 걷어낸다. 세상이 아름다워 보이는 순간이다.

노르웨이가 낳은 연극의 거장, 입센

한국에서 클래식음악 채널인 KBS1 FM을 듣다 보면 같은 음악이 며칠 간격으로 반복해서 나오곤 했었다. 아마 한국인들이 선호하는 음악 위주로 선곡하다 보니 그랬을 것이다. 그중에서도 그리그의 「솔베이의 노래」나 「아침의 노래」가 심심치 않게 나왔다. 제목은 몰라도 음악을 들으면 대부분 아하 하면서 고개를 끄덕일 것이다. 아마도 그리그는 한국에 소개된, 거의 유일한 노르웨이 음악가가 아닐까 싶다. 그만큼 노르웨이는 우리와 멀리 떨어져 있다는 느낌이 드는 나라다. 독일이나 프랑스 같은 나라들과 달리 별다른 접촉이 없었기에 감성적으로 너무나 멀게 느껴진다. 그저 바이킹의 후예 정도의 이미지만 있지 싶다.

바로 이 노르웨이에서 세계적인 연극의 거장이 한 명 나온다. 서양 연극계는 서유럽의 세 나라, 영국, 프랑스, 독일이 이끌어왔었다. 해서 셰익스피어, 몰리에르, 라신, 괴테, 실러 같은 이들의 작품이 무대에 올려지곤 했다. 그런데 현대 연극으로 넘어오면서부터 이야기가 달라진다. 19세기 후반부터 북유럽의 작은 섬나라 노르웨이가 그 중심이 된다. 그것도 단 한 사람, 헨리크 입센에 의해. 여성들에게는 연극 「인형의 집」으로 친숙한 작가일 수도 있겠다. 주인공 노라의 가출을 통해 여자는 집에서 살림이나 해야 한다는 기존의 관습에 파장을 일으키며 서양 사회를 뒤흔들어 놓았던 작품이기에 어떤 나라에서는 「인형의 집」이라는 원제보다 「노라」라는 제목으로 불리기도 한다. 여성해방운동에 불이 붙기 전에 미리 휘발유를 잔뜩 뿌려놓은 격이다. 「인형의 집」 외에도 「유령」, 「바다에서 온 여인」, 「헤다 가블레르」 같은, 여성의 존재에 관한 문제작들을 계속 발표하여 입센은 아예 방화범이 되려고 작정을 한다. 여성 문제만이 아니라 일상의 소시민들을 연극의 중심인물로 그려내기 시작한 작가이기에 그에게는 지금까지도 '모던 드라마의 대부'라는 별칭이 별똥별의 꼬리처럼 길게 따라붙는다.

앞의 문제작들을 다루면 좋겠지만 오늘 볼 연극은 그의 초기작인 「페르 귄트」이다. 「페르 귄트」 하면 그리그의 오페라가 아닌가 하는 사람도 있는데 아니올시다이다. 그 음악은 연극 「페르 귄트」를 위해 입센이 그리그에게 음악을 만들어달라고 부탁해서 나온 것이다. 요즘 영화 음악을 유명한 음악가들에게 의뢰하는 것과 같은 이치다. 영화 음악 이전에 이미 이렇게 연극 음악이 있었다. 60년 정도 지난 뒤의 이야기이긴 하지만 독일의 베르너 에크도 오페라 「페르 귄트」를 작곡했다.

망나니 아들의 전형, 페르 귄트

페르 귄트는 북유럽의 전설에 근거하는 인물이지만, 입센은 실제 인물로 봐달라고 한다. 사실 입센이 말하는 페르 귄트는 신화에 등장하는 영웅이 아니다. 막대한 재산을 물려받은 한 남자가 돈을 흥청망청 쓰다가 그것도 모자라 전답을 하나둘 팔아치우고, 결국 마누라와 자식에게 빚만 남겨둔 채 떠돌아다니면서 집에 들어오지 않는다. 어디서 많이 들어본 이야기이다. 우리 부모님 세대에 단골로 등장하는 인물군상 중에 이런 인물이 꼭 있다. 처자식 버려두고 떠나는 이야기는 세계 공통인가 보다. 페르 귄트 이야기는 이렇게 남겨진 아내와 아들로부터 시작된다. 이런 이야기를 영웅적인 신화로 보기는 좀 그렇다.

　이 아들의 이름은 페르 귄트이고 어머니는 아제라 불린다. 가진 것 없는 생과부가 혼자서 아들을 키우게 되면, 엄마는 아들에게 모든 희망을 거는 법이다. 이 아들이 열심히 공부해서 서울대 가서 고시에 합격하고, 판검사하다가 국회의원 되면 한국 사회에서는 입지전적인 인물로 평가되어 위인전까지는 아니라도 자서전 내겠다고 하면 인정해준다. 그런데 이 아들이 말을 죽어라 안 듣고 있는 대로 속 썩여가며 이 동네 저 동네 못된 짓만 하고 다니면 어떨까? 아들은 '애비 없는 자식'이라는 훈장을 달게 되고, 엄마는 "남편 복 없는 년이 자식 복 있겠느냐?"는 탄식을 절로 내뱉게 마련이다. 그런데 전자의 이야기는 지루한 성공담이어서 아부하기 좋아하는 사람들이 아니라면 보통 듣고 싶어하지 않는다. 남 잘사는 이야기는 들어봐야 배만 아프다. 후자처럼 비참하게 망해버린 이야기가 좋은 안주거리가 되는 법이다. 쯧쯧거리며 혀를 차기도 하고, "저런 나쁜 놈!" 하면서 욕도 하다가, "부자 3대 못 간다더니……." 하는 동정에 눈물도 글썽거리며 그날의 술안주로 삼게 되는 것이다. 우리의 페르 귄트는 바로 이 망나니 아들의 전형이다. 그런 이야기를 담고 있는 입센의 「페르 귄트」가 이 시대 최고의 연출가 중 하나로 꼽히는 전설, 페터 차덱Peter Zadek을 만나서 베를리너앙상블 무대에 오른다.

　막이 오르면 엄마 아제가 페르 귄트를 쫓아나오면서 잔소리를 퍼부어댄다. 한창 바쁜 농번기에 사냥 간다고 몇 주 동안 집에 들어오지 않다가 다 찢어진 옷에 빈손으로 들어온 아들은 밥보다 먼저 욕을 먹는 것이 당연지사다. 이렇게 되면 아들은 변명을 만들어내야 한다. 페르 귄트의 변명은 사슴 사냥이다. 산에서 집채만 한 사슴을 만나서 계곡을 굴러떨어지며 사투를 벌이다가 겨우 살아서 돌아왔단다. 죽을 뻔하다 돌아왔다는 아들의 이야기는 한숨과 함께 엄마의 귀를 잡아둔다. 그런데 이 사슴 사냥 이야기가 너무나 흥미진진하게 풀린다. 페르 귄트는 타고난 이야기꾼이다. 거기에 다분히 시인의 기질까지 갖추었다. 그러나 진지하게 듣고 있던 엄마는 이내 이게 노르웨이의 민간 전설 '구드브란트 글레스네Gudbrand Glesne'* 의

---

* 노르웨이의 전설에 나오는 사냥꾼이다. 구드브란트는 '신의 칼'이라는 뜻인데 「페르 귄트」의 무대인, '구드브란트 계곡'이란 뜻의 구드브란스달이라는 지명과 밀접한 관련이 있는 인물로 생각된다. 1928년 이후 이곳에서는 매년 여름 '페르 귄트 페스티벌'이 열린다.

이야기를 각색한 것임을 알아챈다.

하지만 타고난 뻥쟁이는 뻔뻔스럽다. 사실이라고 바득바득 우긴다. 거짓말임을 알아도 어찌하겠나. 그냥 속아줘야지. 그런데 이런 류의 인간들은 여자들에게 인기 있는 법. 동네 갑부의 딸, 잉그리드를 어찌 쓱싹했던 모양인데, 페르 귄트가 사슴 사냥을 간 사이에 갑부인 아버지가 대충 선 봐서 시집보내려 한 모양이다. 다음 날이 결혼식이란다. 부잣집 사위가 될 기회를 놓친 아들을 엄마는 또 타박한다. 너무 심하게 구박을 받자 페르 귄트는 마을로 내려가서 결혼식을 파투 놓겠다고 한다. 놀란 엄마는 아들의 바짓가랑이 붙잡으면서 말려보지만 소용없다. 말리는 엄마를 방앗간 지붕 위에 던져놓고 페르 귄트는 마을로 내려간다. 저러다가 페르 귄트, 오늘 진짜 일 낸다.

이게 1막 1장의 이야기이다. 그런데 페터 차덱은 이 부분을 완전히 빈 무대에서 연출한다. 텅 빈 공간을 단 두 명의 배우로 색칠하는 것이다. 무대 왼편 에이프런* 근처의 작은 부분에서부터 서서히 붓을 놀려 무대 중앙까지 색칠한다. 엄마 아제와 페르 귄트의 반짝거리는 눈망울만으로 이 커다란 여백을 환하게 밝혀나간다. 특히나 사슴 사냥 이야기를 듣는 아제의, 호기심과 놀람이 가득한 눈빛과 이야기 중간에 넣는 "그렇지!", "저런, 저런." 하는 탄성은 마치 판소리의 고수鼓手가 넣는 추임새처럼 절제된 몸짓과 함께 어우러진다. 그녀의 연기가 가히 고수高手 급임을 보여준다. 시작부터 이 연극이 심상치 않다.

마을로 내려가는 페르 귄트의 지저분한 옷차림을 보고 동네 노인들이 한마디씩 한다. 페르 귄트는 외나무다리에서 원수도 만난다. 전부터 사이

* 연극 무대에서 커튼이 내려왔을 때 객석 쪽으로 남게 되는 무대 부분을 말한다.

가 나쁜 대장장이 아슬락을 만나 옥신각신 한바탕 싸우고 헤어진다. 마을에 도착해보니 동네잔치가 벌어졌는데 약간 문제가 있는 모양이다. 신부가 문을 걸어 잠그고 방에서 나오질 않는다. 애타는 신랑은 문을 두드리며 애원하지만 신부는 말이 없다. 마마보이 신랑은 엄마도 찾고 아빠도 찾아보지만, 그래 봐야 아버지에게 '병신 같은 놈'이란 소리밖에 못 듣는다. 하지만 그건 신랑 사정이고 동네 주민들은 신 났다. 술 마시고 노래하고 춤추며 신 나게 논다.

마을로 내려오면서 페르 귄트는 마음을 고쳐먹는다. 세상에 널린 게 여자인데 날 버리고 시집가겠다는 잉그리드를 굳이 잡을 필요 없다. 마을에 도착한 페르 귄트는 그 널린 여자들에게 집적거려본다. 그런데 춤 한번 추자는데 다들 튕긴다. 치사하고 더럽다. 술이나 마셔라, 페르 귄트. 그 순간, 엄청난 미모의 처자가 조신한 차림으로 가족들 손을 잡고 잔칫집 마당에 들어선다. 페르 귄트는 한눈에 뿅 갔다. 바로 수작을 건다. 아가씨, 정말 아름다우시군요. 이름은? 솔베이예요. 저는 페르 귄트라고 합니다. 저와 한 곡 추실까요? 이런 작업용 대화가 오가고 페르 귄트는 마침내 솔베이에게 축의금 내고 와서 춤을 춰주겠다는 허락을 받아낸다. 페르 귄트는 들떴다. 천사를 만났다. 집과 학교만 왔다 갔다 하는 순진한 솔베이는 뺑쟁이 페르 귄트에 대한 소문을 듣지 못했나 보다. 그런데 축의금 봉투 내고 갈비탕까지 먹고 온 솔베이가 갑자기 춤을 같이 못 추겠다고 한다. 아니, 왜? 엄마가 저런 놈 조심하라고 했겠지. 열 받은 페르 귄트는 그냥 술이나 퍼마신다. 그렇게 동네 애들꾀 술 마시고 있는데 신랑이 슬며시 다가와 페르 귄트에게 도와달라고 한다. 누구 약 올리나? 안 그래도 열 받아 죽겠는데. 술기운까지 올라온 페르 귄트는 홧김에 객기를 부려본다. 솔베이에게 주정 부리면서 춤을 춰달라 한다. 이러면 이제 물 건너간 거다. 솔베이는 혼비백산하여 도망친다. 멍하니 넋이 나가 있는 페르 귄트에게 신랑이 다시 다가온다. "페르 귄트, 황소 한 마리 줄게. 도와줘, 응?" 눈이 반짝이는 페르 귄트. 기발한 생각이 떠올랐다. "그래? 알았어. 조금만 기다려." 사라진 페르 귄트, 기어이 사고 친다. 술 취했겠다, 여자에게 퇴짜 맞았겠다, 될 대로 되라지 하면서 신부를 납치해서 지붕 타고 산으로 도망간다. 이제 잔치판은 난장판으로 뒤바뀐다. 신랑은 울고불고하고 신부 아버지는 바득바득 이를 간다. 지나던 동네 주민의 도움으로 방앗간 지붕에서 내려와 페르 귄트를 잡으러 온 엄마 아제는 날벼락을 만난다. 불쌍한 아제. 그래도 동네 주민들이 페르 귄트를 잡아 죽이겠다고 나서자, 발 벗고 막아선다.

브뤼헐의 풍속화를 닮은 무대

안쪽에 있는 작은 공간으로 배우들이 하나둘씩 춤을 추며 들어오면서 채워진다. 춤도 제각각이고 의상도 제각각이다. 하지만 배우들이 전부 들어오니 꼭 브뤼헐의 풍속화에 그려진, 서민들이 가득한 플랑드르 지방의 풍경을 보는 느낌이다. 배우들이 그 자체로 데코레이션이 되는 것이다. 자유로운 일상 의상으로 일체감보다는 흐트러진 느낌이 강조된 무대를 만들면서 결혼 잔치가 진행되는데, 사실 저런 동선을 만드는 것이 더 힘들다. 매스게임 같은 일체감 있는 동선은 옆 사람 보면서 슬슬 따라 해도 적당히 나오지만, 이렇게 개인에 따라 다른 코레오그래피*는 관객이 눈치 못 채도록 시나

---

* '몸'이란 뜻의 chor 와 '쓰거나 그린다'는 뜻인 graph의 합성어로 '몸으로 그린다'는 뜻이다. 주로 무용에서 사용되기에 '안무'라고 번역하지만, 춤만이 아니라 연극 같은 공연 예술에서도 동작을 디자인하는 작업을 이렇게 부른다.

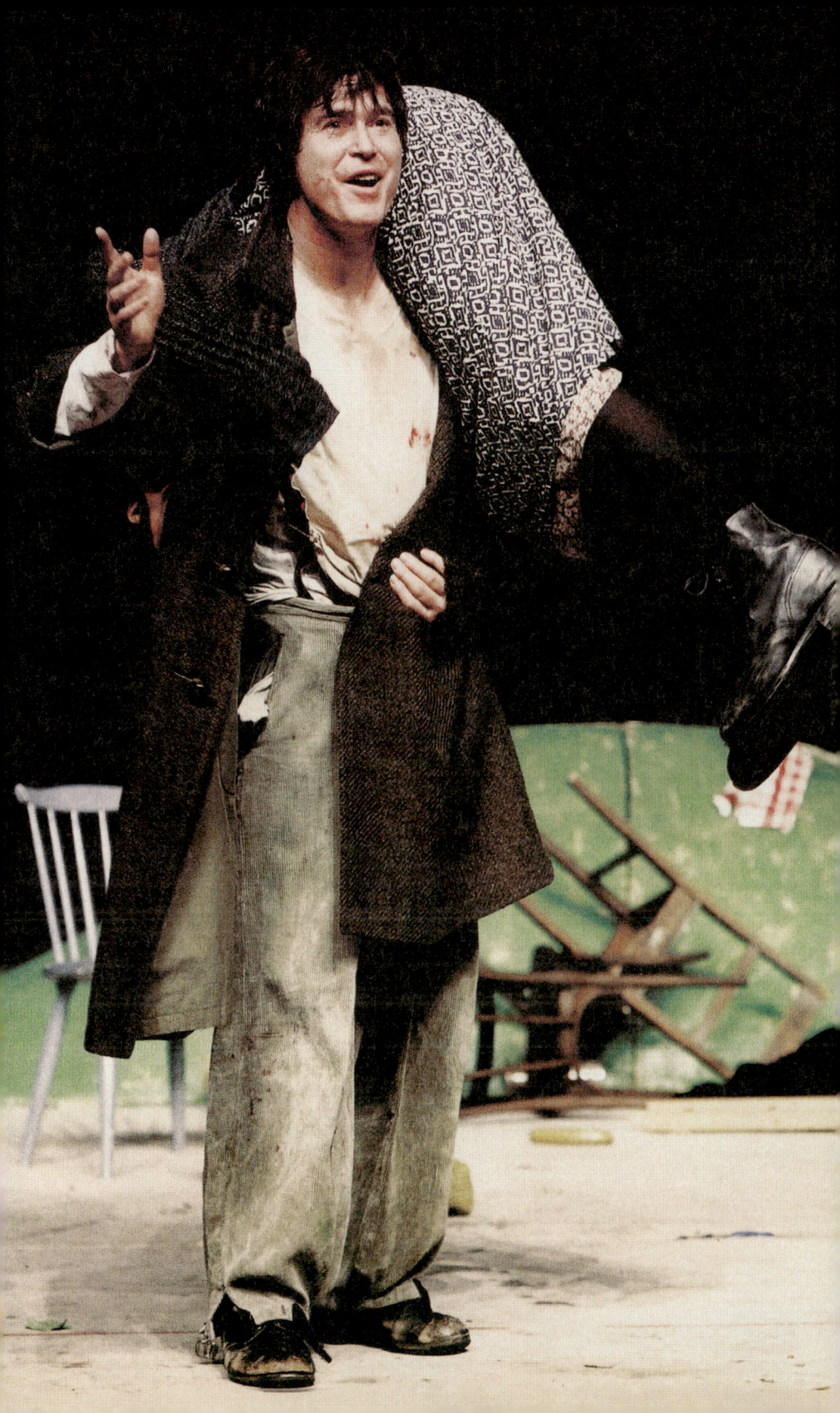

브로 스멀거리면서 무대를 채우는 기술이 필요하다. 온돌방의 깨진 틈 사이로 연기가 흘러나오면, 틈 사이의 연기만 집중해서 보고 있다가 콜록거릴 때에야 방 안 가득 연기가 자욱해진 것을 아는 것과도 같다. 오랜 시간의 연습과 배우들 간의 호흡이 필요한 부분이다.

어느새 무대 전면에 책상이 하나 놓여 있다. 그리고 거기에 판자를 걸쳐서 신부의 방과 외부를 구별해 놓았다. 신부 잉그리드는 하얀 드레스 차림으로 책상 위에 앉아 있기만 하면 된다. 판자를 넘어간 페르 귄트가 신부를 데리고 무대 뒤로 사라지면, 페르 귄트가 지붕을 타고 산으로 도망가는 장면은 무대에 남아 있는 배우들이 모두 천장을 보면서 외치기만 하면 된다. "저기 봐!", "신부를!", "저런 개자식!", "이 노오옴!", "조심해, 페르 귄트!" 대규모의 인원과 소품이 필요한 연극이 20명 정도의 배우만으로 가능한 것은 이런 노하우가 있어서다.

영화 「졸업」의 더스틴 호프만처럼 멋지게 신부를 구해서 산으로 데려간 페르 귄트는 어찌 되었을까나. 어차피 술김에, 홧김에 벌인 일이다. 아침에 정신 차려 보니 자신이 원한 것은 남의 신부 잉그리드가 아니라 천사 솔베이이다. 이 사실을 깨닫고 잉그리드에게 집으로 돌아가라 하니 잉그리드는 미치고 팔짝 뛸 노릇. 매달려도 보고, 재산으로 꼬여도 보지만 이미 솔베이가 눈에 밟히는 페르 귄트에게 먹힐 리 없다. 페르 귄트는 어서 산을 내려가라고 내칠 뿐이다. 나쁜 놈. 혼삿길이 완전히 막힌 잉그리드가 욕을 있는 대로 퍼부으면서 산을 내려간다. 페르 귄트, 이제 진짜 큰일났다. 오뉴월에도 서리를 내리는 여인네의 한을 어찌 감당하려나.

이렇게 2막이 시작하는데 페터 차덱은 여기서 일을 낸다. 놀이터의 구름사다리를 타듯 옆으로 척척 팔을 바꿔가면서 두 배우가 무대 앞부분의 난간을 잡고 오른편 무대에서 등장한다. 무대 난간에 대롱대롱 나란히 매

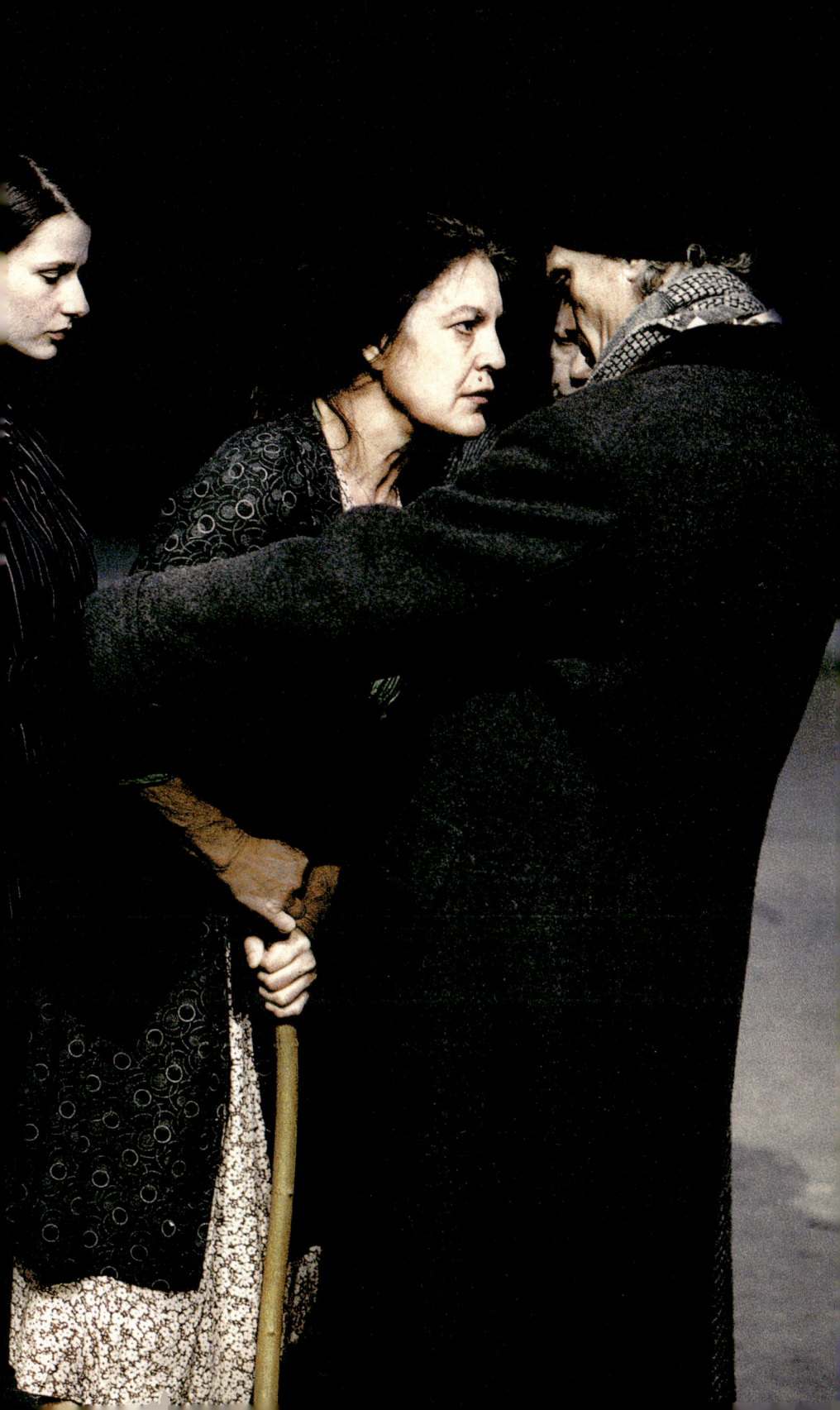

달려서 위의 대화를 나누는 것이다. 산중이라는 것을 표현하려고 한 것인데 문제는 잉그리드를 홀딱 벗겼다는 거다. 실오라기 하나 없이 두 팔로 난간에 매달려서 만세 부르게 해놓고 연기를 시킨다. 몸을 가리려고 손을 떼었다간 바닥으로 떨어진다. 그것도 1장 내내 그렇게 있어야 한다. 아마도 첫날밤을 보낸 뒤 알몸으로 잠에서 깨어났다는 것을 상기시키려고 그랬을 것이다. 하지만 연출자의 속마음이야 누가 알겠는가. 관객에게는 무성한 추측만 남아 있다. 덕분에 아름다운 여체를 실컷 감상했다. 고마워, 차텍 선생.

일장춘몽이 악몽으로 변하다

마을은 이제 신부 납치범을 잡으려고 시끌벅적하다. 죽어나는 건 애꿎은 가족들. 피해자 가족과 형사들이 번갈아 찾아와서 범인은닉죄 운운하며 숨긴 장소를 대라고 난리 친다. 어머니 아제는 페르 귄트를 원망하면서도 자식이기에 부디 잡히지 않기를 기도한다. 그리고 여기에 또 다른 여심이 등장한다. 천사 솔베이가 악마 페르 귄트에게 끌린다. 정말 알 수 없는 게 여자 마음이다. 남자들이여, 못되게 굴어라! 그리하면 여자들이 따를지니. 페르 귄트에게 꽂힌 솔베이는 아제를 찾아와서 그에 대해 더 자세히 이야기해 달라고 조른다.

　　한편 목숨이 위태로워진 페르 귄트는 산속 깊숙히 도망친다. 그런데 이 첩첩산중에서 또 여자를 만난다. 그것도 셋씩이나. 산중에 웬 여인들이 있을까? 소 치는 여인들이 운명처럼 페르 귄트를 기다리고 있었다. 운명에 관련된 여인들은 꼭 세 명씩 다닌다. 운명의 여신도 세 명이고, 복수의 여신도 세 명이고, 왜 「맥베스」에서도 마녀가 세 명씩 붙어 다니지 않는가. 여기의 목장녀 삼총사는 남자 취향이 특이하다. 평범한 남자가 아니라 트롤*을 찾는다. 목장녀 삼총사는 노골적으로 페르 귄트를 유혹한다. 이런 유혹에서 빠져나온 남자는 인류역사상 단 한 명도 없었다. 더욱이 난봉꾼 페르 귄트가 마다할 이유가 없다. 오히려 한술 더 뜬다. "그래, 나는 트롤이다. 그것도 머리가 세 개 달린 트롤이다. 너희 모두를 상대해주마!"하고 파티에 참가한다. 그다음은 알아서 상상하시라.

광란의 밤을 보낸 페르 귄트는 숙취 가득한 상태로 깬다. 머리는 깨질 듯 아프고 속은 쓰리고 해장국 생각이 간절하지만 첩첩산중에 그런 게 있을 리 없다. 그냥 일어나서 횡설수설한다. 황제가 되는 상상을 하다 들떠서는 신 나게 날뛰다가 바위에 쿵 부딪혀서 다시 정신을 잃고 쓰러진다.

2막의 2, 3, 4장이 이렇게 진행되는데, 여기서 페터 차덱은 간단한 무대 소품을 하나 준비한다. 무대 중앙의 안쪽에 플라스틱으로 만든 초록 언덕을 덩그러니 설치한다. 칼로 반으로 자른 것 같은 모양의 구조물을 무대 왼쪽과 오른쪽에서 가져와서 붙이니 언덕이 된다. 공간도 차지하지 않고 운반하기도 쉬운 언덕이다. 이 언덕은 산속 깊이 숨어 들어간 페르 귄트의 본거지로서 연극 전반부 내내 그 자리에 고정된다. 목장녀 삼총사는 이 언덕에 몸을 부비면서 페르 귄트를 유혹하고, 페르 귄트는 술이 덜 깬 상태에서 날뛰다가 이 언덕에 부딪힌다. 정말 큰 장치 없이 연극을 만든다.

잠에 빠진 페르 귄트는 달콤한 꿈을 꾼다. 녹색 옷을 입은 처녀가 나타나 페르 귄트와 농담 따먹기식의 대화를 나눈다. 꿈에서도 여자가 나온다.

---

* 노르웨이의 전설에 등장하는, 숲에 사는 도깨비이다. 나중에는 북유럽의 다른 전설들과 섞여서 마법사나 괴물의 이미지로 그려지기도 한다. 요즘에는 만화영화 「슈렉」이나 영화 「해리 포터」 시리즈, 「반지의 제왕」에 종종 등장하기도 했다.

그놈, 참. 이 처녀가 자신이 트롤 왕의 딸이라 하자 페르 귄트는 자신은 왕의 아들이라 한다. 처녀가 아버지의 성城을 자랑하자 페르 귄트는 엄마인 여왕 아제도 성城이 있다고 한다. 이렇게 쿵짝이 맞는 이야기가 오가자 트롤 공주는 자기와 같이 트롤 왕국에 가서 결혼할 것을 제안하고, 페르 귄트는 흔쾌히 이를 받아들인다. 둘은 거대한 돼지를 타고 트롤 왕국으로 향한다. 돼지꿈을 꾸는 것인가? 페르 귄트는 로또를 사야 하는 것 아닌가? 왕국에 도착한 페르 귄트는 트롤들에게 욕설 가득한 트롤식 환영을 받는다. 페르 귄트가 마음에 든 트롤 왕은 공주와 결혼하면 왕국을 물려주겠노라고 말한다. 그러고는 진정한 트롤이 되려면 꼬리를 달아야 한다며 페르 귄트에게 꼬리를 달아준다. 여기까지는 좋다. 그깟 꼬리야 나중에 떼어내면 되니까. 꿈에도 그리던, 왕이 되는 순간 아니던가.

트롤 왕은 페르 귄트가 얼마나 똑똑한지 알아보기 위해 즉석 면접시험을 본다. "트롤과 인간의 차이점은 무엇이라 생각하나요?" 영특한 페르 귄트는 이렇게 답한다. "별 차이가 없다고 생각합니다. 큰 트롤들은 잔인하게 죽이고 작은 트롤들은 그저 할퀼 뿐이지요. 인간들도 이런 면에서 할 수만 있다면 똑같이 할 것이라고 생각합니다." 트롤 왕은 페르 귄트의 답이 마음에 든다. 맞다 하면서 그래도 약간의 차이점이 있는데 인간들은 "인간들이여, 인간다워져라!"라고 하지만 트롤들은 "트롤이여, 너 스스로에게 만족하라!"라고 한다며 '만족하라'란 말이 아주 중요하다고 한다. 만족하라가 무슨 말이든 페르 귄트는 왕국을 물려받고 싶은 마음에 다 알겠다고 하면서 결혼하겠다고 한다. 잔치가 벌어진다. 판이 무르익어가자 트롤 왕은 인간의 못된 습관을 고치는 치료를 받아야 한다면서 페르 귄트의 두 눈을 뽑으려 한다. 놀란 페르 귄트와 트롤 왕 사이에 눈을 뽑는 것의 당위성에 대해 설전이 벌어지고, 페르 귄트는 트롤 왕국과 신부를 반납하고 돌아가겠다고 한다. 그러나 들어올 때는 마음대로 들어오지만 나갈 때는 마음대로 못 나간다. 몸싸움까지 벌어지고 궁전은 아수라장이 된다. 이 와중에 트롤 공주는 페르 귄트의 아이를 낳는다. 생각만으로도 임신이 된다는 것이 이쪽 세계의 법칙이라니 따지지 말자. 어차피 꿈이다. 도망치려는 페르 귄트를 트롤들이 잡으러 온다. 김만중의 소설 「구운몽」에서 주인공 성진이 꾸는 꿈과 비슷하게 가려다가 뒤틀어진다. 여기서는 일장춘몽이 악몽으로 변한다.

배우와 분장술만으로 만들어낸 완벽한 판타지

이 꿈을 꾸는 장면에서 페터 차덱은 별도의 무대 장치 없이 판타지를 만들어간다. 절을 100번 해서라도 배우고 싶은, 기가 막히는 연출이다. 녹색 옷의 소녀가 총총거리며 갑자기 뛰어나와 녹색 언덕 위에서 재주를 넘으며 토끼처럼 뛰어놀면 페르 귄트가 그 뒤를 장난꾸러기 아이처럼 졸래졸래 따라다니면서 묻고 답하는 식으로, 마치 아이들이 집 자랑, 아버지 자랑 하는 분위기로 풀어간다. 그때 저 뒤에서 이들이 타고갈 거대한 돼지가 기어온다. 도살장에서 정육점으로 운반되다가 다시 살아나 도망쳐 나온 듯한 거대한 돼지가 나오는데 이게 또 기가 막힌다. 봉산탈춤의 사자탈처럼 플라스틱으로 만든 돼지 모형의 탈에 두 사람이 들어가서 무릎으로 기어오는데, 앞부분은 남자 배우지만 뒷부분은 여자 배우가 하반신 나체로 들어가서 엉덩이 부분이 그대로 노출된 돼지가 기어다닌다. 연기하는 배우 본인이야 얼굴이 보이지 않으니 신경 쓰지 않을지 몰라도 관객들은 괜스레 민망해진다. 돼지 위에 올라탄 페르 귄트와 트롤 공주가 진한 애정행각을 벌

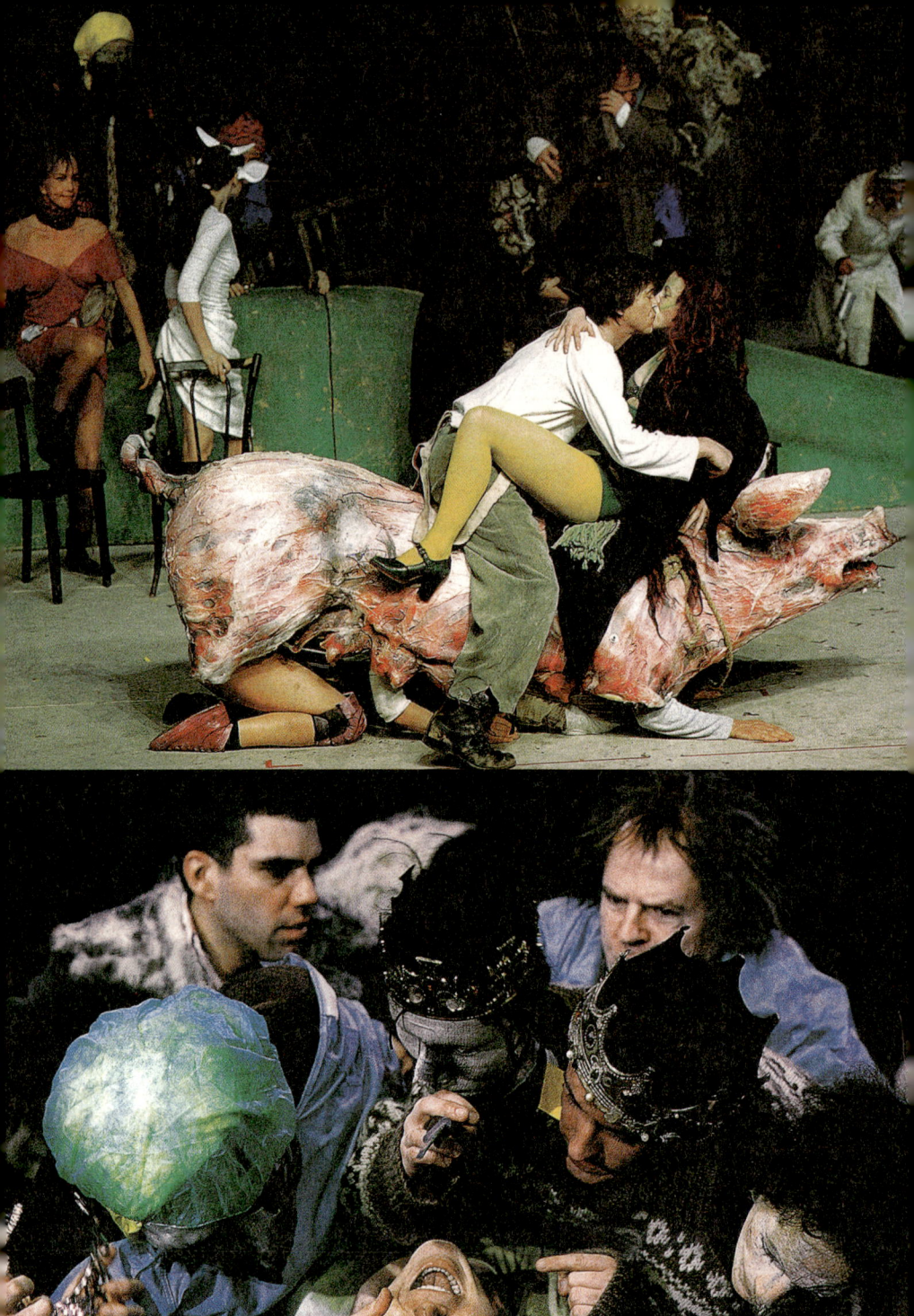

이는 동안 트롤과 온갖 괴물들로 분장한 배우들이 등장하여 혼돈스러운 무대가 펼쳐지는데, 이러한 혼돈 역시 철저한 코레오그래피에 의해 진행된다. 배우들이 등장하면서 의자를 하나씩 들고 오는데 이게 나중에 다 요긴하다. 돼지가 움직이는 동선도 그냥 가고 싶은 대로 가는 것이 아니라 모형 안의 두 배우가 호흡을 척척 맞춰 정해진 동선으로만 움직인다. 트롤 왕이 페르 귄트의 눈을 파내려는 장면에서는 트롤들이 그를 중심으로 모여 있어 페르 귄트가 마치 수술대에 묶여 있는 듯하다. 이 장면에서는 머리가 셋 달린 트롤 왕의 모습이 페르 귄트를 위에서 짓누르는 압도적인 혼란이 나타난다. 여기서 가까스로 탈출한 페르 귄트는 무대를 빠져나와 객석으로 탈출해 극장 내부를 한 바퀴 돌면서 도망다니고 트롤들은 그를 열 지어 쫓아오는 유쾌한 추격전이 벌어진다. 이럴 땐 관객들이 덩달아 신이 난다. 자신들이 연극의 일부라는 것을 바로 느껴서 그럴 게다.

이렇게 관객의 시선이 무대를 떠나 있는 동안, 무대에서는 트롤 공주의 해산을 준비한다. 페르 귄트가 무대로 다시 올라오는 순간에 맞추어 특유의 비명과 함께 트롤들이 아기를 받아낸다. 실제 아기 크기의 피투성이 인형이 페르 귄트에게 던져지는데 이를 받아든 페르 귄트의 황당한 표정이 압권이다. 그러고 나면 교회 종소리와 닭이 우는 소리가 나고 트롤들은 썰물 빠지듯 사라진다. 페터 차덱은 이런 장면에서 배우들과 분장술만으로 SF 영화보다 더 근사한 판타지를 만들어낸다.

자신을 괴롭히던 존재들이 사라지면 악몽에서 깨어나는 것이 보통인데 입센은 페르 귄트를 조금 더 재운다. 낌낌한 어둠 속에서 누군가 페르 귄트를 나뭇가지로 때린다. 놀란 페르 귄트는 민감하게 반응한다. "누구냐?" 그러자 어둠 속에서 목소리가 들린다. "나 자신이다." 목소리의 주인공은 페르 귄트의 길을 막고는 돌아가라 한다. 그러나 돌아가려 하는 페르 귄트는 또 길을 막힌다. "넌 누구냐?", "나 자신이야!" 이런 대화*는 정말 답답하다. 트롤들과의 싸움에서도 꿋꿋하게 버티던 페르 귄트는 이 어둠 속의 목소리에 극심한 공포를 느끼면서, 자신도 모르게 솔베이에게 구원을 요청한다. 그러자 멀리서 교회 종소리와 찬송가가 들려오면서 목소리가 사라진다. 이제 악몽에서 깨어나나 보다. 잠에서 깬 페르 귄트는 음식 바구니를 든 솔베이의 여동생 헬가를 발견한다. 솔베이는 수줍음 때문인지, 아니면 두려움 때문인지 오두막 뒤에 숨어 있다가 페르 귄트가 다가가려 하자 도망간다. 언니를 따라 도망가려는 헬가를 붙잡고 페르 귄트는 은단추를 뇌물로 건네주며 언니에게 잘 이야기해달라 한다. 여자를 꼬이려면 그 동생한테 잘해주어야 하는 법이다.

여기서 2막이 끝나는데, 이 부분이야 별도의 연출기법이 필요 없다. 조명 좀 조절해서 어둠 속의 대화를 이어나가다가, 종소리와 함께 조명이 밝아지면 소녀들을 등장시켜 각본대로 진행해나가면 된다. 페터 차덱, 여기선 거저먹고 간다. 다만 목소리와의 대화는 다분히 철학적이므로 관객들이 대화 내용에 집중하도록 분위기를 마련해야 한다.

---

* 이것은 입센이 성경의 내용을 패러디한 것이다. 출애굽기에서 모세가 호렙 산에서 하나님을 처음으로 만나는 장면이 있다. 불 붙은 나무떨기를 발견하고 다가선 모세에게 하나님은 이집트 땅에서 이스라엘 백성을 구하라고 한다. 그러자 모세는 "제가 이스라엘 사람들에게 가서 당신들의 조상들의 하나님이 나를 보냈다고 한다면 그들이 분명히 '그럼 그의 이름이 무어냐?'고 물을 텐데 뭐라 대답하오리까?" 하고 질문한다. 그러자 하나님은 이렇게 말한다. "나는 나 자신이다." '여호와'라고 하는 하나님의 이름이 여기에서 유래한다. '여호와' 또는 '야훼'라고 하는 히브리어는 알파벳으로 쓰면 YWHW이 된다. 그리고 영어로 I am이란 말도 히브리어로 YWHW라고 한다. 즉 "나 자신이다"라는 말에서 '야훼'라는 말이 나왔다. "나는 나다."라고 할 수 있는 자는 오직 신밖에 없다는 서양 철학의 존재론의 기본 명제도 모두 여기에서 시작된다.

꿈과 현실을 넘나들다

산으로 올라간 페르 귄트는 이제 산사람이 되기로 작정하고 아름드리 금강송을 쩍쩍 베어내 통나무집을 짓는다. 황제의 꿈을 통나무집에 담아 자신만의 세계를 만든다고 생각해주자. 그런데 또 사고가 터진다. 이번에는 페르 귄트가 아니라 솔베이다. 보따리 싸들고 컨트리스키 질질 끌면서 페르 귄트를 찾아온다. 사랑에 눈이 멀어 부모형제 다 버리고 가출한 것이다. 페르 귄트, 드디어 장미빛 인생이 열리나 보다. 꿈에 그리던 솔베이가 제 발로 찾아와서 같이 살겠다고 하니 온 세상이 내 것이나 진배없다. 마이크 뽑아 들고 노래 한 곡 뽑는다. '저 푸른 초원 위에 그림 같은 집을 짓고, 나는 좋아 나는 좋아 님과 함께면' 하면서 '나는 좋아'를 외치고 있는데 마이크 잭이 퍽 하고 뽑힌다. 웬 노파가 절름발이 소년의 손을 잡고 찾아온다. "할머니는 뉘신데 남의 마이크 잭을 뽑으시나요?" 자신을 몰라보겠느냐며 투덜대는 할머니. "당신 마누라요. 얘가 당신 아들이고." 마른 하늘에 날벼락이 떨어진다. '할망구가 노망이 들었나?' 하고 자세히 보니 많이 보던 얼굴이다. 트롤 공주가 순식간에 할머니가 되어서 찾아왔다. 할머니는 이 동네에 사는데 도망간 것은 그렇다 쳐도 젊은 년하고 사는 꼴은 죽어도 못 보겠단다. 매일 찾아와서 괴롭힐 테니 알아서 하라고 협박하고는 침 찍찍 갈기는 아들놈 손 잡고 내려간다.

아니, 그럼 그게 꿈이 아니었나 보다. 꿈과 현실을 넘나드는 연극이 바로 「페르 귄트」다. 그래서 작품이 발표되었을 당시에 많은 연출가들이 연극 무대에 올리는 것이 불가능하다고 손사래를 쳤었다. 그러나 일단은 시비 걸지 말고 입센이 원하는 대로 따라가보자. 너무 놀란 페르 귄트는 비록 꿈이지만 자신이 트롤 공주와 결혼하고 아이까지 낳았다는 사실에 솔베이에게 죄책감을 느낀다. 이런 죄책감에다 트롤들이 솔베이를 괴롭힐 것이라는 두려움이 더해져서 도망치려는 페르 귄트. 통나무집 안에서 눈 빠지게 기다리는 솔베이에게 혹시 오래 걸릴지도 모르니 인내심을 가지고 기다리라 하고는 산을 내려간다.

한편 산 밑, 페르 귄트의 본가는 거덜났다. 신부 납치 사건으로 형사소송은 물론 민사소송까지 걸어버린 잉그리드의 아버지가 승소한 것이다. 손해배상금으로 그나마 남아 있던 밭뙈기는 물론 가재도구며 살림살이 등 돈될 만한 것은 집달리가 죄다 압수해갔다. 그나마 무거워서 운반하기 힘든 것들은 다음에 가져가마 하면서 딱지를 더덕더덕 붙여놓았다. 손대면 감옥에 보낸다고 써 있으니 아무것도 못하고 그저 멍하니 앉아 있기만 하는 아제. 옆집 아줌마가 와서 위로해 보지만 위로가 될 리 없다. "페르 귄트, 이 바보 같은 놈 때문에 내가 죽는구나. 그래도 얼굴이라도 한번 보고 죽었으면 소원이 없겠다." 하며 넋두리를 하고 있는데, 이게 꿈인가 생시인가, 아들 페르 귄트가 떡하니 나타났다. 반가운 마음이야 이루 말할 수 없지만 걱정이 앞선다.

"너를 잡으려는 순사들이 사방에 쫙 깔렸는데 여길 왜 왔누! 어서 도망가거라, 페르 귄트." 이럴 때 진짜로 도망가는 아들놈은 없다. 대개 시간을 질질 끌다가 결국 잡히거나 아슬아슬하게 빠져나간다. 여기서도 그대로 있는 아들을 어머니는 눈물을 글썽이며 안아보고 얼굴도 더듬어본다. 그리고 어머니가 얼마 살지 못하리란 것을 느낀 페르 귄트는 어머니의 마지막 순간을 지켜보기로 한다. 어린 시절 어머니와 함께 썰매 타던 일을 회상하면서 어머니를 모시고 달의 서쪽이자 태양의 동쪽에 있는 소리아모리아성*으로 간다. 고양이가 앉아 있는 의자에 줄을 묶고 아제가 누워 있는 침대 앞에 앉아 마부가 되어서 막대기를 채찍 삼아 휘두르면서 이랴 하면서 달려간다. 피오르 해안도 넘고, 언덕 위에서 속삭이는 전나무숲도 지나 성이 보이니 성 베드로가 마중 나온다. 성에는 목사의 아내가 커피와 케이크를 준비하고 있단다. 근사한 파티에 초대받은 어머니 아제는 들떠 있다. 하지만 기나긴 여행에 지쳐서 잠시 눈을 붙이겠다던 아제는 아주 눈을 감아 버린다. 어머니가 이미 세상을 떠난 줄 모르는 페르 귄트는 자신의 상상력을 마지막 선물로 펼친다.

여기 페르 귄트와 그의 모친이 왔다! 뭐라고요, 성 베드로 님? 엄마는 들어갈 수가 없다고요? 이런 훌륭한 분을 찾으려면 당신은 어지간히 고생을 해야 할 텐데. 제 얘기는 굳이 하지 않겠습니다. 문간에서 되돌아가도 좋습니다. 하지만 들여보내 주신다면 정말 감사하겠습니다. 혹여 들여보내 주지 않는다고 해도 불만 없이 떠나겠습니다. 악마가 설교단에 선 것처럼 지금까지 저는 수많은 거짓말을 지어냈습니다. 엄마를 암탉이라고도 불렀습니다. 꼬꼬댁, 투덜투덜 잔소리를 했기 때문이죠. 하지만 제 어머니에게는 경의를 표하고 공손하게 대접해 주십시오. 마을에서 어머니만큼 훌륭한 사람은 지금까지 아무도 없었습니다. 아, 여기 제 아버지 신이 나타나셨습니다. 성 베드로 님 어떻습니까! (의젓한 목소리로) '거만한 관리 흉내는 그만해요. 아제 모친을 우선 모시도록!' (소리 높이 웃으면서 모친 쪽을 바라본다.) 자, 내가 말한 대로죠? 그들의 태도가 완전히 달라졌어요. (불안해하며) 왜 흐릿한 눈으로 바라보는 거죠? 엄마! 정

* 노르웨이 사람이라면 백설 공주 이야기는 몰라도 소리아모리아 성 이야기는 다 안다. 그만큼 유명한 전래동화이다. 이 이야기를 살펴보면 입센이 왜, 그리고 어떻게 페르 귄트라는 캐릭터를 만들어냈는지 이해된다. 간단히 줄거리만 보면 이러하다. 어느 가난한 부부에게 할보르라는, 빈둥대기만 하는 아들이 있었다. 어느 날 할보르는 배를 타고 바다에 나갔다가 풍랑을 만나 낯선 곳에 표류한다. 그곳에서 성을 발견하고 들어갔다가 트롤에게 붙잡혀 있던 공주 세 자매를 차례로 구해내고는 막내 공주와 결혼을 약속하게 된다. 그러나 결혼식 전에 부모님을 만나러 갔던 할보르는 자신들의 존재를 알리지 말라는 공주들의 당부를 어기게 되고 공주들은 소리아모리아 성으로 떠나버린다. 우여곡절 끝에 소리아모리아 성을 찾아간 할보르는 공주와 결혼해서 행복하게 살았다.

137

신 차리세요! (머리 쪽으로 가서) 그런 눈을 하지 마세요. 말을 해봐요. 엄마, 페르예요! (살며시 그녀의 이마와 손을 만져본다. 그러고는 고삐를 의자 위에 던지며 낮은 목소리로 말한다.) 그래요, 이제 그만 쉬세요. 우리의 여행은 끝났어. (그녀의 눈을 감겨주며 허리를 굽힌다.) 오랫동안 저를 꾸짖어주고 자장가를 불러줘서 고마워요. 하지만 엄마도 지금 내게 인사를 해줘요. (볼을 그녀의 입에 갖다 댄다.) 이것은 여기까지 온 것에 대한 감사의 표시예요.

이런 슬픈 장면이 끝나면 옆집 아줌마 카리가 방문한다. 어머니의 장례를 치를 수 없는 페르 귄트는 카리에게 어머니를 양지바른 곳에 묻어줄 것을 부탁하면서 다시 배 타고 멀리 멀리 도망간다. 이게 3막의 전체 내용이다.

연극임을 상기해도 흘러나오는 눈물

페터 차덱은 오두막집 짓는 장면을 2막에서 트롤 역의 배우들이 들고 왔다가 남겨놓은 의자와 양동이 들을 녹색 언덕 위에 차곡차곡 쌓아올리는 것으로 처리한다. 다음 장에서 아제와 카리가 대화를 나누는 동안에도 페르 귄트는 보이지 않는 사람이 되어 계속 의자들을 쌓아올려서 3장의 솔베이의 방문 시점까지 타이밍을 정확히 맞춘다. 솔베이와의 대화에서는 둘이서 신혼살림을 장만하는 부부처럼 쌓인 의자들을 닦고 털고 하는 것으로 새로운 출발을 나타낸다. 이러는 사이 어머니 아제는 무대 전면에 남아서 그대로 바느질을 한다. 장이 전환되지만 인물들의 공간적인 이동은 없다. 그래도 그게 무슨 의미인지 관객들은 다 안다. 이런 게 연극이다. 페르 귄트가 가짜 썰매를 끌고 성의 파티에 초대되어 가는 장면에서는 페르 귄트가

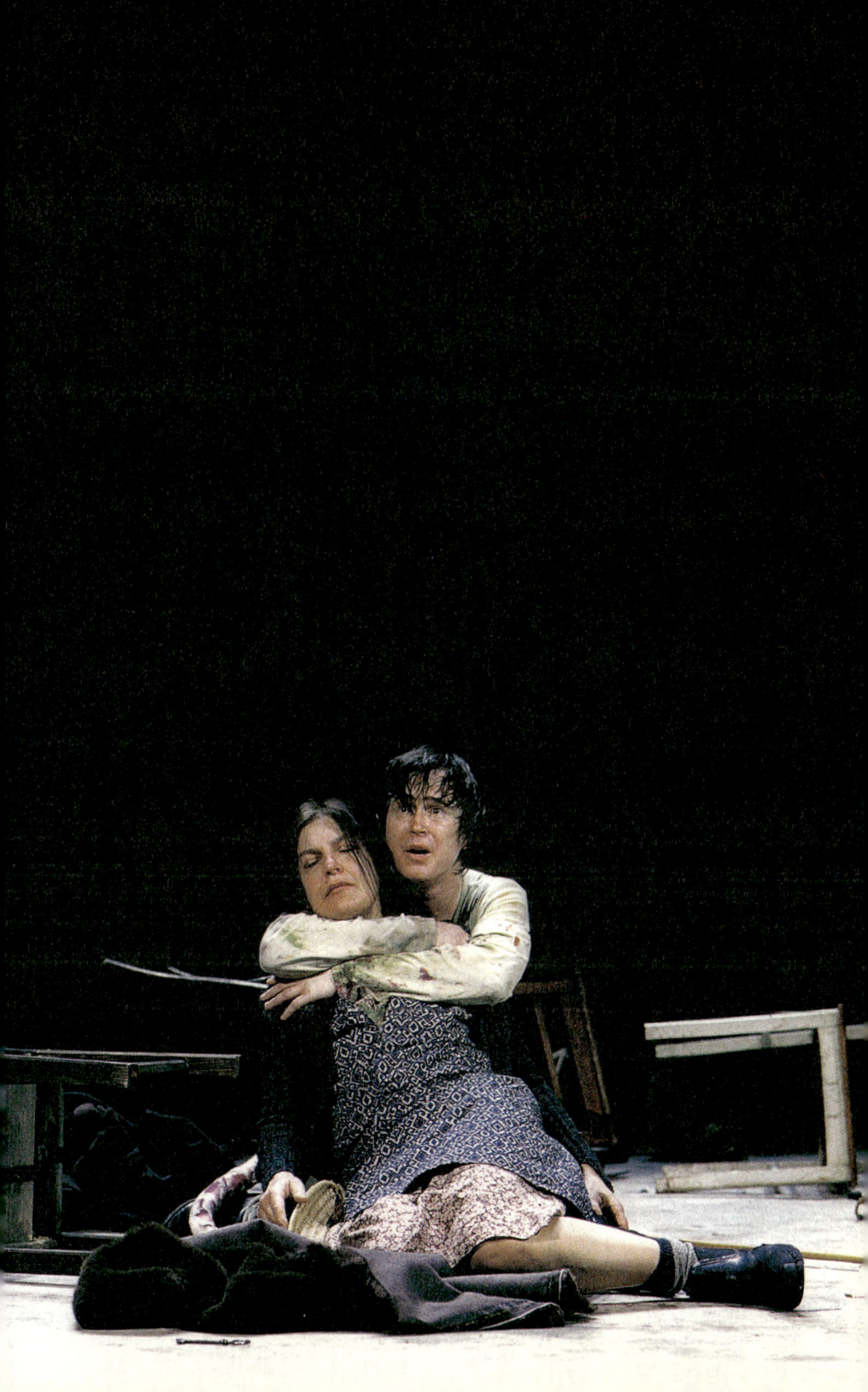

어머니 아제를 어깨에 둘러메고 이리저리 움직이면서 대사를 친다. 그리고 어머니의 죽음을 확인할 때는 어깨에서 내리는 것으로 처리된다. 페르 귄트가 어머니의 눈을 감기는 장면에서 나는 마침내 울고 말았다. 아무리 이게 연극임을 상기해도 흘러나오는 눈물을 막을 도리가 없다. 그저 명연기에 대한 답장이라 생각하자. 장장 2시간에 걸쳐 전반부가 진행되었으니 배우도, 관객도 휴식이 필요할 때다.

잠시 숨을 돌리는 차원에서 어머니 아제를 연기한 배우를 소개하겠다. 앙겔라 빙클러Angela Winkler라는 이름의 배우이다. 영화를 좋아하는 분들은 귄터 그라스의 소설을 영화로 만든 「양철북」을 기억하실지 모르겠다. 독일과 프랑스가 합작해서 만든 영화인데 1979년 작품이니 대략 30년 전에 만든 영화다. 거기에서 성장을 거부하는 소년 오스카의 어머니로 나와서 생선을 날로 계속 먹어대는 명연기를 선보인 배우가 바로 이 앙겔라 빙클러이다. 30년이 지났어도 그녀의 얼굴은 별로 변한 것 같지 않다. 이런 배우들이 여기 베를리너앙상블에는 몇 두름이나 즐비하다.

연극은 정확한 타자기처럼

이야기에 속도를 좀 내겠다. 밀항선을 타고 떠난 페르 귄트. 대개 큰 뜻을 품고 고향을 떠난 인물들은 타지에서 성공을 거두는데 그 역시 거상의 모습으로 중년을 맞이한다. 모로코의 해변에서 동료 사업가들과 함께 파티를 벌이는 페르 귄트. 커다란 배도 있어서 모든 재산을 배에 싣고 다닌다. 배가 자신의 성인 셈이다. 페르 귄트가 어찌 돈을 모았을까? 노예 상인, 불상이나 성화 밀수, 선교사를 이용한 암거래 등등 돈 되는 사업은 다 해봤다.

터키에서 그리스인들이 봉기를 일으키자 이때다 하고 무기 사업에도 뛰어든다. 그런데 페르 귄트는 같은 기독교인이 아닌, '이교도'인 터키를 지원하겠다고 한다. 강자에게 투자해야 이익이 많이 남는 법이라는 것을 잘 알기에. 이에 기독교인들인 프랑스, 미국, 독일, 네덜란드 출신의 사업가들이 분노하여 페르 귄트의 전 재산이 들어 있는 배를 빼앗아 달아난다. 분노와 좌절감에 멀어져가는 배를 보고 있던 페르 귄트는 배가 갑자기 가라앉는 것을 보고 신에게 감사한다. 돈은 사라지고 목숨만 남았다.

　사막에 홀로 남은 페르 귄트는 사자의 습격을 피하기 위해 나무에 올라갔다가 원숭이들의 공격을 받고 내려왔는데 그러다가 도둑들이 숨겨놓은, 모로코 황제의 말과 옷이며 보물들을 발견한다. 그 덕분에 이슬람의 예언자로 모셔지고 아랍 족장의 캠프에서 추장의 딸인 아니트라를 만나서 사랑에 빠지지만 영악한 아니트라는 보물만 챙긴 뒤 페르 귄트를 떠난다. 이 춘풍이 평양 기생 추월이에게 털리듯 톡톡 다 털린 것이다. 다시 몸뚱이만 남은 페르 귄트, 이번에는 학계를 기웃거린다. 역사학자로 인생에 무언가 남기겠다는 각오를 하고 고대문명들을 찾아 나서겠단다. (이때 저 멀리 노르웨이의 산속에서 솔베이는 하염없이 「난 당신을 기다릴 테요」만 구슬피 노래부르고 있다.) 북아프리카에서 가장 가까운 고대문명은 역시 이집트이다. 페르 귄트는 기자의 피라미드를 방문하는데 스핑크스에서 한 사람을 만나 그의 최대 숙제인 스핑크스의 정체를 밝혀준다. 스핑크스는 스핑크스 그 자신이다. 나는 나 자신이고, 너는 너 자신이다. 정말 심오한 인생의 수수께끼에 해답을 준 페르 귄트에게 이 사람은 카이로로 가서 자신들의 황제가 되어달라고 한다. 그런데 황제로 추대되어 간 곳은 다름 아닌 정신병동. 기가 막힌 페르 귄트 앞에서 이들은 목을 매거나 칼로 목을 그어서 죽는다. 페르 귄트는 드디어 신에게 도와달라 기도를 하지만, 그들은 황제 페르 귄트에게 지푸라기 왕관을 씌워주며 이렇게 외친다. 황제 그 자신 만세!

페터 차덱은 4막을 한 번에 묶어버렸다. 그리고 전반부와 달리 후반부에서 아날로그적인 무대 미술을 사용한다. 모로코의 바다와 배를, 크레용으로 그린 동화책 그림처럼 천에다 그려서 뒤에 걸어두었다. 배가 추락하는 장면에서는 이런 엉성한 배에서 검은 연기가 나오고 가라앉는다. 한참을 웃었다. 이태리제 양복을 빼입은 페르 귄트는 철컥철컥 빠르게 돌아가는 슬라이드쇼처럼 4막을 원맨쇼로 진행한다. 장이 바뀌어도 분장실로 들어가지 않고 그대로 무대에서 대사를 하면서 옷을 갈아입는다. 세트들도 그냥 있는 곳에서 응용한다. 점심 만찬을 하던 긴 테이블을 세로로 세워 사자를 피해 나무에 올라가는 장면을 연출하고, 원숭이 역의 배우들은 페르 귄트의 얼굴에 오물을 던지거나 오줌을 갈긴다. 아니트라가 말을 타고 도망가는 장면에서는 신문지를 덕지덕지 붙인 말 모형에 두 명의 배우가 들어가서 말을 연기하면서 또 다른 볼거리를 제공해준다. 정신병동에서 누군가 자신은 잉크가 필요한 펜이라며 스스로 칼로 목을 그어 죽는 장면에서는 피가 팍 튄다. 칼에 장치를 했을 것이다. 페르 귄트의 변신이 워낙 많은 4막인지라 자칫하면 시간 소모가 많을 수 있는데, 스피디하면서도 정확한 타자기처럼 쉼 없이 타타타 타타타 진행된다. 페르 귄트 역을 맡은 배우, 우베 봄Uwe Bohm의 정력적인 연기 덕분이다.

배우란 얼마나 고된 일인가

놀다 지치면 집에 가서 쉬고 싶은 법이다. 페르 귄트도 어느새 노인이 되어버렸다. 나이를 먹을수록 시간은 더 빨리 지나가는 법이다. 수구초심이라

했다. 노인 페르 귄트는 고향을 찾아온다. 노르웨이가 섬인지라 떠날 때도 배로 떠나고 돌아올 때도 배로 돌아온다. 페르 귄트는 한 재산 모아서 돌아오는데 이게 또 웬 날벼락인지 배가 난파한다. 판자 조각에 매달려 간신히 목숨만 구한다. 알거지가 되어 고향의 해변에 도착한 페르 귄트는 집으로 가는 길에 장례식도 목격하고, 자신이 젊은 날 소유했던 물건들이 경매로 팔리는 것도 목격한다. 이렇게 되면 지나온 삶이 말 그대로 주마등처럼 스쳐 지나간다.

페르 귄트가 회상에 잠겨 있는데 멀리서 솔베이의 노랫소리가 들린다. 그러다가 인간의 영혼을 심판하는 인물인 '단추 만드는 사람'(적당한 번역어가 없다. 금속을 녹여서 틀에 넣고 단추를 찍어내는 사람인데 단추를 녹이는 커다란 국자를 들고 다닌다.)을 마주친다. 그는 대뜸 페르 귄트를 녹여서 단추를 만들어야 한다고 한다. 물론 전혀 논리적이지 않다. 입센은 후에 이 부분은 무대에서 연출이 불가능할 것이라고 말했다. 기겁을 하는 페르 귄트에게 그는 국자에서 녹고 싶지 않으면 페르 귄트가 페르 귄트 그 자신임을 증명하라 한다. "나는 나 자신이다."를 평생 입에 달고 살아온 페르 귄트는 증인을 데려오겠다고 한다. 그러곤 거지가 되어 구걸을 하는 트롤 왕을 만나 증인이 되어줄 것을 부탁하지만 거절당한다. 다시 나타난 '단추 만드는 사람'은 페르 귄트가 죄인임을 증명하는 서류를 가져오면 구원받을 수 있다고 한다. 그러자 페르 귄트는 목사를 찾아가 그동안 지은 죄를 다 이야기한다. 그러나 목사는 그 정도는 죄도 아니라며 회개시킬 수 있다고 한다. 절망에 빠진 페르 귄트. 삶이 부실없었으며, 결국 사신은 아무것도 아니었음을 이해한다. 이때 솔베이의 노래가 들려오고 페르 귄트는 그제서야 솔베이가 통나무집에서 자신을 기다리는 것이 생각난다. 오, 솔베이! 그녀에게 달려가지만, 운명은 그리 만만치 않다. 페르 귄트를 기다리는 동안 눈이 멀어버린 솔베이는 그를 볼 수가 없다. 그러나 솔베이는 페르 귄트의 얼굴을 감싸며 신에게 감사한다. 페르 귄트는 솔베이에게 자신이 얼마나 죄가 많은 놈인지 말해달라 한다. 그러나 천사 같은 솔베이는 그는 죄가 없으며, 비록 몸은 멀리 있었어도 "당신은 항시 내 믿음 속에, 내 희망 속에, 그리고 내 사랑 속에 있어왔다."고 하면서 페르 귄트를 감싼다. 결국 죄를 증명하지 못한 페르 귄트는 솔베이의 품에서 자장가를 들으면서 잠이 든다.

이게 마지막 5막이다. 페터 차덱은 마지막까지 다른 무대 가구들을 거부한다. 바닥에 널려 있던 의자들을 모은 뒤 자전거 바퀴 하나만 추가하여 배우들을 이용한 코레오그래피로 배를 만든다. 심지어 파도까지 배우들로 만든다. 흰옷을 입은 배우들이 바닥을 좌우로 구르면서 입으로는 피유, 피유 하는 소리를 내는 것으로 자신들이 파도임을 알린다. 장장 15분 이상 객석 바로 앞의 무대에서 '좌로 굴러 우로 굴러'를 하는데 폭풍이 몰아치는 장면에서는 정말 심하게 구른다. 그것도 다른 배우들과 동작과 호흡을 맞춰서. 군대에서 굴러본 사람들은 이게 얼마나 힘든지 안다. 장례식 장면이나 경매 장면에서도 역시 모든 배우들이 나와서 군중 역할을 한다. 묘지에서는 침울한 모습으로 각자의 자리를 지키고, 도시 장면에서는 고독한 도시인들의 모습으로 잘 짜인 코레오그래피에 맞추어 정말 고독하게 우왕좌왕한다. 페르 귄트가 양파를 우걱우걱 씹어 먹는 장면에서는 사과를 먹는 줄 착각했는데 양파 냄새가 객석까지 풍겨온다. 진짜 양파를 날로 먹는 것이다. 나도 눈물이 날 지경이었으니 배우란 얼마나 고된 일인가.

거지가 된 트롤 왕을 만나는 장면에서는 배경의 건물에 있는 창문의 불이 여기저기서 켜졌다 커졌다 하는데, 이것 역시 마분지로 만든 평면의 건물 창을 여러 개 뚫어놓고, 무대 뒤에서 사람이 전구로 창을 여기저기 비춰 가면서 아날로그로 진행한다. 프로젝터나 디지털 장비를 사용하는 것이 아니다. 입센조차 무대 연출이 불가능할 것이라고 했던, '단추 만드는 사람'이 들고 다니는 커다란 국자도 어떻게 연출될지 궁금했는데 페터 차덱은 역시 그만의 발상으로 처리했다. 그냥 밥 먹는 숟가락 하나로. 물론 배우의 연기력에 힘입어서다. 이런 정도이니 마무리는 그리 어렵지 않다. 지칠 대로 지친 페르 귄트에게 솔베이는 노래를 불러주고 조명이 어두워진다. 솔베이 역의 아네트 레네베르크Annett Renneberg는 그리그가 작곡한 노래들을 슬픔을 가득 담아 모두 부른다. 솔베이의 노래를, 이렇게 현장에서 듣는 것이 처음인지라 감동은 배로 다가온다.

자, 이제 연극은 끝났다. 그들은 시간의 신 사투르누스를 무대 저편 구석에 봉인해놓은 걸까? 장장 4시간이 소요되었지만, 어느 누구도 시간의 흐름을 알 수 없었다. 배우들이 나와서 인사하자 관객들은 일제히 일어난다. 스탠딩 오베이션standing ovation!* 커튼콜이 이어진다. 배우들도 대단하지만 관객들도 대단하다. 이제 끝났겠거니 하고 대기실에서 물을 마시던 우베 봄은 박수가 끊이지 않자 물병을 팽개치고 또 뛰어나온다. 정확히 45분 동안 커튼콜이 이어졌다.

입센을 사로잡은 키르케고르

「페르 귄트」에는 숨어 있는 이야기가 몇 가지 있다. 이를 모르면 「페르 귄드」를 초현실주의적인 연극으로 오해할 소지가 있다. 입센 히면 리얼리즘 연극의 대명사인데 리얼리즘을 넘어선 초현실주의가 벌써 나오면 되겠는

* 기립박수

가. 이 연극의 초판은 1867년에 출판된다. 입센의 초기작이다. 당시의 무대 장치나 기술의 한계에도 불구하고 입센은 이런 시공을 초월한 작품을 쓴다. 공연 안 되어도 상관없다 하고 쓴 것이다. 초월하는 것은 시공뿐이 아니다. 의식과 무의식도 넘나든다. 등장하는 인물의 수도 엄청나다. 기본 배역만 40여 개가 넘는다.

당시 입센의 정신 세계를 사로잡고 있던 사람이 있었다. 「죽음에 이르는 병」을 쓴 덴마크의 철학자 키르케고르다. 특히 「페르 귄트」는 의식적으로 키르케고르의 사상을 담으려 한 작품이다. 그래서 작품 내내 "나는 누구인가?"라는 물음과 "나는 나 자신이다."라는 답이 쉴 새 없이 반복된다. 물론 페터 차덱의 연출에서는 이와 관련된 많은 부분이 생략되었다. 자칫하면 지루하게 흐를 수 있는 부분들이기에 몇 부분만 빼내어서 부조리극의 느낌으로 돌려서 연출되었다. 입센은 이 작품에서 키르케고르의 실존주의를 보여주는 대표작이라 할 「이것이냐/저것이냐」의 영향을 가장 많이 받았는데 이 책을 연극으로 만들었다고 보아도 좋을 정도이다. 이 책은 '인간은 어찌 살 것인가?'라는 거대한 질문부터 표현의 자유 대 생각의 자유, 움직일 수 없는 체스의 말 같은 형이상학적 이야기, 첫사랑에 대한 개념 등 여러 철학 체계를 미학과 윤리적 존재를 통해 다룬다.

집으로 오는 길에 하늘을 보니 별들이 신비롭게 떠 있다. 오늘 공연장에서 본 배우들의 반짝거리는 눈망울들이 저 하늘에서 나를 내려다본다. 온통 마법으로 꽉 찬 밤이다. 오늘 그들과 관객들이 흘린 눈물방울들이 저 하늘에서 툭툭 떨어지고 있음을 그 누가 알리오.

오, 내 사랑하는 연극이여!

거장 페터 차덱의 죽음 페터 차덱을 다시는 만날 수 없게 되었다. 내가 베를린에 있을 때만 해도 왕성하게 작품들을 무대에 올리고 있어서 건강이 좋지 않으리라곤 생각하지 못했다. 내가 「페르 귄트」를 본 2007년 당시 80세였는데 아직도 60대로 보이던 그였기에 2009년 여름에 사망했다는 소식을 듣고 정말 놀랐다.

1926년 베를린의 유태인 가정에서 태어난 차덱은 히틀러가 권력을 잡은 후인 1934년에 런던으로 이민 가서 올드빅 극단에서 연극을 공부한 후 런던에서 계속 연출자로 활동했다. 1950년대 후반에는 장 주네의 작품들을 연출했는데, 이때 큰 소동이 벌어진다. 연극 「발코니Le Balcon」가 페터 차덱의 연출로 세계 초연 무대에 올랐는데, 자신의 연극을 완전히 망가트렸다고 판단한 장 주네가 연출자를 쏘아 죽이려고 총을 들고 나타난 것이다. 물론 주위의 반대로 무산되었고 차덱은 무사히 살아서 이후 세계 최고의 연출자로 명성을 날릴 수 있었다. 얼마나 연극을 망가뜨렸기에 그랬을까 궁금하다. 가끔씩 연극을 망가뜨리는 젊은 연출자 분들은 너무 상심하지 마시라. 대가에게도 이런 시절이 있었다.

차덱은 1958년에 독일로 돌아와서 말 그대로 왕성한 활동을 한다. 통일이 된 후에는 서독 연극계를 대표해서 베를리너앙상블의 공동연출시스템에 참여한다. 그가 연출한 연극들은 수없이 많지만, 이 「페르 귄트」를 본 사람들은 아직도 그 충격을 잊지 않고 있다. 나 역시 그날의 공연이 아니었으면 페터 차덱을 그저 사라진 연출가 정도로 기억하고 있었을 것이다. 부디 저세상에서도 연극을 굽어살피시기를…….

체호프 作 「벚꽃 동산」은 도이체스테아터에서 2006년 3월 25일에 초연했다. 바르바라 프라이Barbara Frey가 연출을, 롤란트 코베르크Roland Koberg가 드라마트루기를 맡았고 주요 배우들은 다음과 같다. Dagmar Manzel:Ljubow Ranewskaja, Meike Droste:Anja, Inka Friedrich:Warja, Dieter Mann:Gajew, Ulrich Matthes:Lopachin, Frank Seppeler:Trofimow

08

사라지는 것은 체리 나무뿐 「벚꽃 동산」

피르스: (문에 다가가서 손잡이를 만져본다.) 잠겼군. 다들 떠났어…….

(소파에 앉는다.) 나를 잊었군…….

괜찮아…….

여기에 좀 앉아야겠어…….

나리는 떠날 때 털외투가 아니라 얇은 외투를 입었을지도 몰라…….

(걱정스러운 듯 한숨을 내쉰다.) 보살펴주었어야 하는데…….

젊은 사람이라 어쩔 수 없다니까!

(알아들을 수 없는 말을 웅얼거린다.) 살긴 살았지만, 도무지 산 것 같지 않아…….

(눕는다.) 좀 누워야겠어…….

기운이 하나도 없군, 아무것도 남은 게 없어, 아무것도…….

에이, 바보 같으니……!

(미동도 없이 누워 있다.)

—체호프의 「벚꽃 동산」 중에서

어제는 수업을 듣는데 어디선가 코릿한 냄새가 났다. 올가가 토마스의 발을 가리켰다. 토마스가 신발을 벗고 맨발을 턱 내어놓고 있는데 여자들이 코를 막고 고개를 절레절레 흔든다. 하지만 아무도 대놓고 이야기 못하고 있다. 며칠 동안 교실을 휘감던 냄새의 정체가 저놈이었다니, 한마디 했다. "토마스! 너 신발을 신으면 안 될까? 네 발 냄새 정말 지독하다. 사람 좀 살자. 날씨도 더워지는데 너 정말 이럴래?" 토마스가 얼굴을 붉히고는 미안하다고 하면서 신발을 신는다. 신발을 신자 정말 신기하게도 냄새가 사라졌다. 쉬는 시간에 아이들이 전부 나에게 고맙다고 한다. 토마스에게는 약간 미안하지만 다른 방법은 없었다. 나 아니면 그렇게 대놓고 이야기할 사람이 없으니까.

오늘 토마스의 발을 보니 운동화에 양말까지 단정히 신고 나왔다. 그냥 넘어가면 더 이상할 것 같아 "고마워, 토마스. 이제 우리는 살았다. 신에게, 아니 토마스에게 모두 감사를……." 하는 말로 어색할 수 있는 분위기를 넘긴다.

땅을 둘러싸고 벌어지는 이야기

땅 이야기를 좀 해보자. 사람이 땅을 떠나 산다는 건 상상도 할 수 없다. 땅은 인간을 먹여 살리는 기반이며, 인간을 포함한 모든 생물이 죽으면 돌아가는 신성한 곳이기도 하다. 땅은 자연이 인간에게 준 선물이다. 그런데 언제부터인가 우리는 이 선물을 가지고 장난을 치고 있다. 땅에 주인이 어디 있겠는가? 땅에 경계가 원래 있었을 리 없다. 그저 서로 잘살자고 하는 시스템을 꾸미다 보니 이 지경까지 온 것일지도 모른다. 이제 우리는 땅을 소중한 먹거리를 제공하는 선물로 생각하지 않는다. 땅에 자본이라는 마술을 걸어놓고는 자기들 마음대로 땅의 가치를 늘렸다 줄였다 한다. 그 가치는 땅의 크기가 아닌, 땅 소유주의 힘의 크기에 따라 좌우된다. 농민이 가지고 있으면 평당 100원인 땅이 재벌이 소유하게 되면 평당 100만 원으로 무려 만 배나 뛰어버리는, 눈으로 보고도 믿지 못할 마술 쇼가 벌어지는 것이다. 부동산업자들에게 원망 들을 이야기를 이렇게 꺼내는 것은 오늘 볼 연극이 바로 이 땅을 둘러싸고 벌어지는 이야기이기 때문이다. 안톤 체호프Anton Chekhov의 「벚꽃 동산」이라는 연극이다.

누가 처음에 이렇게 번역했는지는 몰라도 「벚꽃 동산」이라는 제목이 썩 마음에 들지 않는다. 당시에는 이 단어의 느낌이 와닿았겠지만, 요즘 감각으로는 '체리 과수원'이 더 적합할 것 같다. 또 연극에 등장하는 체리 나무들은 원래 벚꽃놀이를 위해서가 아니라 체리를 수확하여 시장에 내다 팔 목적으로 심은 것이기에 과수원이 맞는 제목인 것 같다. 하지만 이미 한국에서는 다들 「벚꽃 동산」이라는 제목으로 인식하기에 어쩔 수 없다.

체호프의 희곡들은 과장이 없다. 사실주의를 표방하는 작가인지라, 연극의 배경에 당시 사회 분위기를 그대로 담는다. 이 작품도 1903년에 탈고

하여 1904년에 모스크바 예술극장에서 초연하였는지라 당시 러시아의 분위기를 알지 못하면 이 연극을 이해할 수가 없다. 체호프뿐만 아니라 사실주의 작품들은 대개 당시 사회상을 알아야만 이해가 가능하다. 그걸 모르면 희곡을 읽거나 연극을 볼 때 지루한 감이 있는데, 특히나 체호프의 작품은 영웅은 고사하고 특별히 튀는 주인공도 눈에 띄지 않아서 더욱 그렇다. 그러면 「벚꽃 동산」이 쓰일 당시의 러시아는 어떤 상황이었을까?

세금에 허덕이는 농노와 허울뿐인 귀족들

19세기 초기의 서유럽은 이미 산업혁명과 프랑스혁명을 거쳐 산업사회와 부르주아 계층들이 확고히 형성되어 있었지만, 러시아는 사정이 좀 다르게 진행된다. 경제기반이 농업에 의존해 있는 터라 봉건제도가 여전히 유지되고 귀족들이 이 영토를 소유하고 있었다. 당시 농민들은 대부분 자유인보다 농노가 많았다. 기후가 온화한 러시아 남부의 농노들은 보통 1주일에 3일 이상 지주의 땅을 경작하지만, 각박한 북부에서는 지주와 농노 사이에 오브록obrok이라고 하는 일종의 '면역세' 계약이 맺어졌다. 부역을 할 조건이 되지 않으므로 그 노동력만큼을 현금으로 매년 지주에게 지불하는 것인데, 대부분의 농노들은 이 돈을 벌기 위해 도시의 공장이나 상점에서 일할 수밖에 없었다. 지금의 상식으로 생각하면 기가 막힌다. 그저 농노라는 신분 때문에 열심히 일해서 귀족에게 갖다바치는 어처구니없는 일이라니. 하지만 당시에는 이런 일들이 당연하다고 여겨졌나 보다. 기록에 의하면 1855년에 러시아 농노의 1/4이 면역세를 지불했다고 하니 그 수가 장난이 아니다.

그런데 공업이 발전하면서 문제가 생긴다. 농노를 고용하는 공장주는 이 농노들을 자유 노동자로 전환시켜야 공장이 잘 돌아간다는 것을 인식하게 된다. 거기에 갈수록 토지 관리도 제멋대로 되니 농업이 망가지는데 그 탓에 토지를 기반으로 부를 가지고 있던 귀족들은 점차 재산이 줄어든다. 하지만 귀족이 달리 귀족인가. 양주 마시던 놈들이 돈 없다고 갑자기 소주를 마시진 않는다. 죽어나는 건 자신들은 소주 마시면서 주인의 양주값 벌어다 줘야 하는 농노들이다. 상황이 이렇게 되면 폭동이 일어날 수밖에 없다. 여기저기서 심심치 않게 농노들이 들고일어난다. 당시 러시아 황제였던 알렉산드르 2세는 보수적인 인물이었지만 사정이 이쯤 되면 바보가 아닌 이상 무슨 조치를 취해야 살아남는다는 것을 안다. 특단의 조치로 1861년에 농노를 해방한다. 이제 노예제도에 의존했던 경제 시스템이 완전히 무너져버린다. 정부는 지주와 정부 소유의 땅들을 농민들에게 분배한다. 마을 공동체를 조직해서 땅을 소유하게 하고 이 공동체가 땅을 분배하는데 일정 기간이 되면 재분배하는 방식으로 진행된다. 이때 정부는 기존의 지주들로부터 땅을 사들이고 농민들은 분배받은 땅값을 49년에 걸쳐서 할부 상환하면 된다.

이론상으로는 아무 문제가 없어 보이는 정책이다. 농민들이 지주의 지배에서 벗어나 자유롭게 자신의 농토를 경작해서 사는 세상이 온 것이다. 그러나 책상에서 짜는 이론이 이렇게 다 잘 맞으면 무슨 걱정이 있겠는가? 현실과 이론은 차이가 나도 너무 많이 났다. 농사를 지어 수확을 올릴 수 있는 알짜배기 땅은 실제로 농민들에게 돌아가지 않았던 것이다. 오히려 농민들은 전에는 지주들이 부담했던 세금에 토지상환금까지 떠맡아 더 큰 부담을 안게 되었다. 그렇다고 지주들이었던 귀족 계급이 이득을 좀 보셨는가 하면 그렇지도 못하다. 농장 경영도 제대로 못하고 돈만 써대던 귀족들은 은행에 땅을 저당 잡히고 막대한 금액의 품위유지비를 빌려서 쓰고 있었다. 이렇게 저당 잡힌 토지들을 정부가 헐값에 사들여서 새로운 시스템을 유지하려 했던 것이다. 그러니 무늬만 귀족인 사람들이 속출하게 된다. 러시아 정부는 재개발이나 뉴타운 건설도 없이 땅을 챙기는 마술을 부린 것이다. 그리고 이 마술의 트릭을 눈치챈 부르주아 계층들이 땅을 챙기면서 시스템은 변형되어 간다.

이렇게 되자 러시아에는 혁명을 꿈꾸는 자들이 등장한다. 한국의 1980년대에 대학생들이 했던 것처럼 농활에 참여하여 농촌계몽운동을 하는 이들이 있는가 하면, 황제를 암살하여 단칼에 세상을 바꾸려는 이들도 나온다. 결국 1881년에 알렉산드르 2세가 암살된다. 이런 분위기에서 계급투쟁과 자본주의의 몰락을 믿는, 레닌을 포함한 마르크스주의자들이 서서히 전면에 등장하게 된다.

「벚꽃 동산」은 코미디일까, 비극일까

체호프의 「벚꽃 동산」은 바로 이런 시기에 대두되는 여러 계급의 사람들이 등장하여 펼치는 연극이다. 당시 사회를 액면 그대로 보여주려 하다 보니, 등장인물 중 딱히 누가 주인공이라 할 수 없다. 보는 각도에 따라 대부분의 등장인물들이 주인공이 된다.

이런 「벚꽃 동산」을 체호프는 코미디로 생각하고 썼고, 실세 희곡에도 4막짜리 코미디라고 써놓았다. 그런데 「벚꽃 동산」은 코미디보다 비극으로 연출된다. 이 작품을 원래 체호프의 의도대로 코미디로 해석해서 연출한 사람은 찾아보기 힘들다. 초연 당시부터 비극으로 다루어져서 이 공연을 본 체호프가 기절초풍했다는 이야기도 있다. 초연된 연극의 연출가 이야기는 나중에 하기로 하고, 우선 연극의 내용을 살펴보고 과연 이를 코미디로 볼 것인지 비극으로 볼 것인지 생각해보자.

이 연극에서 가장 중요한 역할을 하는 것은 아무 말 없이 그냥 존재하고 있는 벚꽃 동산, 즉 체리 과수원이다. 이 땅을 둘러싸고 벌어지는 이야기가 텍스트를 넘어서 소위 행간에 가득 들어 있는 것이다. 그래서 체호프의 작품이 난해하다고 하는 것인데 여기서는 조금 쉽게 들어가보자.

이 체리 과수원이 러시아 어느 지역에 있는 것인지, 체호프는 정확히 기술하지 않는다. 다만 모스크바 같은 대도시에서 그리 멀지 않은 조용한 지방이라고 생각하면 되겠다. 이 과수원을 둘러싼 영토는 대대로 가예프*집안 소유로 내려오고 있었으며, 농노가 해방된 1861년까지만 해도 제법 많은 양의 체리가 수확되어 상당한 수익을 올리고 있었다. 하지만 러시아 경제가 공업에 기반을 두게 되면서 체리 사업은 점점 수익과 멀어진다. 일꾼들이 농노 해방을 기점으로 과수원을 떠나니 체리 나무들은 완전히 방치된다. 열매를 맺는 것도 신통치 않게 되고, 그나마도 2년에 1번 열리니 이 체리 과수원에서 돈 나오기를 기대하는 사람은 바보가 된다.

체리 과수원의 소유주들 역시 과수원과 비슷한 길을 가게 된다. 체리가 사업성이 없어진데다 농노 폐지로 인해 면역세 수입도 없어진 가예프 가문은 결국 조금씩 땅을 처분한다. 가진 거라곤 땅뿐인 사람들이다. 집안

---

* 러시아 작품을 읽다 보면 긴 이름 때문에 집중을 못하는 경우가 많다. 우리에게 익숙하지 않은 작명법 때문이다. 러시아의 이름은 보통 세례명을 쓰는 이름 - 아버지의 이름 - 성의 순서로 쓰는데, 이 중간의 아버지 이름을 표시하는 방법이 조금 다르다. 남자의 경우는 누구누구의 아들이라는 의미로 뒤에 비치-vich, 여자는 누구누구의 딸이라는 의미로 브나-vna를 붙인다. 체호프의 이름만 보아도 안톤 파블로비치 체호프Anton Pavlovich Chekhov라는 이름에서 그의 아버지 이름이 파블로Pavlo임을 알 수 있다. 실제로 공식적인 호칭에는 이름과 부칭父稱만을 사용한다.

에 좀 똑똑한 인물이 있다면 이리저리 부딪히며 변화하는 세상에서 살아남으려 애를 써보겠지만, 당시 대부분의 러시아 귀족들과 마찬가지로, 이 가예프 가문은 그런 인물을 키워내지 못한 모양이다. 그저 땅만 뜯어먹고 산다. 그나마 아들이라고 하나 있는 것이 변변하지 못해서 대부분의 유산을 딸에게 물려줬는지 이 아들 가예프는 여동생 소유의 체리 과수원에 얹혀서 결혼도 안 하고 무위도식한다. 사실 세상 사는 데는 이게 제일 속 편하다. 주변의 이야기에 신경 끄고 곶감 빼먹듯 남은 재산 야금야금 쓰면서 명색이 귀족이니 품위 유지만 그럭저럭하면 된다.

그런데 유산을 물려받은 여동생 류바에 이르면 이야기가 달라진다. 돈 많은 귀족 처녀를 당대의 한량들이 그냥 두겠는가? 좀 배우고 멀쩡하게 생긴 놈들이 접근을 한다. 평범한 집안에서 열심히 공부해서 사법고시 패스한, 장래성 있어 보이는 변호사도 유혹을 한다. 이 정도면 귀족은 아니지만 쓸 만하다. 거기에 법을 공부했으니 재산을 지키는 데 도움이 될 것이다. 그래서 순진한 류바는 변호사 라넵스카야와 결혼하여 마담 라넵스카야가 된다. 그런데 갑자기 재산이 생긴 변호사 양반, 법정에 가는 날보다 파티에 가는 날이 점점 늘어나더니, 마누라 지갑에서 술값 챙겨서 술로 세월 보내다 열두 살짜리 딸 아냐와 일곱 살짜리 아들 그리샤만 남기고 저세상으로 가버리신다. 마담 라넵스카야는 이제 돈 좀 있는 미망인이 된다. 제비들이 본격적으로 활동할 때다. "사모님, 밤에 외로우신가요?" 하면서 제비 한 마리가 찰싹 달라붙더니 떨어지지 않는다. 제비가 부리는 묘기에 빠져서 이것 저것 퍼주는 사이에 눈에 넣어도 아프지 않을 아들 그리샤가 체리 과수원에 있는 호수에 실수로 빠져 죽는다. 충격에 빠진 마담 라넵스카야는 삶의 의욕을 잃는다. 카바레의 제비 묘기도 시큰둥하다. 호수만 보면 사랑하는 아들 생각에 괴로워진다. 남편과 아들을 빼앗아간 러시아를 떠나고 싶어진 마담 라넵스카야는 체리 과수원과 집안의 살림을 양녀 바랴에게 맡기고 프랑스 남부의 따뜻한 항구 도시 망통의 별장으로, 말 잘 듣는 하인 하나만 데리고 떠난다. 그러자 닭 쫓던 개가 되어버린 제비 선생이 그냥 있을 수 없다. 옳다구나 하고 백구두에 장밋빛 스카프 챙겨서 프랑스로 날아간다. 그러나 사모님 찾아서 온 제비는 도착한 후 골골대면서 드러눕는다. 천성이 착한 사모님은 불쌍한 제비에게 보약 달여 먹이며, 용하다는 의사들 불러보는데 별 차도가 없다. 3년 동안 제비 병간호 하느라 심신이 지치고 빚도 잔뜩 진다. 결국 아늑한 항구 도시의 별장을 팔아서 빚을 갚고, 파리의 지붕 밑으로 옮긴다. 그러고 나니 제비가 살아난다. 살아나서 상황 판단을 해보니 사모님은 이제 돈이 없는 것 같고 자세히 보니 눈가에 주름도 가득한 것이 영 아니다. 제 놈 병간호하느라 그런 줄은 모른다. 제비 천성이 나온다. 거기에 물 좋기로 소문난 파리 아닌가. 물 만난 제비, 사모님 팽개치고 다시 지지배배 하면서 지지배들 찾아다닌다. 절망에 빠진 사모님은 죽겠다고 약 먹고는 파리의 지붕 밑에서 쓰러진다. 자살은 미수로 끝나고 놀란 건물주는 사모님의 고향집에 연락해서 이제 그만 사모님을 모셔가라고 한다. 그러자 양녀 바랴는 놀라서 친딸 아냐에게 가정교사 샤를로타를 붙여서 파리로 보내 사모님을 모셔오게 한다.

사실 말이 양녀지, 바랴는 거의 살림관리인이다. 거덜난 살림을 바랴가 간신히 꾸려가고 있는 것이다. 일꾼들에게 구두쇠라고 욕 먹어가면서, 은행융자 받은 것으로 이자 갚아가면서, 아냐 공부시키랴, 삼촌 가예프 챙기랴, 일꾼들 관리하랴, 하루종일 일만 한다. 살림을 하니 재산 상태를 뻔히 안다. 금고가 텅 빈 것을 알고 있으니 짠순이처럼 살아야 유지된다. 오갈 곳 없는 자신을 양녀로 받아들여준 가족에게 보답할 길은 이것밖에 없기에 바랴는 이를 악물고 이 험난한 상황을 버티어간다. 그러나 그녀가 열심히 일한다고 해서 상황이 바뀌지는 않는다. 마지막 남은 재산인 체리 과수원과 집이 이미 은행에 저당 잡혀 있는데다 원금은 고사하고 은행 이자도 갚지 못하는 상황인지라 여름이면 이 체리 과수원이 경매에 붙여진다고 한다. 이런 일에는 또 이재가 밝은 사람들이 있다. 이 정보를 제일 먼저 접한 사람은 이 집안과 인연이 있는 사업가, 로파힌이다.

로파힌의 집은 대대로 가예프 집안의 농노 출신이다. 로파힌의 아버지 때 농노 해방이 실시되자 동네에 조그만 슈퍼를 운영하면서 생계를 유지하고 있었다. 그리고 장사에 재능이 있는 로파힌이 성인이 되어 이제 지역에서 재력가로 행세하고 있다. 이런 그가 지역의 상징인 체리 과수원이 경매로 넘어간다는 소식을 듣고는 이를 이용한 돈벌이를 구상한다. 계산기를 두드려보니 저 넓은 과수원 땅에 별장을 짓고 펜션 지어서 관광객 유치하면 이래저래 쳇가루가 떨어질 거라는 게 탁 나온다. 그런 와중에 사모님이 알거지 되어서 온다고 하니 기회가 왔다. 은행 빚을 갚아주는 조건으로 공동투자 해서 사업 한번 벌이자고 꼬이면 넘어올 것이다! 그동안 이 집의 양녀 바랴에게 사전 작업도 해놓았다. 둘이 사귀지는 않지만 사람들은 대충 그 둘이 결혼할 것이라 짐작하고 있으니 이 집안에 드나드는 것이 전혀 어색하지 않다. 사모님이 오늘밤에 도착한다고 하니 새로운 사업 구상에 들떠 있는 로파힌이 저녁부터 와서 죽치고 기다리고 있다.

이런 사정을 알 리 없는 마담 라넵스카야는 그동안 데리고 있던 하인 야샤는 물론 가정교사 샤를로타까지 데리고 기차에서 남은 돈을 물 쓰듯 쓰며 돌아오는 중이다. 그나마 열일곱 살짜리 딸 아냐가 철이 들어서 만류해 보지만 소용없다.

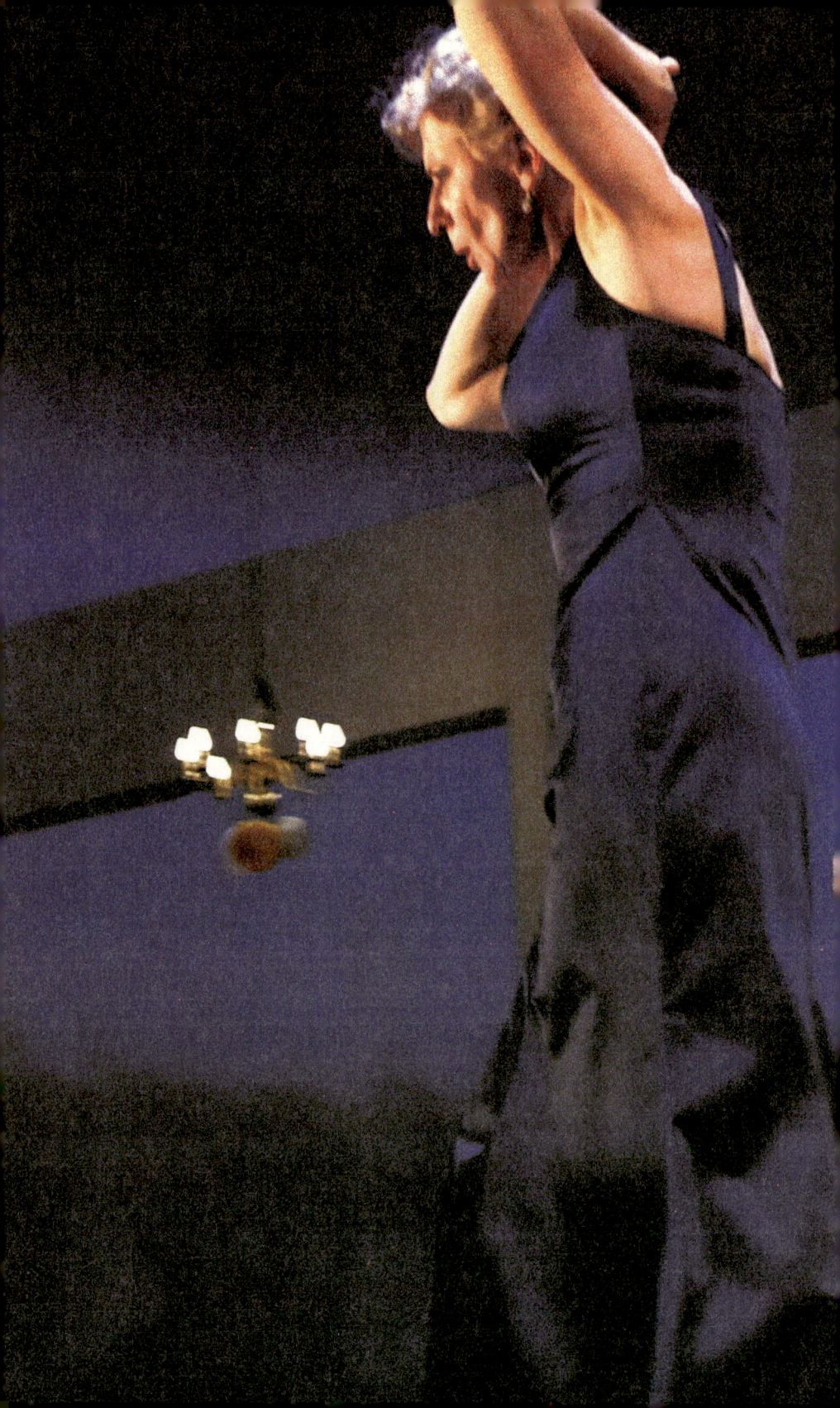

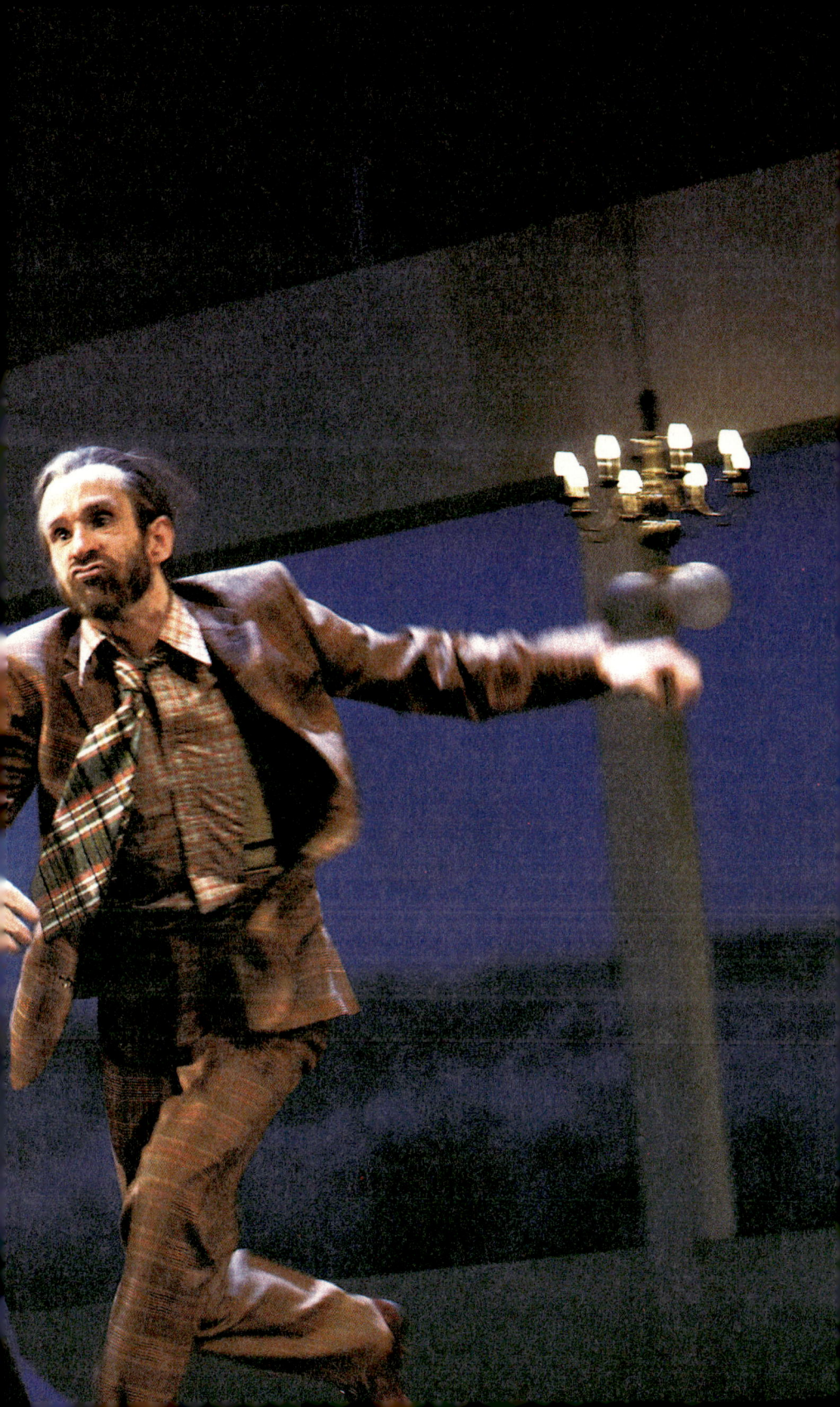

마담 라넵스카야를 기다리는 다양한 사람들

오늘의 연극은 바로 이 시점에서 시작한다. 마담 라넵스카야가 집에 도착
하기를 기다리는 사람들이 이런저런 이야기를 하고 있다. 하녀 두냐샤는
바람이 들어 있다. 집안 사무를 보는 예피호도프가 청혼을 했는데 지금 튕
기는 중이다. 이 집의 하인들은 도무지 하인 같지 않다. 다들 바람이 잔뜩
들어 있다. 주인이 물러서 그런 것인지, 워낙 고귀한 귀족 가문의 하인이라
서 그런 것인지. 오죽하면 연극 첫머리에 로파힌이 두냐샤에게 귀족들처럼
옷 입지 말라고 핀잔을 주겠는가. 파리에서 돌아오는 남자 하인 야샤는 한
술 더 뜬다. 파리의 고상한 분위기에 젖어 자신이 파리지앵이라고 생각하
면서 살고 있다. 파리에는 그런 건방진 분위기가 있는 것 같다. 파리에 살
아본 사람과 살아보지 않은 사람의 차이는 이 건방이다. 건방이 잔뜩 몸에
밴 야샤는 러시아로 돌아오는 것이 불만스럽지만 할 수 없다. 주인 마님이
돌아가겠다는데 어쩌겠나. 사모님이 여럿 버려놓았다.

체리 과수원에서 누구보다도 간절히 마담 라넵스카야를 기다리는 사
람이 있는데 이 집과 과수원의 산 증인인 피르스이다. 87세의 하인인 피르
스는 농노해방 당시 이 집안의 하인장으로 있었는데 모든 자유를 거부하고
그냥 가예프가에 남아서 전부터 해오던 대로 충성을 다해 주인들을 모시고
사는 것을 선택한다. 가예프가의 충복이라고 할 수 있으며, 아직도 혼자인
가예프의 생활습관을 일일이 잔소리하면서 챙기는, 마치 유모 같은 존재이
다. 예전의 영화롭던 체리 과수원에 관한 추억은 대부분 그의 입에서 흘러
나온다. 하지만 이제는 가는귀가 먹은데다 치매기가 있는지 혼자서 중얼거
리는 통에 극중의 인물들과 의사소통이 잘 안 된다. 이 부분에 대해 평론가
들은 잘 지적하지 않지만, 나는 대사를 할 수 없는 체리 과수원을 대신해서

피르스가 여러 이야기를 하고 있다고 생각하는데, 이 역시 보는 이의 관점에 따라 다르게 해석할 수 있다.

큰 비중을 차지하지는 않지만 이따금 가예프가를 방문하는 인물이 있다. 동료 지주인 피쉬크이다. 가예프 집안과 별반 다름없이 몰락의 길을 걷고 있는 지주계급을 보여주는데, 그가 이 집에 오는 목적은 단 하나, 대출 이자를 갚을 돈을 빌리기 위해서다. 그다지 큰 액수가 아닌지라 여기저기서 빌리는 주지만 좋은 소리를 할 리 없다. 가예프도 노골적으로 싫은 감정을 드러내지만 천진난만한 마담 라넵스카야는 항상 돈을 빌려준다.

마담 라넵스카야 일행을 기다리는 이가 또 있다. 익사한 아들 그리샤의 가정교사였던, 대학생 페챠가 이 체리 과수원을 방문했다. 5년이 지난 지금은 머리도 벗겨지고 꾀죄죄한 모습이다. 그를 만나면 마담 라넵스카야가 죽은 아들 그리샤를 떠올릴 것을 염려하는 바랴는 페챠의 방문이 달갑지 않지만 할 수 없다. 손님을 막을 수는 없다. 페챠는 만년 대학생이다. 두 번이나 대학에서 쫓겨났다고 하는데 정확한 경위는 모른다. 경제적인 사정이나 정치적인 이유이지 않겠는가 추측만 될 뿐이다. 페챠의 마음에 있는 것은 이 집의 딸 아냐인데, 둘은 바랴의 분주한 감시에도 불구하고 종종 데이트를 즐긴다. 러시아의 인텔리겐치아답게 철학, 삶과 죽음, 사회제도 비판, 특히나 공산혁명의 전조를 연상케 하는 신분계급의 타파 들이 그들의 주요 대화 메뉴이다. 주로 노동계급의 봉기를 조장하는 발언을 하는데 이 부분 때문에 후에 러시아 정부가 이 연극에 예민하게 반응했다고 한다.

이런 상황에서 집에 도착한 마담 라넵스카야는 드디어 돌아왔다는 안도감을 느끼지만 그것도 잠시다. 로파힌의 야심 넘치는 펜션단지 조성계획이 실행에 옮겨진다. 로파힌은 3개월 후면 이 집이 경매에 넘어간다는 사실을 알려주고는 자신이 도울 수 있다고 한다. 하지만 체리 과수원이 없어진다는 사실에 마담 라넵스카야와 가예프는 고개를 절래절래 흔들며 안 될 말이라 한다. 로파힌은 과수원을 없애지 않으면 돈을 빌려줄 이유가 없다. 이제 식구들은 과수원이 팔리는 것을 막아보려 갖은 애를 쓴다. 그래 봐야 다른 곳에서 돈을 빌리는 방법밖에 없다. 하지만 이미 과수원 땅이 은행에 저당 잡혀서 경매에 넘어간다는데 잘도 빌려주겠다. 결국 친척을 찾아간다. 숙모인 야로슬라프 백작 부인이 1만 5,000루블 정도를 생색내면서 보내주지만, 이 돈으로는 어림도 없다. 은행 빚만 5만 루블이다. 그래도 혹시나 하는 마음으로 가예프는 온 가족의 희망을 걸고 경매에 참가한다. 가예프가 경매장에 있는 동안 과수원 집에서는 파티가 벌어진다. 동네 사람들을 초청해서 춤판을 벌이고, 마술에 일가견 있는 샤를로타는 마술 쇼를 하며 모두 즐겁게 논다. 보통 사람이라면 이런 상황에서 파티를 벌이지 않겠지만 마담 라넵스카야는 역시 남다르다. 귀족의 피는 이런 건가 보다. 그래도 경매 결과가 궁금해서 좌불안석이기는 하다. 기대는 안 하지만 혹시나 하는 마음에 오빠 가예프를 기다린다. 그런데 밤늦게 돌아온 가예프와 로파힌이 가져온 소식은 더 기가 막힌다. 치열한 경합 끝에 로파힌이 땅을 샀다고 한다. 법적으로는 아무 문제가 없지만, 심적으로 이 사실을 받아들일 수 없는 가예프가의 사람들, 충격 제대로 먹었다. 전 농노의 아들 로파힌이 이 과수원과 저택의 주인이 된 것이다. 거기에 로파힌은 지금 별장 건설 의욕에 불타고 있다. 절망과 배신의 감정이 교묘히 섞여서 밀려온다.

가예프 집안에는 안된 일이지만 로파힌의 입장에서는 통쾌한 순간이다. 농노의 신분에서 이제는 당당히 저택과 과수원의 주인이 된 것이다. 돌아가신 할아버지, 아버지를 불러서 자랑하고 싶을 지경이다. "봐라! 굽실거리며 부엌 출입도 마음대로 못하던 이 가예프가의 저택과 땅을 내가 당당히 차지했다. 당신들의 구박덩어리 이 로파힌이 해냈다고!" 이게 꿈인지

생시인지 모를 정도다.

겨울이 오면서 모든 일이 진정된다. 가예프가의 사람들은 이제 다른 길을 떠난다. 마담 라넵스카야는 제비가 아프다는 편지를 받고 숙모가 집을 살리는 데 쓰라고 준 1만 5,000루블을 챙겨서 파리로 돌아간다. 아냐는 페챠와 함께 도시로 가서 공부를 하기로 한다. 가예프는 은행에서 일자리를 내주어서 월급쟁이 은행원으로 일하게 된다. 나머지 하인들은 아직 젊으니 다른 일자리를 찾아 떠나고, 사무원 에피호도프는 그대로 남아서 로파힌 밑에서 일을 하게 된다. 마담 라넵스카야의 마음에 남아 있는, 걱정되는 사람은 양녀 바랴와 늙은 충복 피르스이다. 바랴가 로파힌과 결혼했으면 하는 마음을 전달하지만 로파힌은 약만 올리다 청혼 이야기는 꺼내지도 않는다. 결국 바랴는 아는 집의 유모 자리로 가기로 한다. 마담 라넵스카야는 피르스를 병원에 입원시키라고 하지만, 파리에 다시 돌아간다는 사실에 들뜬 하인 야샤는 대단치 않은 일이라 생각해서 대충 넘긴다.

겨울 동안 다른 지역에서 벌인 사업 때문에 떠나야 하는 로파힌이 모두 내보내고 문마다 열쇠를 걸어 잠근다. 밖에는 벌써 체리 나무 베는 소리가 들린다. 모두 떠난 텅 빈 무대에 피르스가 다시 나와서 문을 열려고 하지만 이미 문은 잠겨 있고 한숨 섞인 그의 독백만 무대에 남는다.

사라지는 것은 체리 나무뿐

자, 이게 비극인가, 희극인가? 기존의 비극처럼 누가 죽거나 망가지는 일은 벌어지지 않는다. 연극의 마지막에 사람들은 새로운 환경에서 자신들의 길을 찾아 떠나거나, 있던 곳으로 되돌아간다. 행복에 들뜬 사람도 여럿 나온다. 로파힌은 물론이거니와 다시 파리로 돌아가게 된 야샤, 도시로 가서 공부를 하게 된 아냐, 그리고 1만 5,000루블을 챙겨서 잃어버린 사랑을 찾아 파리로 돌아가는 마담 라넵스카야도 어찌 보면 행복하다고 할 수 있지 않은가? 체리 과수원은 은행에 저당 잡혀 있던 것이므로 어차피 이들의 손을 벗어난 지 오래다. 그 과수원을 둘러싸고 여러 사람들이 벌이는 몰리에르 연극식의 가벼운 해프닝으로 해석해도 별반 무리 없는 상황이다. 체호프의 말처럼 이건 절대로 비극이 아니라고 볼 수 있다. 도대체 어디에 비극적인 요소가 있단 말인가? 사라지는 것은 도끼로 찍히는 체리 나무들뿐이다. 나무가 베이는 것이 비극일까? 마지막에 남은 피르스가 좀 안돼 보이긴 하지만, 연극에서 피르스는 단역 정도의 대사밖에 없다. 피르스가 죽은 것도 아니다. 그저 홀로 남은 것뿐이다. 마담 라넵스카야가 부탁했으니 동네 사람들이 틀림없이 나중에 병원에 입원시킬 것이다. 그런데 이 연극을 모스크바 예술극장에서 초연한 스타니슬랍스키는 비극으로 해석한다. 그리고 이후 「벚꽃 동산」은 비극으로 전 세계를 누비며 공연된다. 작가가 코미디라고 못박아 놓았음에도 불구하고 왜 스타니슬랍스키는 이 「벚꽃 동산」을 비극이라 규정한 것인가?

이 작품은 당시의 삶을 잔잔하게 보여준다. 바로 이게 비극이라고 생각한 모양이다. 삶이 비극이다. 스타니슬랍스키는 특유의 사실주의 연출 미학을 동원해서 행간에 묻어 있는 멜랑콜리를 최대한 끌어낸다. 자, 봐라. 이게 우리 러시아인들의 모습이며, 현대인들의 모습이다. 그는 모든 등장 인물들의 성격에 깊고 어두운 골을 파면서 새로운 형태의 비극을 만들어낸 것이다. 스타니슬랍스키는 이 연극에서 정작 체호프 자신은 생각하지 못했던 현대 비극의 요소들을 발견하고 관객들에게 삶의 질문을 던지는 방식을 선택했다. 체리 나무들이 베이는 것이 비극일 수 있다고 말하는 것이다. 한 집안의 상징인 체리 과수원이 없어진다는 것은 노스탤지어가 사라진다는 것이다. 체리 과수원에 안녕을 고하고 떠나는 가예프가의 사람들에게서, 그리고 넘어지는 체리 나무들과 함께 남아 서서히 죽어가는 피르스에게서 우리는 비극을 보는 것이다. 기존의 비극 개념과는 달리 삶의 멜랑콜리가 비극의 요소로 자리를 차지하는 순간이다.

오늘 여기 베를린의 도이체스테아터에서 체호프의 「벚꽃 동산」이 무대에 오른다. 기대를 잔뜩 품고 들어섰다. 역사적인 극장인 도이체스테아터에서 처음 보는 공연이기에 더욱 그렇다. 내가 체호프의 「벚꽃 동산」을 처음 읽어본 것은 프랑스어판 체호프 전집이었는데, 당시 별달리 큰 감동을 받지는 못했다. 사실 그 명성 자자한 체호프가 이 정도밖에 안 된다는 생각에 적지 않게 실망을 했었는데, 당시에는 러시아어에서 프랑스어로 번역되는 과정에서 원본이 가진 느낌이 빠졌을 것이라 생각하고 지나갔었다. 그런데 나중에 체호프와 스타니슬랍스키의 이야기를 듣고는 그 실망이 이유 있는 실망이었음을 알았다. 체호프의 희곡 「갈매기」가 상트페테르부르크의 알렉산드린스키 극장에서 초연되었을 때 관중에게 엄청난 야유를 받았다고 한다. 이는 체호프로 하여금 희곡을 포기하게 만든다. 그런데 당시 연출자 단첸코가 동료 스타니슬랍스키를 설득하여 모스크바 예술극장의 무대에 「갈매기」를 올리도록 한다. 사실주의 연극에 대한 스타니슬랍스키의 탁월한 연출력과 감수성 예민한 체호프의 텍스트가 만나 「갈매기」는 대성공을 거두게 되고 체호프는 다시 희곡을 쓰게 된다. 이후 스타니슬랍스키는 체호프의 연극을 계속 무대에 올린다. 그의 4대 희곡이라 하는 「갈매기」, 「바냐 아저씨」, 「세 자매」, 「벚꽃 동산」이 모두 스타니슬랍스키에 의해 모스크바 예술극장에서 대성공을 거두면서, 세계 연극사에 체호프의 이름이 반짝거리게 된다. 이 이야기는 다시 말하면 기존의 연출법으로 체호프의 작품을 연출하면 반드시 실패한다는 뜻도 된다. 스타니슬랍스키라는 연출의 거장이 없었다면 체호프의 작품은 지금처럼 세계 무대에서 자주 만날 수 없었을 것이다. 이래서 체호프의 작품들은 지금까지도 연출자들에게 자신의 연출력을 시험해보는 하나의 도전 과제와도 같다. 체호프를 통해 거장 스타니슬랍스키에게 도전해보게 되는 것이다.

서정시를 닮은 무대

무대의 막이 오르는데 캄캄한 하늘에 별이 반짝거리는 장면으로 시작한다. 객석에서 벌써 탄성이 터져나온다. 아름다운 서정시 같은 무대가 연출된다. 조금 있으니 천장에서 책상이며 의자 같은 가구들이 내려온다. 또 다시 탄성이 터져나온다. 속속 등장하는 배우들의 연기력도 장난이 아니다. 그런데 마담 라넵스카야 역의 배우는 어디서 봤더라? 베를리너앙상블에서 스트린드베리의「죽음의 춤」을 공연할 때 알리스 역을 했던 다그마르 만첼이다. 그리고 거기서 남편 에드가 역을 했던 디터 만Dieter Mann이 여기서 오빠 가예프 역을 맡아서 한다. 배우들이 한 극장에서만 공연하는 것이 아니구나. 하긴 두 극장이 걸어서 5분 거리에 있으니 연기하는 데 큰 지장은 없겠다. 막이 바뀔 때 뒤의 배경이 체리 과수원으로 바뀌는데 역시 아름다운 영상이 펼쳐진다. 벚꽃이 활짝 피어 있는 봄, 그리고 여름과 겨울의 배경들이 거대한 스크린에 펼쳐진다. 가예프가의 저택은 중간 중간에 기둥이 들어선, 마치 로마의 콜로세움처럼 둥글게 휘어진 벽을 스크린 앞에 설치해서 실내외를 구분 지어놓았다. 훌륭한 무대 미술이다. 장면이 바뀔 때마다 가구들이 천장으로 올라가고 그네가 내려오는 등 일일이 사람이 등장해서 가구들을 재배치하는 수고를 없애면서도 관객들에게는 새로운 볼거리를 제공했다. 그리고 마지막에는 처음과 마찬가지로 불이 꺼지면서 밤하늘에 별이 하나둘씩 들어오더니 이내 가득 찬다. 배우들 연기 좋고, 무대 미술 좋고. 그런데 그뿐이다. 등장인물들의 철저한 심리 묘사가 체호프 연극의 생명인데, 그것이 빠졌다. 허전하다. 거기에 천장에 가구를 매달아 설치해놓은 것이 배우들의 움직임을 제한하는 방해물이 되기도 했다. 섬세함과 아름다움이 돋보이는 연출인지라 혹시 연출자가 여자가 아닐까 해서 봤더니 맞다. 바르바라 프라이Barbara Frey의 연출이다. 무대의 아름다움에 치중해서 그런 걸까? 연극은 만족스럽지 못했다. 마치 처음 체호프의 작품을 대했을 때처럼 아쉬움과 실망이 남는다. 역시 체호프의 작품을 무대에 올리는 것은 쉬운 일이 아니다. 성격 묘사에 좀 더 치중했어야 한다. 어떻게 할 것인지는 각 연출자의 몫이지만 그것이 그의 능력이다. 이렇게 되니 나도 욕심이 생긴다. 나중에 심각하게 고민해서 체호프의 작품들을 한번 무대에 올려보고 싶다. 참, 이 「벚꽃 동산」은 체호프의 마지막 작품이다. 체호프는 1904년에 이 작품이 모스크바 예술극장에서 무대에 올라가는 것을 본 후 결핵이 악화되어 독일의 온천으로 떠난다. 그리고 그대로 그곳에서 44세로 세상을 마감한다. 독일어도 전혀 못하는데 죽으면서 독일어로 "나는 죽는다."라고 했단다. 왜 그랬는지 지금까지도 알려진 바가 없다. 그리고 저 멀리 조선에서는 러시아 왕조의 수명을 재촉하는 러일전쟁이 한창 벌어지고 있었다.

스타니슬랍스키의 연기 시스템 잭 니콜슨, 마릴린 먼로, 제임스 딘, 말런 브랜도, 하비 카이텔, 폴 뉴먼, 조니 뎁, 그레고리 펙, 더스틴 호프만, 로버트 드니로, 알 파치노, 진 해크먼, 케빈 스페이시, 제인 폰다, 덴젤 워싱턴, 엘리자베스 테일러, 숀 펜.

누가 들어도 알 만한 할리우드 배우들이다. 이들의 공통점이 있다. 스타니슬랍스키의 제자들이라는 것이다. 스타니슬랍스키가 하는 말이 아니라 저 배우들이 자정해서 하는 이야기이다. 러시아의 연극 연출가가 어찌 미국 배우들의 스승이란 말인가? 1922~1923년에 스타니슬랍스키가 모스크바 예술극장을 이끌고 미국 순회공연을 한 적이 있었는데 당시 미국 연극계에 커다란 감동을 주었다고 한다. 해서 당시 그를 따라왔던 많은 젊은 러시아 배우들이 러시아로 돌아가지 않고 뉴욕에 남게 된다. 그들 중에 볼레슬랍스키는 미국실험극단을 설립해서 스타니슬랍스키의 연기 이론을 집중적으로 지도한다. 그리고 볼레슬랍스키의 제자 중 리 스트라스버그가 그룹시어터를 설립해서 스타니슬랍스키의 연기 시스템을 계속 이어나간다. 또 엘리아 카잔 등이 뉴욕에 액터스스튜디오를 설립하고 1951년에 리 스트라스버그가 여기에 가세하면서 스타니슬랍스키 연기 시스템이 본격적으로 미국의 연극 영화계에 가동된다. 이후 거의 대부분의 연기파 할리우드 배우들이 이 액터스스튜디오를 거쳐갔다. 액터스스튜디오는 지금도 왕성한 활동을 하고 있다. 이렇게 되면 스타니슬랍스키의 연기 시스템이 무엇인지 궁금해질 것이다.

20세기 초 프로이트로 인해 정신분석학의 열풍이 전 세계에 몰아치기도 전에 스타니슬랍스키는 최초로 정신분석학을 연극에 도입하여 연기 시스템을 구축한다. 자신의 무대 경험뿐 아니라 모스크바 예술극장에서 다른 배우들의 연기를 지켜본 것을 토대로 자신만의 테크닉을 만들어낸다. 배우가 무대에서 배역에 사실적으로 접근하라는 것이 그것이다. 즉 기존의 멜로드라마식 과장된 연기보다는 실제 배우 자신이 배역의 입장에서 캐릭터를 만들어내라는 것이다.

그러기 위해서는 배우 내면의 감정뿐만 아니라 몸으로 나타내는 액션이 같이 어울려야 한다. 내면과 외면이 따로 놀면 공연은 망가진다. 스타니슬랍스키는 자신이 개발한 시스템을 완벽히 익히면 배우가 원하는 감정이 끌어져 나오고 또 그 감정을 경험할 수 있다고 한다.

그 시스템에는 여러 가지가 있다. 가장 대표적인 것 중 하나가 '만일'이라는 가정을 항상 사용하라는 것이다. "만일 내가 배역과 같은 입장에 처해 있다면?", "만일 내가 이런 환경에 있다면 나는 어찌할 것인가?" 이렇게 마법의 단어인 '만일'을 사용해서 배우들이 배역에 질문을 퍼부으면 자연스럽게 사실적인 액션이 나온다는 것이다.

러시아에도 스타니슬랍스키연극학교가 있다. 하지만 마치 기독교가 이스라엘에서 꽃피우지 못하고 로마에서 꽃피운 것처럼 실제로 그의 교세를 확장시킨 곳은 러시아가 아닌 미국이었다. 그리고 체호프의 4대 희곡은 마치 성경의 네 복음서처럼 스타니슬랍스키 연기 시스템의 샘플로 사용되어왔다. 이렇게 스타니슬랍스키의 영향을 받은 영화인과 연극인 중 많은 이가 초기 사도들이 로마에서 박해를 받듯 미국에서 마녀사냥의 표적이 되기도 했다. 하지만 지금은 할리우드 영화를 통해서 그의 복음이 전 세계로 퍼지고 있다.

아이스킬로스 作 「오레스테이아」는 도이체스테아터에서 2006년 9월 23일에 초연했다. 페터 슈타인Peter Stein이 독일어 번역을, 미카엘 탈하이머Michael Thalheimer와 올리버 리스Oliver Reese가 함께 연출을 맡았고 올리버 리스는 드라마투르기도 맡았다. 코러스 지휘는 마르쿠스 크롬Mircus Crome이 맡았고, 음악은 베르트 브레데Bert Wrede가 맡아 작곡과 연주까지 직접 했다. 주요 배우는 다음과 같다. Constanze Becker:Klytaimestra, Michael Gerber:Herold, Amme, Henning Vogt:Agamemnon, Katharina Schmalenberg:Kassandra, Michael Benthin:Aigisthos, Stefan Konarske:Orestes, Lotte Ohm:Elektra

09

가족이라는 슬픈 운명 「오레스테이아」

내 생각에, 이 남자에게 가해진 죽음은

유감스러울 게 없소. 게다가 무엇보다도

그는 배신으로 이 집에 죽음을

가하지 않았소?

이 남자의 사랑과 내 사랑의 꽃,

눈물을 자아내는 이피게네이아를

그는 자신이 겪은 것과 똑같이 처리했다오.

부디 그가 저승에서 큰소리치지 못하게 하소서.

칼을 맞고 그는 쓰러졌으며,

칼로서 자신의 행동에 대한 대가를 치른 것이오.

—아이스킬로스의 「아가멤논」 중에서[*]

불가佛家에서 많이 이야기하는 것 중에 인연이라는 것이 있다. 가끔은 이 인연이란 것을 끊어버리고 싶은 심정이 드는데 그 연緣이 악연일 경우에는 말해 무엇하랴. 그러나 모든 것이 인간의 뜻대로 되지는 않는다. 해서 고대 인들은 신이란 존재를 발명해서 악연은 이미 신의 뜻에 의해 그리되도록 예정되었다며 위안을 한다. 악연도 끊을 수가 없건만 부모자식간의 인연을 끊는 것은 말도 안 되겠지. 이런 생각을 하니 생각이 복잡해진다. 오늘 보려는 연극 때문이리라.

　기분전환이라도 할 겸 프리드리히 슈트라세**에서 가장 비싸 보이는 카페로 들어간다. 아무 생각 없이 들어왔는데 웨스틴호텔 안에 있는 카페다. 기죽지 않고 모에테샹동 샴페인을 떡하니 주문한다. 나를 따라 들어온 코리가 불안해한다. 학생들이 차 한 잔 마시는 분위기가 아니니 당연하지. 오늘은 내가 살 테니 다음에 커피 사라고 안심시킨다. 샴페인을 마셔본 게 언제인지. 한 잔씩 마시면서 이야기하고 있는데 갑자기 피아노 연주자가 다가온다. "말씀 나누시는데 실례하겠습니다. 두 분을 보고 있으니, 존

* 클리타임네스트라가 아가멤논을 죽인 것에 대해 변명하는 대목이다.
** 베를리너앙상블에서 다리를 건너 쭉 내려오면 제법 넓은 도로가 길게 이어진다. 이것이 동베를린 지역에서 가장 번화한 거리인 프리드리히 슈트라세이다. 서베를린에 쿠담 거리가 있다면, 동베를린에는 프리드리히 슈트라세가 있다.

레논과 오노 요코가 떠올라요. 제가 이제 연주할 곡은 두 분을 위한 곡입니다." 하고는 존 레논의 「이매진」을 연주한다. 내가 긴 머리에 동양인이니까 그런 생각이 들었나 보다. 그러면 내가 오노 요코인가, 존 레논인가? 궁금증을 뒤로 하곤 고맙다는 인사와 함께 카페를 나선다. 코리와 작별을 하고 묘한 기분을 간직한 채 도이체스테아터로 향한다.

아이스킬로스는 왜 이렇게 긴 연극을 썼을까

오늘 보게 될 연극은 그리스 최고의 희곡 작가인 아이스킬로스의 「오레스테이아」이다. 본격적으로 들어가기 전에 이 연극의 구성과 당시의 연극제에 대해 먼저 설명을 해야겠다. 보통 「오레스테이아」를 「아가멤논」, 「제주를 바치는 여인들」*, 「자비로운 여신들」**로 이루어진 3부작이라고 이야기한다. 그런데 엄밀히 이야기하자면 「오레스테이아」는 4부작이다. 앞의 3부작에 「프로테우스Proteus」라고 하는 사티로스극Satyros劇***이 추가로 붙어야 완성되는 것이다. 그러나 「프로테우스」는 두 줄 정도밖에 남아 있지 않아서 그 정확한 내용을 알 수 없고 다만 호메로스의 「오디세이아」에 근거해서 이런 내용일 것이다 하고 추측한다. 그럼 왜 아이스킬로스는 이렇게 긴 연극을 썼는가? 그렇게 쓸 수밖에 없었다. 당시 연극은 주로 디오니소스제전의 일부로 공연되었기에 철저하게 그 규칙을 따라야 했다. 그러니까 당

* 그리스에서는 사람이 죽으면 제주祭酒를 바쳤는데 이 연극에서는 늙은 노예 여인들이 코러스로 나와서 제주를 바치는 역할을 맡아 극을 이끌어나가기 때문에 이런 제목이 붙었다.
** 후에 자비로운 여신이 되는 복수의 여신들이 역시 코러스로 등장한다.
*** 고대 그리스의 비극 3부작에 이어 나오는 극으로 코러스가 숲의 반인반수 신인 사티로스로 분장하고 춤을 추며 노래를 부르는 짧은 희극이다.

시의 모든 비극은 이렇게 3부작에 사티로스극이 붙어서 4부작의 형태를 띠어야만 했던 것이다.

디오니소스제전이라고 하면 보통 연극 서적에서는 그냥 주신酒神인 디오니소스에게 바치는 축제라고만 언급하고 넘어간다. 맞는 말이지만 너무 간단하다. 이러면 서양 연극의 기원인 이 축제의 성격이 모호해지고 당시 연극이 어떤 분위기에서 공연되었는지 도통 알 수 없다. 내가 아리스토텔레스의 「시학」을 읽었을 때 알쏭달쏭했던 이유도 이 축제의 성격을 잘 파악하지 못해서 그런 것 같다.

'디오니시아'라고 하는 디오니소스제전은 소규모로 벌어지는 지방 디오니시아와 대규모 제전인 도시 디오니시아의 두 가지가 있다. 주로 겨울인 12월에 벌어지는 지방 디오니시아는 여러 도시에서 각 지역별로 벌어지는 축제인데 기원으로는 이게 더 오래된 축제이다. 형식은 대제전인 도시 디오니시아와 거의 유사하다. 그러므로 3개월 후에 벌어지는 도시 디오니시아에 대해서만 알아도 된다. 도시 디오니시아는 그 규모 때문에 대디오니시아라고도 하는데 7일에 걸쳐서 아테네의 아크로폴리스에서 진행된다. 고대 종교의식의 한 형태라고 볼 수 있다.

디오니소스제전에서 13번이나 우승하다

행사의 준비와 진행 과정은 이렇다. 먼저 아테네에서 아르콘이라고 하는 집정관이 선출되면 그는 제일 먼저 디오니시아를 준비하기 위해 2명의 파레드로이와 10명의 에피멜레타이라고 하는 축제조직위원을 뽑는다. 그리고 축제의 첫째 날은 일종의 퍼레이드인 폼페가 진행되는데 이때 디오니소스 상과 함께 거대한 남근상들을 수레에 싣고 행진을 한다. 볼 만했겠다. 오래전에 포르노 잡지사인 펜트하우스에서 만든 「칼리굴라」라는 영화를 본 적 있다. 그 영화에서 이런 장면들이 연출되는데 그게 이 축제를 본떠서 만든 것 같다. 이 '명화'를 구해서 보면 대략 축제의 분위기를 상상할 수 있다. 이 행렬의 뒤에는 '코레고이'라는, 화려하게 치장한 그룹이 코러스를 데리고 일종의 합창대회인 디티람보스 경연을 벌인다. 이것은 최고의 음악가와 시인 들로 구성되는데 자신들의 음악적 기량을 마음껏 발휘하게 된다. 이 합창대회가 끝난 후에는 황소들을 제물로 바치고 '먹자 파티'를 벌인다. 그리고 코모스라고 하는 두 번째 퍼레이드가 시작되는데 이때는 다들 잔뜩 취해 있다. 이렇게 되면 다음 날 전 시민이 해장국을 먹으며 속을 풀어야 한다. 해서 다음 날은 극작가들이 자신들이 공연할 연극의 제목을 발표하고 제비 뽑기로 심사위원들을 결정한다. 한쪽에서는 첫 날 행진이 벌어질 동안 황소를 제물로 고사를 지내서 디오니소스 극장을 신성하게 정화해놓는다. 어떤 이들은 새끼 염소를 제물로 바쳤는데, 바치기 전에 코러스가 염소를 둘러싸고 춤을 추었다고도 한다. 비극tragedy이라는 영어 단어의 기원인 트라고이디아tragoidia가 여기에서 나온다. 트라고이디아는 염소 노래, 즉 염소송이 되겠다. 일설에는 이 대회의 우승자에게 염소를 부상으로 주어서 그런 이름이 붙었다고도 한다. 우리도 씨름대회 우승자에게 부상으로 황소를 주었던 것을 생각하면 일리 있는 설이다.

축제 셋째 날 드디어 본격적인 행사가 벌어진다. 3일 연속으로 비극경연대회가 벌어지는데 극작가 3명의 작품이 하루씩 올려진다. 먼저 비극 3부작이 공연되고 이어서 사티로스극이 공연된다. 비극 3편을 연속해서 보면 사람들의 마음이 무거워질 수 있으니 가볍게 웃어보자고 사티로스극을 섞어서 올리는 것이다. 그래서 사티로스극은 3부작 중간에 공연되기도 한다. 이렇게 비극경연대회가 끝나면 축제의 여섯째 날에는 5편의 희극경연 대회가 펼쳐진다. 이 희극인 코모이디아는 비극에 비해 공연 시간이 짧다. 축제의 마지막 날에는 비극과 희극의 우승자가 발표되고 퍼레이드와 축하 연이 벌어진다. 우승자에게는 담쟁이넝쿨 화관을 씌워주는데, 극작가만 우 승자가 되는 건 아니다. 신작뿐 아니라 과거 발표되었던 작품들도 무대에 올려지는데 이때는 극작가가 죽고 없는 경우가 대부분이어서 연출자가 우 승자가 되기도 한다.

이 디오니시스제전에서 13번이나 우승한 아이스킬로스는 BC458년 에는 「오레스테이아」로 우승을 차지한다. 이 작품은 당시의 작품 중 비극 3 부작이 온전하게 보존되어 전해지는 유일한 작품이기도 하다.*

왕의 귀환, 그리고 그를 기다리는 죽음

그럼 연극의 내용을 살펴보자. 연극은 아가멤논이 10년간의 트로이전쟁에 서 승리한 뒤 고향인 미케네로 돌아오는 시점에서 시작된다. 그런데 남편 이 10년 동안 집에 들어오지 않았다면 부인이 어찌 되겠는가? 아내이자 헬 레네의 쌍둥이 언니이기도 한 클리타임네스트라는 대단한 미모의 소유자 인데 독수공방이 가능할 리 없다. 거기에 클리타임네스트라는 아가멤논이 자신을 속이고 사랑하는 딸 이피게네이아를 죽여서 제물로 바쳤기에 이를 복수할 기회를 노리고 있는 상황이다. 그녀는 새 남자를 구하는데 그 상대

---

* 이 아이스킬로스를 무척 존경한 사람이 있는데 바로 바그너다. 바그너의 오페라 4부작 「니벨룽겐의 반지」 는 「오레스테이아」의 영향을 많이 받았다. 보통의 극작가들은 3부작으로 쓰는데 유독 「니벨룽겐의 반지」만 4부작인 이유도 여기에 있다.

는 바로 아가멤논에게 쫓겨난 사촌 아이기스토스다. 복수를 공모하기에 가장 적합한 상대이다. 거기에 미케네의 왕까지 지낸 경험이 있으니 미케네 왕국을 다스리는 데 손색이 없다. 정치적으로도 큰 도움을 받았음은 물론이다. 그런데 차라리 전쟁에서 전사했으면 하고 바랐던 아가멤논이 돌아온다. 그것도 트로이의 공주 카산드라를 첩으로 옆에 척 끼고서. 일설에는 카산드라와의 사이에 자식도 있었다고 한다.

이 카산드라는 비운의 예언자이다. 아폴론 신이 그녀에게 눈독을 들이고 접근하려는 것을 거부한 벌로 아폴론은 그녀에게 예언 능력을 주는데 그 예언은 아무도 믿지 않는다는 저주를 곁들여서 준다. 해서 트로이전쟁에서도 아무도 그녀의 예언을 믿지 않았기에 패배하고 만다. 그런 그녀이기에 아가멤논의 궁전에 들어가면 죽임을 당할 것이라는 것을 알고 들어가지 않으려고 하나 아가멤논 역시 그녀의 말을 믿지 않는다. 그 많은 군대를 이끌고 트로이로 떠났던 아가멤논은 살아남은 병사들이라곤 자신이 탄 배한 척의 병사들밖에 없는 채로 돌아온다. 클리타임네스트라뿐만 아니라 미케네 시민들이 그리 환영할 만한 상황이 아니다. 살아 돌아온 병사들 집에서는 안도의 한숨을 내쉬었겠지만 대부분은 초상집이다.

그러나 클리타임네스트라는 이런 내색을 하지 않고 아가멤논을 환영한다. 그리고 살살 꼬여서 목욕부터 하게 한 뒤, 무방비 상태의 아가멤논을 아이기스토스와 함께 도끼로 세 번 내리쳐서 죽인다. 마지막 세 번째 도끼질에는 신에게 바치는 기도를 같이 올린다. 짐승을 제물로 희생시킬 때도 이와 똑같이 한다고 한다. 불쌍한 카산드라 역시 같은 운명을 맞이하게 된다. 물론 연극은 서로의 입장에 대한 정당성을 변호하는 식으로 진행된다. 1부인 「아가멤논」은 이렇게 막을 내린다.

어머니를 죽여야 하는 것인가

이제 아무 걸림돌이 없으니 아이기스토스와 행복하게 잘살면 되겠지만, 이런 일엔 후환이 있는 법이다. 아가멤논과 클리타임네스트라 사이에는 이피게네이아 외에 딸 엘렉트라와 아들 오레스테스가 있었다. 클리타임네스트라는 여자인 엘렉트라야 별 문제가 없을 것이라 생각해서 미케네 왕국에 그대로 두고 감시하고 있었지만, 남자인 오레스테스는 성인이 되면 분명히 보복을 할 것이라 생각해서 죽이려 했다. 그런데 엘렉트라는 그를 멀리 포키스 왕국으로 피신시킨다. 그리고 8년이라는 세월이 흘러 오레스테스는 친구인 포키스 왕국의 왕자 필라데스와 함께 미케네로 돌아와서 아버지 아가멤논의 무덤을 찾는다. 그리고 아버지의 무덤에 자신의 머리카락을 잘라서 바친다. 엘렉트라는 이 머리카락을 발견하고 오레스테스가 돌아왔음을 알게 되고 남매는 이산가족 상봉을 하게 된다. 울고불고한 뒤에 엘렉트라는 아버지의 죽음의 경위를 상세히 설명하고 오레스테스에게 아버지의 복수를 위해 어머니 클리타임네스트라를 죽여야 한다고 설득한다.

한편 클리타임네스트라는 뱀이 나타나서 자신의 젖을 빠는데 젖과 함께 피가 나오는 꿈을 꾸고는 오레스테스가 돌아올 것을 예감한다. 그래서 아가멤논의 무덤에 제주祭酒를 바치는 여인들을 보내서 감시하게 한다. 변장을 한 오레스테스는 이들 코러스에게 꿈 이야기를 듣고는 보복 방법을 계획한다. 그리고 포키스에서 온 여행자인 척하면서 궁전에 들어가서 왕비 클리다임네스트라에게 오레스테스가 죽었음을 알린다. 안심한 왕비는 이 소식을 알리기 위해 아이기스토스를 불러온다. 아이기스토스가 도착하자 오레스테스는 자신의 정체를 밝히면서 그를 살해한다. 그리고 어머니인 클리타임네스트라를 죽여야 하는 상황에서 그는 햄릿이 된다. 기어이 어머니를 죽여야 하는 것인가?

가족의 의무인 아버지의 복수를 위해서는 낳아준 어머니를 죽여야 한다. 그럼 어머니에 대한 가족의 의무는 어찌되는 것인가? 오레스테스는 친구 필라데스에게 조언을 구한다. 결국 아버지의 복수가 우선이라는 친구의 말을 따라 그는 어머니를 살해한다. 이후 그가 궁전을 나서자마자 부모 살해에 항상 따라붙는 복수의 여신들인 에리니에스들이 달라붙어서 괴롭히게 되고 그는 고통 속에서 복수의 여신들로부터 도망다니는 신세가 된다. 여기까지가 2부 「제주를 바치는 여인들」의 내용이다.

분노에서 자비로 이름을 바꾸다

에리니에스에게 시달리면서 미쳐버린 오레스테스는 델피의 아폴론신전으로 피신한다. 그러나 아무리 강력한 아폴론이라 하더라도 복수의 여신들의 분노를 잠재우는 것은 무리인지라 단지 졸리게 하는 주문을 걸어서 에리니에스들을 잠시 붙들어놓고 오레스테스를 헤르메스의 보호 아래 아테나에게 보낸다. 그러자 클리타임네스트라의 유령이 나타나서 잠들어 있는 에리니에스들을 깨워서 오레스테스를 추격하게 한다. 아이스킬로스는 배우들에게 무대 분장을 시켰는데 이 복수의 여신들이 등장하는 장면이 초연되었을 때 그 분장이 얼마나 공포스러웠는지 노인들은 오줌을 지리고, 아이들은 졸도하고, 네아이라라는 이름의 임산부는 유산을 하면서 그 자리에서 숨졌다고 한다.

이렇게 깨어난 에리니에스들은 아테네까지 오레스테스를 추격하여 그를 포위한다. 이렇게 되자 아테나 여신이 등장하여 재판이 진행된다. 이

때 아폴론은 오레스테스의 변호를 담당하고 에리니에스들은 죽은 클리타임네스트라의 편에서 공박을 하게 된다. 치열한 설전이 전개되지만 상황은 만만치가 않다. 결국 배심원인 아테네의 시민들이 민주주의의 발상지답게 투표를 한다. 그런데 정확히 동수의 결과가 나오자 아테나 자신이 수석배심원의 자격으로 오레스테스에게 표를 던진다. 에리니에스들에게 호소하여 이 결과를 받아들이게 하고는 분노라는 뜻의 에리니에스라는 이름 대신 자비로운 자들이란 뜻의 에우메니데스라는 새로운 이름을 붙여준다. 이리하여 3부의 제목은 '에우메니데스'라는 명칭이 붙게 되는 것이다. 이렇게 신들의 도움으로 오레스테스는 평온을 찾게 된다. 내용이 아테네 시민들에게 아부하는 성격이 짙지만 이해하자. 아테네 시민들을 위한 축제가 아니던가.

이 3부작과 별도로 있는 「프로테우스」라는 사티로스극은 학자들이 호메로스의 「오디세이아」 제4권에 나오는 이야기로부터 추측한 내용이다. 아가멤논의 동생인 메넬라오스가 트로이에서 헬레네를 되찾아서 고향인 스파르타로 돌아오려다가 이집트의 한 섬으로 들어가게 되는 내용이라고 한다. 배가 표류하는 통에 이 섬에 같이 머물게 된 사티로스들이 메넬라오스를 도와서 이 섬을 빠져나온다. 그런데 사티로스들이 절세미인 헬레네를 그냥 두겠는가? 해서 사티로스들이 헬레네를 집단추행하는 장면이 있었다고 추측된다. 이 사티로스들의 이름을 딴 사티로스극은 온전하게 남아 있는 작품이 에우리피데스의 「키클롭스」 외에는 없지만 소포클레스가 쓴 「추적자」란 희극의 일부와 다른 사티로스극들의 부분적인 조각들로 내락의 구성을 짐작하고 있다.

고대 디오니소스제전의 분위기를 형성하는 데 가장 중요한 것 중의 하나가 코러스이다. 현대 연극과 달리 당시에는 코러스의 역할이 매우 중요했다. 여러 이유가 있는데 무대도 그중 하나다. 당시 디오니소스 극장은 지금의 극장처럼 닫힌 공간이 아니라 야외에서 하는 오픈 에어open air 형식이었다. 프랑스의 아비뇽 연극제 같은 곳에서는 지금도 이 오픈 에어 형식을 애용하기도 하지만, 규모 면에서 디오니소스 극장과 비교할 수 없다. 당시의 극장은 약 1만 2,000명을 수용했다고 하니 엄청난 크기였을 것이다. 사진으로만 봤는데도 그 크기가 대단하다. 마이크 같은 음향 시설이 없을 당시에 관객을 사로잡을 수 있는 최고의 무기는 역시 많은 인원이 동원되는 코러스였을 것이다. 오페라에 대규모 합창단이 등장하는 것을 생각하면 이해하는 데 도움이 되겠다. 거기에 데우스 엑스 마키나deus ex machina*라는 연극 용어의 근원인 크레인 같은 장치도 동원되었다고 하는데 신들이 등장할 때 이런 크레인을 동원해서 하늘에서 신이 내려오는 장면을 연출하기도 했다고 한다.

억센 독일어가 수십 개의 화살처럼 내려꽂히다

이 「오레스테이아」를 오늘 도이체스테아터에서 공연한다. 이런 작품을 무대에서 만날 기회는 흔치 않다. 어찌 그냥 지나갈 수 있는가? 무대는 시작부터 충격이다. 송판 같은 것을 사용해서 무대의 에이프런 안쪽을 다 막아놓았다. 객석 바로 앞의 오케스트라석 부분만으로 무대를 꾸몄는데 연출자

---

* '기계에서 나타난 신'이란 뜻의 라틴어이다. 연극의 갈등이나 문제를 연극의 마지막에 신이 나타나서 모두 해결해준다. 크레인을 사용해서 배우가 하늘에 대롱대롱 매달려서 연기를 한다고 해서 이런 이름이 붙었다. 어이없는 결말이기는 지금이나 고대 그리스나 마찬가지다. 데우스 엑스 마키나를 가장 많이 활용한 극작가가 에우리피데스인데 이로 인해 아리스토텔레스를 비롯하여 동료 극작가에게 많은 비난을 받았다.

는 왜 이렇게 공간을 다 죽여버린 것일까? 생각할 수 있는 것은 단 하나다. 더 이상 물러설 곳이 없다는 의미다. 도망가고 싶어도 갈 곳이 없는 막다른 골목. 무대는 사람 키만 한 크기의 계단으로 이등분되어 있다.

관객들이 들어서서 자리를 잡고 앉는데 앞의 다섯 줄의 관객들에게 비닐천을 하나씩 나눠준다. 어째 분위기가 심상치 않다. 클리타임네스트라 역의 콘스탄제 베커Constanze Becker가 비키니 차림으로 미리 나와 앉아서 캔맥주를 조금씩 마시고 담배도 한 대 피우며 관객들이 입장하는 것을 보고 있다. 그러더니 피를 한 바가지 뒤집어쓰곤 연극을 시작한다. 피는 객석까지 튀어 관객의 옷이며 얼굴까지 적신다. 그래서 비닐천을 나눠준 것이다. 이럴 때는 이층에 앉아 있는 것이 다행스럽다. 조금 뒤에 기타 연주자가 이층 객석에서 전자기타로 연주하는데 둥둥거리는 전자음이 괴기스러우면서도 처량하다. 그런데 갑자기 내 뒤의 관객들이 모두 벌떡 일어난다. 이건 또 뭔가? 코러스였다. 관객으로 위장하고는 객석의 가장 꼭대기에 앉아 있다가 깜짝쇼를 벌인 것인데 내 바로 뒤에서 외치는 바람에 놀라 자빠질 뻔했다. 이 코러스를 독일어로 슈프레히코어Sprechchor라고 한다. '말로 하는 합창'이란 뜻인데 나도 이렇게 직접 듣는 것은 처음이다. 40여 명의 합창단이 지휘자의 손동작에 맞추어 마치 나팔을 불듯 대사들을 외쳐댄다. 타박을 하기도 하고 어루만지듯 달래기도 하는데 기가 막힌다. 억센 독일어가 저 높은 곳에서 수십 개의 화살처럼 배우들에게 내려꽂힌다. 온몸에 소름이 돋는다. 고대 연극의 코러스를 책으로만 접할 때는 이런 걸 왜 하나 했었는데, 막상 무대에서 접하니 내가 연출자라도 이 임청난 효과를 포기할 수 없겠다. 그저 충격이다. 이 코러스는 반주 없이 대사로만 진행되는데도 마치 음악을 듣는 것처럼 음률이 느껴진다.

그것이 바로 이암브iamb라고 하는, 강약을 조절하는 고대 그리스의

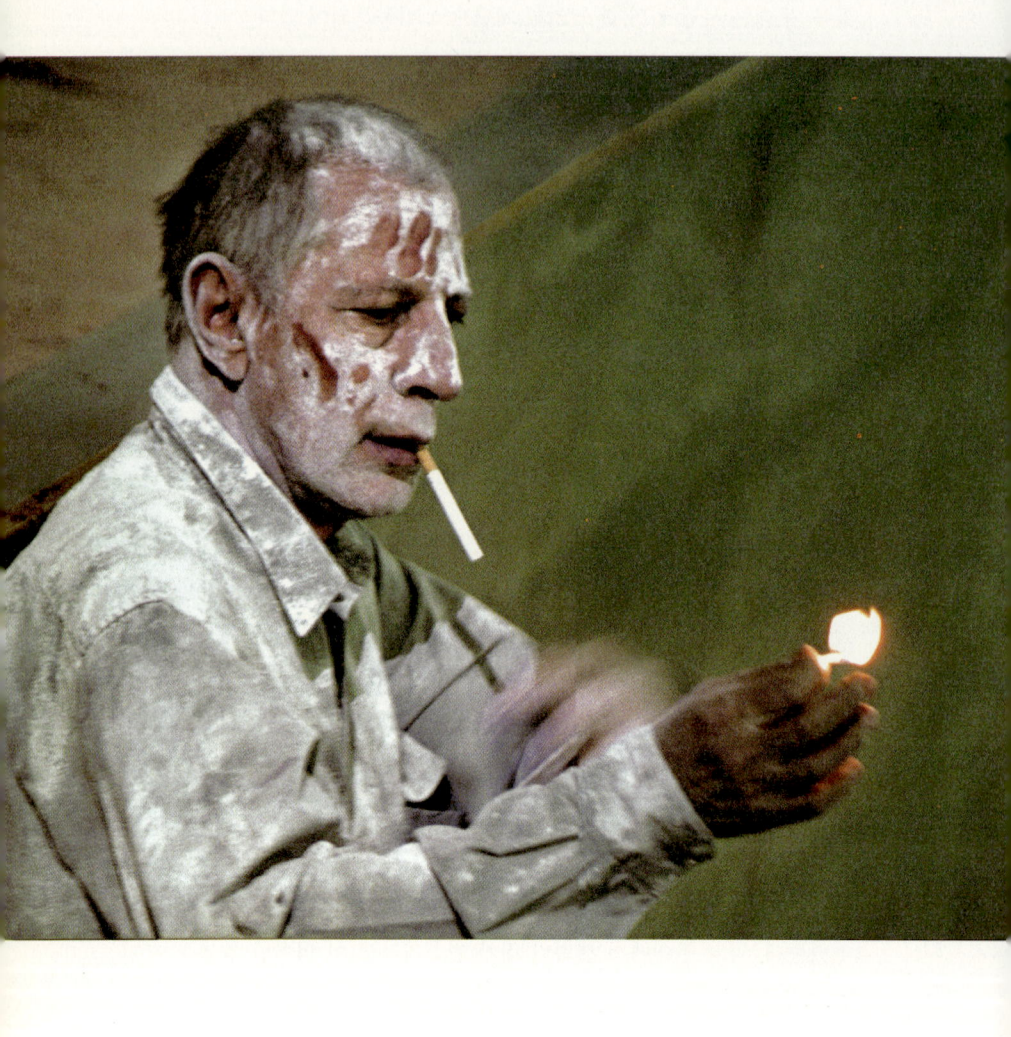

음악적 효과이다. 이 이암브[*]는 절의 길이에 따라 이암빅 테트라메터 iambic tetrameter, 이암빅 펜타메터iambic pentameter, 이암빅 헵타메터iambic heptameter 하는 식으로 구별되는데 이런 메터들을 적절히 섞어서 코러스를 진행한다. 악보를 그릴 재주는 없지만 그래도 이게 그냥 나오는 것이 아니라는 것은 알겠다. 이런 규칙에 따라 음의 장단고저에 감정을 실어내기까지 정말 연습이 많이 필요한 기술이다.

아가멤논의 귀향을 알리는 메신저도 횟가루를 뒤집어쓴 분장으로 나와서는 성냥불을 켜서 담배를 태우려 하는데 성냥불이 자꾸 꺼진다. 이것도 역시 계산된 것이다. 세 번만에 불이 붙은 성냥을 물끄러미 바라보면서 불이 다 타들어갈 때까지 대사를 계속하는데 부들부들 떨면서 독백을 한다. 이 가족사가 얼마나 공포스러운지 보여주는 것이다. 그러고 나서 흰 셔츠에 말쑥한 양복바지 차림의 아가멤논이 위쪽 계단 오른쪽에서 등장한다. 반나체 차림의 클리타임네스트라를 발견하곤 바지와 팬티를 내리고 관객에게 엉덩이를 향한 상태에서 그녀를 번쩍 들어서 섹스를 한다. 벽에 쿵쿵 찧어가면서 연기를 하는지라 관객들 역시 그 폭력적인 이미지에 가슴이 철렁한다. 왼편으로 사라진 아가멤논이 살해당하는 장면은 보여지지 않지만 비명 소리로 짐작할 수 있다. 카산드라 역시 오른편 아래쪽 무대에서 등장하여 절규하는 열연을 펼치고는 사라진다. 그리고 왼쪽 아래 무대 전면부에서 무언가가 기어온다. 하얀 형광불빛이 바로 투명한 무대에 비춰지고 그 불빛이 비춰지는 무대를 피범벅이 된 아가멤논이 낮은 포복으로 기어오는 것이다. 그린데 그 속도가 굉장히 느리나. 보아하니 무대 왼편에서 오른

---

[*] '약강격', 즉 약한 강세의 음절 다음에 강한 강세의 음절이 따라 나오는 것을 뜻한다. 이 이암브에 의해 시나 드라마에 운율이 생긴다. 고대 그리스뿐 아니라 서양에서 두루 쓰인 전통적인 정형시 운율이다. 이암브 테트라메터, 이암브 펜타메터, 이암브 헵타메터는 각각 이암브가 4개, 5개, 7개 모인 것을 뜻한다. 이 책 339~341쪽 참조.

편 끝까지 다 기어가면 연극이 끝나지 싶다. 그런데 이 장면을 보면서 번쩍하고 뇌리를 스치는 생각이 있었다. 엑키클레마ekkyklêma! 데우스 엑스 마키나에서 사용되는 크레인처럼 무대 바깥에서 안으로 시체를 밀어넣는, 바퀴 달린 수레 같은 장치이다. 당시에는 사람을 죽이는 장면을 관객이 볼 수 없게 하였기에, 이런 잔인한 장면을 설명하기 위해 이렇게 시체를 밀어넣는 방법을 사용했다고 한다. 아이스킬로스가 아가멤논의 주검을 설명할 때 엑키클레마를 사용해서 처음으로 시도했다고 한다. 연출자는 바로 이 엑키클레마의 효과를 수레를 사용하지 않고 배우가 미끈거리는 피를 뒤집어쓴 채 투명한 플라스틱 무대를 기어가게 함으로써 보여주려 한 것이다. 오늘 정말 쉽게 보지 못할 장면들을 많이 만난다. 이런 연출자의 이름은 기억해두자. 미카엘 탈하이머Michael Thalheimer.

일을 벌였다! 고통을 겪어봐라! 배워라!

연극은 막간 없이 계속 진행된다. 엘렉트라가 나타나서 분노하며 슬퍼하고, 우유부단한 오레스테스가 등장하고 엘렉트라가 주저하는 오레스테스를 등 떠밀어 어머니를 살해하게 한다. 이 장면에서 엘렉트라는 자기보다 아래쪽에 있는 오레스테스의 머리를 잡아채면서 끌어올리는 장면을 연출하는데 정말 공포스럽다. 물론 밑에서 적당히 팔꿈치를 이용해서 들어 올려지는 효과를 내는, 오레스테스 역 배우의 기술에 의한 것이지만 관객의 시점에서는 엘렉트라가 오레스테스의 머리카락을 잡아채서 저 높은 계단 위로 끌어올리는 것처럼 보인다. 겁에 질린 오레스테스는 오줌을 질질 흘리며 극장을 공포의 도가니로 몰아넣는다. 결국 오레스테스는 아이기스토

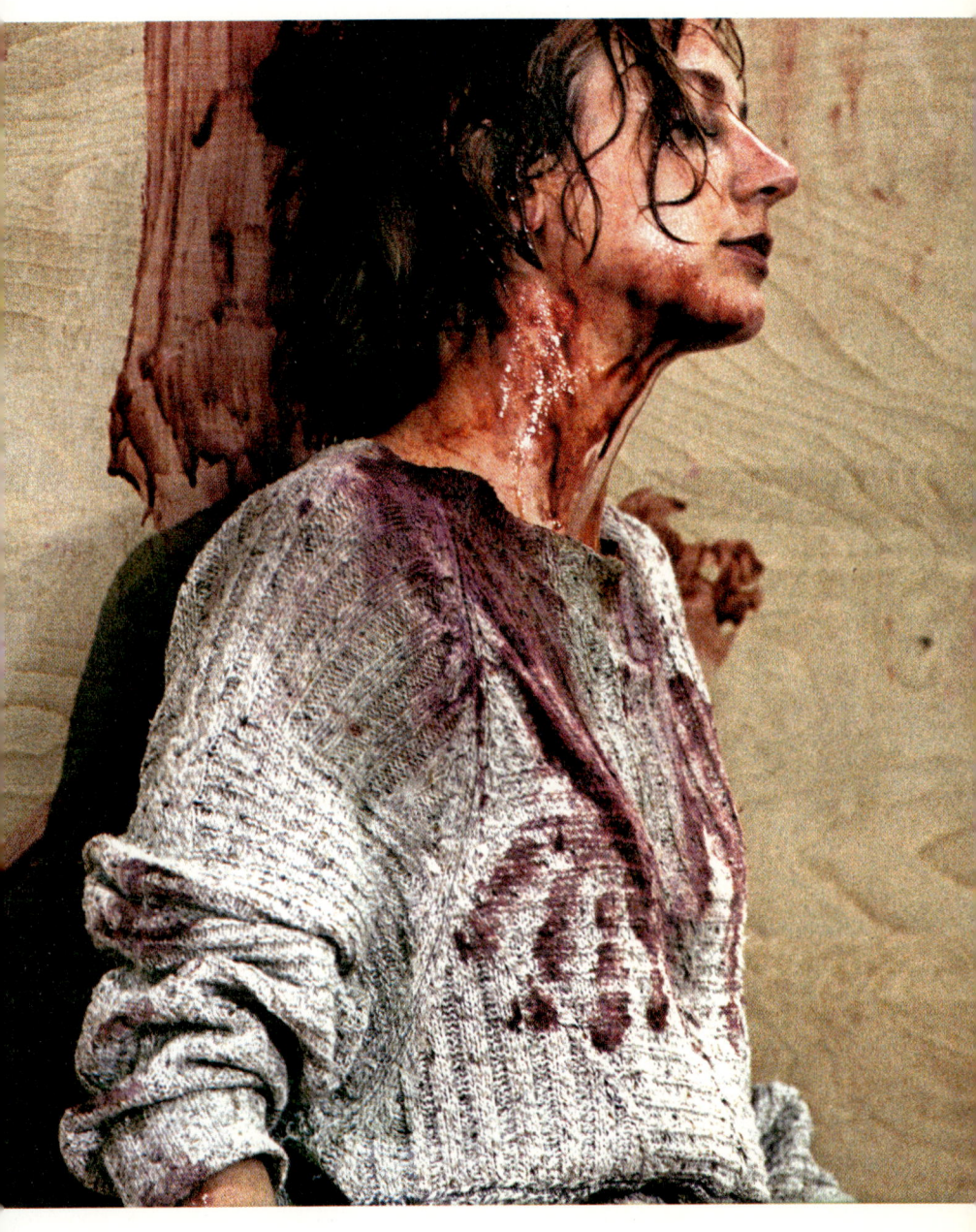

스에 이어 클리타임네스트라를 목 졸라 죽인다. 복수의 여신을 담당하는 코러스들은 겁에 질려 웅크리고 있는 오레스테스를 향해 이렇게 외친다. "일을 벌였다! 고통을 겪어봐라! 배워라!TUN! LEIDEN! LERNEN!" 이런 외침이 수십 번에 걸쳐서 극장 꼭대기에서 무대를 향해 내리꽂히는 사이 어느덧 아가멤논의 시신과 함께 아이기스토스와 클리타임네스트라의 시신이 무대 오른편에 모아져 있다. 무대는 피범벅이 되어버렸다. 마지막 장면에서는 객석에서 숨소리조차 나오지 않는다.

연출자 탈하이머는 아이스킬로스의 3부작을 이렇게 2부까지로 처리했는데, 사실 3부인 「자비로운 여신들」은 아테나의 자비로움을 강조하는 부분이기에 극적 효과는 덜하다. 나 같아도 생략했을 것이다.

베를린에는 베를리너앙상블만 있는 것이 아니다. 도이체스테아터가 저 건너편에 떡하니 버티고 서 있다. 베를린에서 만나야 할 것들이 너무나 많다. 돌아오는 길에 무심코 올려다본 밤하늘이 온통 핏빛으로 젖어 있다. 이런 놀라운 경험을 앞으로 얼마나 더 하려는지…….

그리스의 또 다른 축제, 레나이아 디오니소스제전에서는 희극보다 비극이 중요한 역할을 차지하지만, 비극보다 희극이 중요한 역할을 차지하는 축제가 있다. 레나이아라는 축제가 그것인데, 이 축제는 매년 1월경에 열린다. 레나이아 역시 디오니소스를 기리는 축제인데, 디오니소스제전이 디오니소스를 달래기 위한 성격의 축제라면, 레나이아는 디오니소스를 섬기는 여인들과 관련된 성격의 축제이다. 레나이라는 말은 박카이라고 알려진, 디오니소스를 숭배하는 여인들인 마이나데스를 부르는 다른 이름이다. 이들이 최면이나 히스테리 상태가 되어 특수한 희열에 잠기면, 즉 트랜스에 이르면 짐승들을 손으로 갈기갈기 찢어 죽인다고 알려져 있는데, 대표적인 희생자가 오르페우스이다. 에우리피데스는 비극「박코스 여신도들」을 통해 테베의 왕 펜테우스가 자신의 어머니를 포함한 박카이들에게 희생되는 이야기를 다루었다. 그리고 오직 아테네 시민들만 연극을 볼 수 있었다고 하는데, 정치적인 이유보다는 계절이 겨울이기에 다른 도시 사람들이 일부러 이 연극제를 보러 여행하지 않아서라고 생각된다.

이 연극제의 스타는 희극 작가인 아리스토파네스로 알려져 있다. 무수히 많은 극작가들이 있었지만 현재 남아 있는 작품은 아리스토파네스의 작품 이외에는 없다. 희극 작품들은 비극과 달리 노래나 시가 포함되지 않아서 어찌 보면 지금의 연극과 유사한 형태를 띠지 않나 생각된다. 또 BC 5세기경에 이 축제가 시작되었다고 하니 종교적인 색채가 많이 바랜 희극이 등장했을 것이라 본다. 고대 그리스 연극 작품 중에 비극은 아이스킬로스, 소포클레스, 에우리피데스 세 사람외 작품만 남아 있고 희극은 아리스토파네스의 작품만 11개가 남아서 전해올 뿐이다. 여기에 아리스토텔레스의「시학」에서도 희극 부분은 손실되어서 정확한 정보가 없는 것도 연극사의 아쉬움이라 할 수 있겠다.

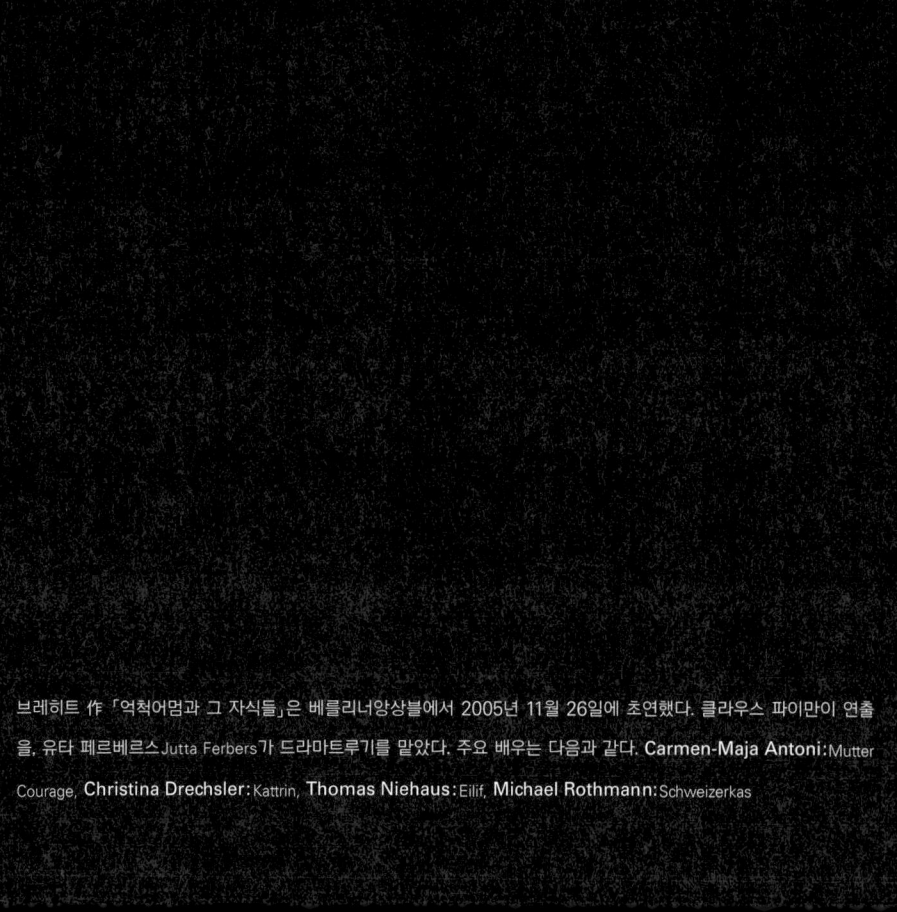

브레히트 作 「억척어멈과 그 자식들」은 베를리너앙상블에서 2005년 11월 26일에 초연했다. 클라우스 파이만이 연출을, 유타 페르베르스 Jutta Ferbers가 드라마트루기를 맡았다. 주요 배우는 다음과 같다. Carmen-Maja Antoni:Mutter Courage, Christina Drechsler:Kattrin, Thomas Niehaus:Eilif, Michael Rothmann:Schweizerkas

10

전쟁이 이들을 이렇게 만들었다 「억척어멈과 그 자식들」

행운과 위험을 거듭하면서

전쟁, 그놈은 오래도 가지요.

전쟁, 그놈은 백 년은 가지만

천민은 이익이 없다네.

오물이 그의 먹을거리며, 옷은 넝마조각이라네!

급료의 반은 연대가 잘라먹는다오.

하지만 기적이 일어날지도 모를 일.

출정은 아직 끝나지 않았네!

봄이 오네! 기독교 신자여, 깨어나라!

눈은 녹아버리고! 죽은 이들은 고이 잠들었도다!

아직 죽지 않은 것들은

이제 출발을 서두르네.

—브레히트의 「억척어멈과 그 자식들」 중에서

친구들이 티어가르텐 공원에서 바비큐 파티를 한다고 소란을 떤다. 바비큐 장비는 마크가 가져오고 다른 사람들은 학교 앞의 매점에 가서 각자 구워 먹고 싶은 고기들을 산다. 많이도 산다. 100번 버스를 타고 티어가르텐에 내려서 자리를 찾는데 저쪽에서 어떤 인간이 팬티까지 홀랑 벗고는 일광욕을 하고 있다. 라셀이 침을 퉤퉤 뱉으면서 욕을 하기에 쳐다보니 그런 인간들이 또 있다. FKK! 그러니까 나체족 문화다. 나도 말로만 들었는데 여기서 처음 본다. 도심 한가운데에 저렇게 나체족들이 있다니. 이게 동베를린의 유산이라고 하는데 왜인지는 모르겠지만 독일 친구들이 그렇다고 하니까 그런가 보다 한다.

자리를 옮겨 바비큐를 해서 먹었다. 라셀이 전에 「억척어멈과 그 자식들」을 보고 싶다고 해서 표를 여분으로 한 장 더 샀었는데, 막상 라셀에게 오늘 공연 가지 않겠느냐고 하니 시간이 안 된다고 한다. 그러자 옆에 있던, 스위스에서 온 마리온이 펄쩍펄쩍 뛰면서 자기가 가겠단다. 학교에서 이 연극을 공부했었는데 그때부터 좋아했단다. 10유로 받고 표를 넘겨준다. 그런데 얘가 자꾸 나에게 관심을 보인다. 내 나이를 자꾸 묻기에 스무 살은 넘었다고 하며 적당히 넘긴다. 자기 또래인지 확인하고 싶은 거겠지. 아직은 아무도 내 나이를 모르는데 알게 되면 다들 놀라 자빠질 거다. 저녁에 베를리너앙상블에서 마리온을 만나기로 하고는 아이들과 헤어진다.

195

베를리너앙상블에 도착했는데 본관 옆 주차장 같은 곳으로 들어가는 사람들이 눈에 들어온다. 들어가 보니 이쪽에 별관이 두 개나 있다. 파빌용과 프로베뷔네라는 이름이다. 보통 비슷한 시간대에 두 편의 연극을 공연하기에 하나는 어디에서 하나 했더니 이곳에서 하는 거였다. 칸티네라고 구내식당도 있어서 단원들이 식사를 하고 있다. 남이 먹는 걸 보니 배가 고파진다. 식당에 들어가서 스파게티와 콜라를 사서 밖으로 나와 정원에 앉아 배우들 옆에서 냠냠거리며 먹는다. 분장한 채 식사하고 있는 배우들의 곁에서는 연출진들이 다른 공연에 대해 상의하고 있다. 꼭 크리스마스 유령에 이끌려 다니는 스크루지처럼, 나는 그들의 대화를 듣고 있지만 아무도 나의 존재를 모른다. 정말 내가 보이지 않는 것일까? 손을 내밀어 내가 정말 안 보이는지 확인을 하려는데 전화가 왔다. 극장에 들어왔는데 내가 안 보인다고 마리온이 투덜댄다. 이쪽 정원으로 나오라 했는데 정원을 못 찾은 모양이다.

왜 300년이나 지난 전쟁 이야기를 무대에 올렸을까

「억척어멈과 그 자식들」은 「서 푼짜리 오페라」와 함께 브레히트의 작품 중에서 가장 널리 알려진 작품이다. 브레히트가 본인이 주창한 소외효과란 이런 것이라고 시범을 보이기 위해서 쓴 작품 중 하나이다. 바그너의 오페라에 나오는, 나치가 선전하는 게르만 서사시의 영웅들에 반대하여 전혀 영웅적이지 않은 인물 쿠라제를 주인공으로 서사극을 꾸몄다. 이 연극은 한국에서도 심심치 않게 공연한다고 하는데 들은 이야기로는 음악이 없었다고 한다. 그러면 정말 팥 없는 찐빵이다. 브레히트가 소외효과를 내기 위해 사용한 주된 장치가 음악이어서 음악이 없으면 멜로드라마와 다름없이 흘러갈 수 있기 때문이다.

원제목 밑에 '30년전쟁의 한 연대기'라는 부제가 붙어 있다. 이렇게 되면 할 이야기가 많아진다. 30년 동안 벌어진 전쟁 이야기니 얼마나 사연이 많겠는가? 우리도 동족상잔의 6·25전쟁을 겪어봐서 그 여파가 얼마나 큰지 안다. 남북이 30년 동안 휴전 없이 계속 싸웠다면 지금 우리는 어떤 꼴이 되어 있겠는가? 이런 끔찍한 일이 독일에서 벌어졌었다. 1618~1648년에 독일 전역에서 벌어진 이 전쟁을 보통 종교 전쟁이라고 하지만 정확히 이야기하면 종교를 빙자한, 유럽의 두 집안 간의 전쟁이다. 부르봉 집안과 합스부르크 집안이 바로 그 당사자들이다.

30년전쟁의 결과로 독일 지역의 남자 절반이 사망했고, 체코 지역은 1/3이 사망했다고 한다. 남자만 죽었겠는가? 독일 전역에 걸쳐서 전체 인구의 30%가 감소했다고 한다. 독일 지역에서 스웨덴군이 단독으로 파괴한 성은 2,000개, 도시는 1만 8,000개, 마을은 1,500개에 이르렀다고 하는데 독일 전체의 1/3이라고 한다. 끔찍하다. 연극 「억척어멈과 그 자식들」은 30년전쟁 중에서도 주로 스웨덴이 주도한 전쟁이 그 배경이다.

그런데 브레히트는 왜 300년이나 지난 전쟁에 관한 이야기를 무대에 올린 것인가? 그가 이 연극을 쓴 시기는 히틀러를 피해 망명을 다니던 1939년이다. 브레히트의 표현에 따르면 "구두보다 나라를 더 자주 바꾸던 시절"*이다. 브레히트는 덴마크로 갔다가 다시 스웨덴으로 옮기게 되었는데, 당시 스칸디나비아 정부들은 정치적으로는 히틀러에 반대하는 척하면서도 실제로는 티 나지 않게 뒤에서 적당히 공조해서 이득을 챙기려는 태

---

* 브레히트의 시 「후손들에게」에 나오는 구절.

도를 취했다. 이때 브레히트는 무슨 생각이 들었겠는가? 되풀이되는 역사가 보였을 것이다. 종교를 명분으로 하지만 실제로는 자신들의 이익을 위해 싸우던 30년전쟁, 그리고 전쟁을 통해 엄청난 부를 챙겼던 덴마크와 스웨덴의 왕실이 다시 한번 유럽의 소용돌이에서 그 이득을 얻고자 하는 모습에 일침을 가하고자 했던 것이다.

낯설어 보이게 하는 효과

그럼 소외효과란 무엇일까? 소격효과라고도 하는데, 이 이론이 사람들에게 어렵게 다가가는 데는 일본어 한자식의 번역도 한몫한다고 생각한다. 그런데 소외효과로 번역되는 독일어 단어도 브레히트가 만들어낸 신조어라고 한다. 인기는 없지만 실력 하나는 빵빵한 우리 학교 문학 선생 노르베르트의 말이니 믿어도 된다. 낯설다는 뜻의 단어 fremd에다 명사어미 –ung을 붙이고, '되게 하는' 정도의 뜻을 지닌 접두어 ver를 붙여 Verfremdung이란 단어를 만들고 여기에 효과를 뜻하는 Effekt를 붙여서 Verfremdungseffekt란 말을 만든 것이다. 원어를 그대로 번역하면 '낯설어 보이게 하는 효과' 정도가 되겠다.

그럼 무엇을 낯설어 보이게 한다는 말인가? 연극 무대를 그렇게 한다는 말이다. 브레히트는 스타니슬랍스키의 사실주의 연출 기법과 정반대되는 이론을 내세우는 것이다. 관객이 연극에 몰입해서 스스로 연극의 주인공이라고 생각하는 착각에 빠지는 경우가 많은데 이게 싫다는 말이다. 브레히트는 이런 식의 연출이 극작가의 의도를 방해한다고 생각했다. 즉 극작가가 말하고자 하는 메시지가 감정이입의 효과 때문에 전달되지 않는다는 말이다. 유명한 영화배우나 탤런트가 연극 무대에 선다는 광고에 홀려서 대학로 극장을 찾아 연극을 즐기는 경우, 할리우드 명배우들의 연기에 홀려서 펜타곤의 프로파간다 같은 영화들을 감동적으로 보고 나오는 경우가 여기에 해당된다. 그런 사람들이 잘못되었다는 말이 아니다. 카타르시스를 제대로 느끼시는 분들이니 연극의 바이블인 아리스토텔레스의 「시학」의 이론에 충실하신 분들이다. 어찌 보면 원래 연극이 이런 것인지도 모른다.

하지만 당시의 암울한 시대 상황에서 지식인으로서의 의무를 절감하던 브레히트는 이게 영 마음에 들지 않았다. 연극을 통해 위선과 파시즘이 가득한 사회 분위기를 바꾸고 싶었던 그로서는 메시지 전달이 최우선 과제였을 것이다. 관객이 빠져들 것 같으면 그는 연극적 장치를 통해 이렇게 외친다. "어이! 정신 차려! 이건 실제가 아니라고! 연극이야, 연극! 너무 빠져들지 마!"

그럼 어떤 장치를 사용하면 이런 효과를 낼 수 있는가? 이에 대해서 브레히트는 특별히 정해두지는 않는다. 이용할 수 있다면 어떤 것이든 다 가능하다. 기존의 사실주의 연출에서 빈번히 이용하던 제4의 벽*을 깨는 건 다 가능하다. 브레히트가 주로 이용하는 것은 음악이지만 그는 무대 조명, 미술, 내레이션, 소음, 소품 등 동원할 수 있는 것은 다 동원한다. 실제로 「억척어멈과 그 자식들」의 대본은 막 없이 장으로만 이루어지는데 각 장이 시작되기 전에 앞으로 무슨 일이 일어날 것인가를 대략 설명하는 플래카드를 사용하라고 저혀 있다. 내레이터를 이용해서 이를 낭독해도 된

---

* 연극적인 사실주의에서 주로 사용되는 개념이다. 거실이 4개의 벽으로 둘러싸여 있는데 그중의 하나를 걷어내면 3면만이 남는다. 이것이 주로 우리가 연극에서 만나게 되는 무대이다. 즉 관객의 앞에 걷어진 부분을 상상의 벽인 제4의 벽이라고 하는 것인데, 시트콤 같은 TV프로그램에서도 이런 개념이 사용된다.

다. 보통 영화나 드라마를 볼 때는 앞으로 무슨 일이 벌어질지 궁금해하면서 본다. 먼저 본 사람이 그 내용을 설명해주면 김이 빠져서 보기 싫어진다. 그런데 이 연극은 미리 김을 뺀다. 이런 일이 벌어질 것이니 극의 내용에 얽매이지 말고 내용 안에 숨겨진 의도에 집중하라는 것이다. 숲이 나오는 무대 배경도 달랑 나무 한 그루를 가져다놓는 것으로 끝난다. 이것을 그냥 숲이라고 생각해라. 중요한 건 숲이 아니라 숲에서 벌어지는 일이다. 조명도 밤이건 낮이건 환하게 밝혀놓는다. 현실감을 배제하려는 목적이다. 배우들이 생생하게 연기를 펼치다가 갑자기 노래를 불러제끼기도 한다. 이런 것 때문에 브레히트 연극을 뮤지컬로 생각하는 사람들이 가끔 있다. 단호하게 말하자면 뮤지컬이 아니다. 연극의 주제를 강조하려고 일부러 노래를 이용하는 것이다.

그런데 브레히트의 소외효과라는 게 지금의 우리가 마주치면 별로 대단해 보이지 않는다. 이미 우리는 반세기가 넘게 소외효과에 익숙해져 있기 때문이다. 그동안 많은 연극 연출가와 영화감독들이 소외효과를 사용해서 공연을 하거나 필름에 담아서 우리에게 보여주었기 때문이다. 우리는 소외효과의 세계에 살고 있으면서 소외효과를 궁금해하고 있었던 것이다. 이러다 보니 또 다른 문제가 생겼다. 이제 웬만큼 낯설게 해서는 관객이 낯설어하지 않는다. 추상적인 현대미술과 괴기한 현대음악 덕분에 이런 것들이 더욱 친숙해졌다. 이제 브레히트식의 소외효과로는 극작가의 메시지 전달은 턱도 없다. 인간들의 세계란 정말 어렵고 어렵다.

억척스러운 것과 용감한 것의 차이

이제 연극의 내용을 한번 들여다보자. 그 전에 '억척어멈'이라는 주인공 이름에 대해 시비를 걸고 싶다. 개인적으로는 맨처음 이렇게 번역하신 분에게 박수를 보낸다. 억척어멈이라는 이름은 당시 우리의 정서에 맞는 이름이었으리라. 그런데 독일어로 쓰인 그녀의 이름은 무터 쿠라제Mutter Courage이다. 무터는 어머니라는 말이니 별 탈이 없는데 이 쿠라제라는 말이 가진 뉘앙스가 문제다. 용기 또는 용감하다는 뜻으로, 프랑스어를 사용한 것이다. 같은 뜻의 무트Mut라는 독일어 단어가 있는데도 불구하고 브레히트는 일부러 프랑스어를 빌려왔다. 극의 내용으로 보면 쿠라제는 정말 억척스럽다. 해서 억척어멈이라는 말이 큰 무리 없이 받아들여졌다. 그런데 억척스러운 것과 용감한 것은 엄연히 다르다. 용감하다는 주로 영웅적인 주인공들에게 사용되는 단어이다. 영웅적인 캐릭터에게 억척스럽다고 하지는 않는다. 물론 쿠라제는 영웅적인 캐릭터가 아니기에 억척어멈이라 했겠지만, 그보다 먼저 왜 브레히트가 이런 평민에게 영웅적인 느낌이 드는, 쿠라제라는 별칭을 붙였는지 생각해봐야 한다.

기존의 서사극에서 주인공은 대부분 영웅들이다. 히틀러가 찬양해 마지않는 바그너의 오페라를 생각해보시라. 게르만 서사시가 영웅들을 통해 나타난다. 실제로 나치는 영웅적인 게르만의 어머니상, 자식이 조국을 위해 목숨을 바치도록 종용하는 어머니상을 만들어내기 위해 갖은 노력을 했다. 그래서 이 연극도 내용을 모르고 제목만 들으면 억척스런 어미가 아니라 영웅적인 어미, 용감한 어머니가 연상된다. 브레히트가 노린 것은 바로 이런 이미지이다. 제목만으로 연극의 내용을 떠올리면 조국과 민족을 위해 자식을 바친 용감한 어머니와 그 자식들에 관한 내용을 추측하는 것이 당

연하다. 물론 내용은 정반대지만 바로 그렇기 때문에 억척어멈이라는 제목
이 붙어버리면 브레히트가 원하던, 제목을 통한 반전효과가 사라져버린다.
아니, 아예 다른 내용으로 흘러가는 것이다. 그리고 독일 사람들이 세련된
느낌을 내기 위해 쓴 프랑스어인데 거기에 토속적인 느낌이 드는 억척어멈
을 대응시키는 것도 뭔가 맞지 않는다. 또 그녀의 자식들 이름은 그대로 사
용하면서 쿠라제만 억척어멈이라고 하는 것 역시 이상하다. 해서 나는 그
냥 원래 브레히트가 붙인 쿠라제라는 이름을 사용하겠다.

군대에 아들을 빼앗기다

희곡에서는 연극이 시작되면 1장의 줄거리가 플래카드에 적혀 관객들에게
보여진다. 이렇게 매 장마다 줄거리가 관객들에게 미리 보여지는데 여기서
는 생략하겠다. 괜히 김 빼면 재미없을 것 같다. 이 글은 무대가 아니니 여
기서 군이 소외효과를 쓸 필요는 없다. 때는 1624년 봄이다. 폴란드 원정
을 위해 4개 대대의 군인을 모집하라는 명령을 받은 스웨덴 모병관이 상사
와 이야기하면서 불평하는 장면으로 시작한다. 젊은 남자를 갑자기 어디서
구해오란 말인가 하면서 툴툴거리는데 저 멀리서 두 아들이 끄는 쿠라제의
포장마차가 보인다. 하늘이 보살핀 것이다. 건장한 젊은이가 하나도 아니
고 둘이나 온다. 포장마차를 세우고 일단은 검문하는 척하면서 상황을 살
핀다. 그런데 이 쿠라제의 포장마차는 일반 포장마차가 아니다. 병영을 따
라다니면서 물건도 팔고 술도 파는 일종의 사설 PX인 셈이다. 현장 인부들
에게 밥도 팔도 술도 파는 이동식 함바집이라고 생각해도 되겠다.
　　이런 포장마차를 끄는 쿠라제이니 만만한 사람이 아니다. 군대 사정을

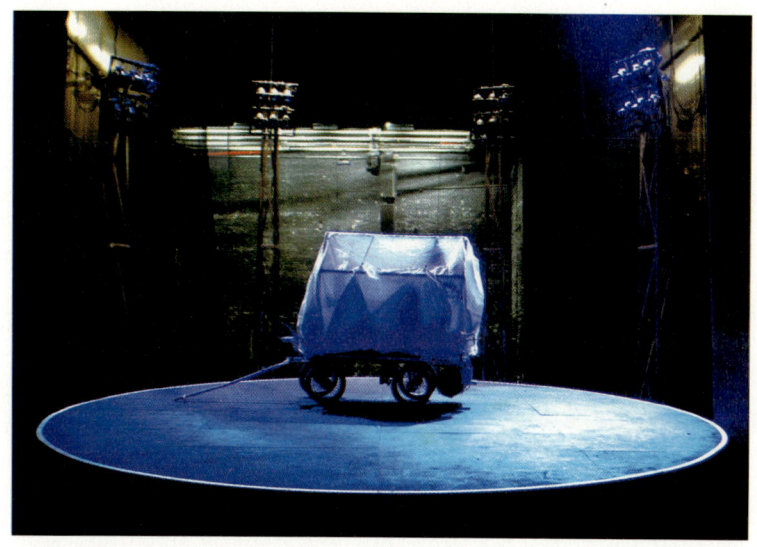

누구보다 잘 아는 쿠라제가 아들들을 곱게 내줄 리 없다. 그러나 혈기 왕성한 두 아들은 군인이 되고 싶어한다. 특히나 큰아들 아이리프는 거칠면서 지지 않으려고 하는 군인 기질이 다분히 보인다. 이를 놓칠 모병관이 아니다. 상사가 물건을 사는 척 흥정하는 사이에 아이리프에게 돈을 조금 주면서 꼬드긴다. 결국 아이리프는 엄마의 경고를 무시하고 모병관을 따라 사라진다. 이제 쿠라제에게는 융통성 없는 작은아들 슈바이처카스와 벙어리 딸 카트린만 남는다. 그리고 큰아들 아이리프 대신 딸 카트린이 작은아들과 함께 마차를 끈다. 그녀는 아들과 함께 노동력도 잃었지만 아직은 자식이 둘이나 있으니 괜찮다.

이렇게 아들을 하나 빼앗기는 것으로 1징이 마무리되는데, 베를리너 앙상블의 연출자 파이만은 이 무대를 브레히트가 시키는 대로 만들지 않는다. 먼저 둥그런 원형무대가 가운데에 높게 자리하고 그 뒤로 4개의 조명탑이 야구장 조명탑처럼 높게 세워져 있다. 특별한 조명을 위해서 그런 것이 아니다. 조명 시설이야 베를리너앙상블의 기본 조명시스템 내에 다 있다. 저런 조명탑을 세운 데에는 의미가 있는 것이다. 소외효과를 노린 것일 수도 있고, 감시의 기능을 상징하는 것일 수도 있고, 아니면 세상을 지켜보는 거인의 모습을 보여주려 한 것일 수도 있다. 이런 건 관객 각자의 느낌이 가장 중요하다. 다만 조명탑이 저렇게 우뚝 서 있으니 이게 실제는 아니고 마치 영화를 촬영하는 듯, 픽션이라는 생각을 갖게 된다.

그런데 조명이 꺼진 상태에서 갑자기 빽 하는 소리가 들린다. 하늘에서 매화가지 같은, 1미터 정도의 꽃이 달린 나뭇가지가 원형무대의 정중앙에 내리꽂히면서 마치 돋보기로 태양빛을 모은 초점이 줌아웃되듯, 조명이 나무를 중심으로 좍 켜져 무대 전체를 비추면서 연극이 시작된다. 그리고 원형무대 아래 저 멀리서 쿠라제의 노랫소리와 함께 마차가 한 바퀴 빙돈다. 그리곤 모병관과 상사가 등장해서 대화를 나눈다. 시작부터 브레히트의 원본과 다르다. 게다가 파이만은 플래카드로 미리 줄거리를 알려주는 장면을 전부 생략하려고 작정했나 보다. 하지만 봄을 상징하는 나무를 마치 화살이 꽂히듯 꽂아넣는 것으로 관객을 놀라게 한다. 자, 이제 정신 차려라 하는 뜻일 게다. 이러면 브레히트의 지시를 따르지 않아도 그가 의도하는 바는 달성한 것이다.

그리고 원본에서는 쿠라제의 마차가 무대에 등장하면서 노래를 부르는데 오늘은 아예 시작부에 노래를 부르면서 장외(무대 바깥은 아니지만 무대 안의 무대인 원형무대를 벗어난 것이라 이렇게 부르겠다.)를 맴도는 것으로 시작한다. 이 원형무대는 객석을 향해 10도 정도 기울어져 있다. 파이만이 즐겨 쓰는 무대 테크닉 중의 하나이다. 이렇게 기울어져 있으면 마차가 어떤 경로로 원형무대에 올라오는지 관객이 알 수 없다. 그리고 이러한 각도는 관객을 심리적으로 불안하게 만든다. 저 마차가 실수로 객석으로 굴러떨어지면 어쩌나 하는 불안감이 생긴다. 물론 그럴 일은 없다. 허름해 보여도 튼튼하게 잘 만든 마차다. 그런데 골격이 전부 쇠파이프로 된 것이 엄청나게 무거워 보인다. 마차 안에 담긴 물건들도 묵직해 보인다. 버거운 인생살이를 의미하려고 그랬을까? 아무튼 끌고 다니려면 배우들 고생이 많겠다.

나는 2층의 발코니석에 앉아서 보는데 바로 옆 발코니석에 바이올린 연주자가 배치되어서 쿠라제의 노래에 맞추어 연주한다. 이렇게 가까이에서 바이올린 연주를 듣는 것은 생애 처음이다. 내 귀에서 정확히 1미터 떨어진 거리에서 연주를 한다. 바이올린 특유의 구슬픈 떨림이 발코니를 뚫고 들어와 바이올린의 울림통 안으로 내 심장을 낚아채 가는 걸 그냥 보고만 있다. 쿠라제 역의 카르멘마야 안토니Carmen-Maya Antoni는 역시 대배우다. 여기 베를리너앙상블에서도 고참 급에 속하는 그녀는 출연한 드라마와 영화만 해도 100편이 넘는데다 그간《베를리너차이퉁》에서 선정하는 최고여배우상을 3번이나 받았다. 그런데 여기서 노래를 듣고 있으니 그녀의 본업이 가수라 해도 이의를 제기할 사람은 없겠다는 생각이 든다. 18세 때 브레히트의 희곡에 들어가는 음악을 대부분 만든 작곡가 파울 데사우에게 극찬을 받았다고 하는데 그 이유를 알 것 같다.

전쟁이 이들을 이렇게 만들었다

2장은 폴란드에 있는 스웨덴군의 대장 막사에서 시작하는데 부엌에서 쿠라제가 대장의 취사병에게 닭 한 마리를 팔기 위해 흥정을 벌이고 있다. 쿠라제는 비싸게 팔려고, 취사병은 싼값에 사려고 실랑이를 벌인다. 중간 정도의 가격에 대략 합의를 보려고 하는 순간에 대장이 군목, 쿠라제의 큰아들 아이리프와 함께 등장해서 군인 아이리프의 영웅적인 활약상을 격려하면서 같이 술을 마신다. 아이리프가 대장의 총애를 받는 것을 목격한 쿠라제는 그가 자신의 아들임을 취사병에게 밝히면서 이를 이용하여 원래 받으려던 가격의 두 배에 닭을 판다.

그런데 아이리프가 무슨 영웅적인 행동을 했기에 대장에게 저런 환대를 받는 것인가? 전투에서 큰 공이라도 세웠나? 아니다. 폴란드의 농부들이 군인들에게 소를 빼앗길까 두려워서 밤에 소를 이동시키는 것을 몰래지켜보다가 부하들과 함께 습격했는데 수적으로 우세한 농부들이 몽둥이를 들고 공격하자 소를 사러 온 척, 속임수를 써서 방심하게 만든 뒤 그들을 죽이고 소들을 빼앗아온 것이다. 민간인을 죽이고 가축을 약탈해서 군인들 먹거리로 가져온 이 '영웅적인 행동'으로 스웨덴 왕까지 알현하게 해준다고 하니 아이리프는 신이 났다. 칼을 빼들고 「계집과 병사의 노래」를 부르면서 춤까지 춘다. 그리고 쿠라제는 이 노래를 부엌에서 받아 부른다. 이렇게 모자의 상봉이 재현된다. 칭찬받는 것을 어머니가 들었을 것을 생각해서 아이리프는 더욱 기뻐하는데 어머니는 아들의 뺨을 갈긴다. "소를잡아와서 그래요?", "아니다. 네 명이 너에게 덤벼들어 너를 간 고기처럼만들려 했을 때 항복하지 않았기 때문이다! 늘 몸조심하라고 이 어미가 가르치지 않았더냐? 이 핀란드 악마야!" 이 정도면 쿠라제와 아이리프가 어떤 사람들인지 알 것이다. 전쟁이 이들을 이렇게 만든 것이다.

2장은 특별한 연출기법이 필요 없는 장이다. 한데 이 군인들의 분장에는 신경을 썼다. 스웨덴 군복이 아니라 십자군을 연상시키는 복장을 준비했다. 하얗게 회칠한 군복에, 검은색 바탕에 흰 십자가 문양이 들어간 모자를 대장부터 취사병까지 일체감 있게 입혔다. 얼굴에도 잔뜩 회칠을 해서역시 비현실적인 이미지를 그려냈다.

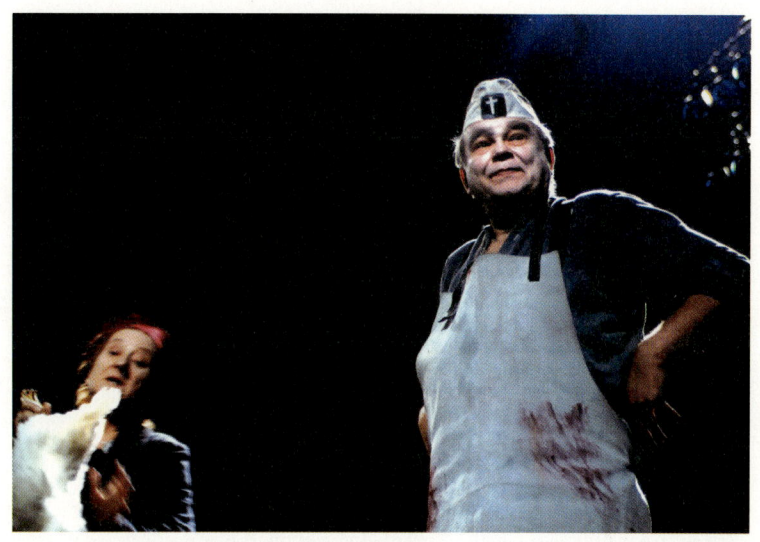

그런데 저 취사병의 얼굴이 낯익다. 누군가 했더니 만프레트 카르게 Manfred Karge다. 배우이기도 하지만 1970~1980년에 연출가로 활동해서 유명한 사람인데 여기 베를리너앙상블에 있었다. 저 분도 일흔이 다 되었을 텐데 아직도 저렇게 정정하게 연기하고 있다니 그저 놀라울 따름이다. 「고도를 기다리며」에서 블라디미르 역을 열연했던, 대장 역의 악셀 베르너 역시 1945년생으로 카르멘마야 안토니와 동갑이다. 환갑을 넘긴 배우들이 펄펄 날면서 연기하는 모습을 보노라니 눈시울이 뜨거워진다.

아들 대신 포장마차를 선택한 쿠라제

3장에서는 쿠라제에게 총알을 팔려는 병참계장이 등장한다. 총알이 없으면 전쟁터에서 무엇으로 싸우란 말이냐? 그런데 이런 병참계의 모습이 우리에겐 낯설지 않다. 군대 갔다 온 분들은 다 아실 거다. 쿠라제는 이 총알을 흥정해서 헐값에 산다. 다른 연대의 병참계장에게 팔아넘기면 된다. 사실 그의 둘째아들인 슈바이처카스는 연대의 출납계장으로 근무하고 있다. 고지식하고 정직하기에 연대에서 금고를 담당하고 있는 것이다.

군대는 쿠라제의 포장마차에만 붙어사는 것이 아니다. 남자들이 필요로 하는 것은 또 있다. 군대를 따라다니는 창녀, 이베트가 등장한다. 네덜란드 출신의 이베트는 첫사랑이자 바람둥이 취사병이었던 페터를 찾아 떠돌다가 신세 망쳤다는 내용의 「17세의 노래」를 부른다. 그녀가 남겨놓은 빨간 구두와 모자에 호기심이 생긴 벙어리 딸 카트린은 신발도 신어보고 모자도 써본다. 그러고 있는데 아이리프에게 부탁받은 군목이 취사병과 함께 쿠라제를 찾아온다. 출납계인 슈바이처카스에게 부탁해서 돈을 좀 빌려달라고 하자 쿠라제의 주머니에서 돈이 나온다. 취사병은 쿠라제를 꼬여보려고 따라온 것이라서 셋은 술을 마시면서 전쟁에 대한 예찬을 주고받는다.

그사이에 가톨릭 군대가 기습해 오고 병사들은 뿔뿔이 흩어져서 도망간다. 왜 아니겠는가? 총알을 팔아먹는 군대인 것을. 취사병은 급히 자기 연대로 돌아가지만 군목은 미처 피하지 못해 목사 옷을 벗고 쿠라제의 마차에서 일하는 민간인으로 변장한다. 이 와중에도 신 난 사람은 있다. 창녀 이베트는 새로운 고객이 온다고 분칠하고는 팽개쳐놨던 모자며 구두를 찾는데 벙어리 카트린이 숨겨놓은 구두를 찾지 못해 맨발로 뛰어나간다. 슈바이처카스는 연대 금고를 들고 와서 쿠라제의 마차 안에 숨긴다. 상황은 이제 완전히 바뀌었다. 이들은 가톨릭 군대의 포로가 된 것이다. 이 와중에 고지식한 슈바이처카스는 연대의 금고를 상사에게 다시 돌려줘야 한다는 생각에 가득 차 있다. 쿠라제의 경고와 동생 카트린의 강력한 만류에도 불구하고 금고를 돌려주러 나갔다가 감시하던 밀정에게 걸려서 체포된다. 군목과 함께 가톨릭 깃발을 구하러 시내에 다녀온 쿠라제는 이 사실을 알고 불안해한다. 이제 쿠라제의 마차에는 가톨릭의 깃발이 달려 있다.

가톨릭 군인들이 슈바이처카스를 끌고 쿠라제의 마차에 와서 서로 아는 사이임을 확인하려 하지만 이를 서로 부인하는 슈바이처카스와 쿠라제. 가톨릭군이 애타게 찾고 있는 것은 스웨덴군의 금고이다. 고지식한 슈바이처카스가 이를 말할 리 없다. 결국 재판에 넘겨져서 사형 당할 위기에 처하는데 쿠라제는 뇌물로 아들을 구할 수 있다는 것을 알고는 늙은 대령을 물주로 꿰어찬 창녀 이베트에게 포장마차를 팔려고 한다. 그러나 액수를 흥정하다 시기를 놓쳐서 슈바이처카스는 사형을 당한다. 여전히 금고의 행방을 찾는 군인들은 아들의 시체를 보면 쿠라제가 충격으로 자백할 것이라 생각하고 슈바이처카스의 시신을 들고 온다. 하지만 쿠라제는 처음 보는 사람이라며 고개를 절래절래 흔들고 군인들은 가족이 없는 시체라면서 구덩이에 처박아버린다. 난세에서 정직함은 총보다 위험하다. 슈바이처카스의 죽음은 많은 것을 이야기해준다. 아들을 구할 수 있는 기회에서 아들 대신 포장마차를 선택한 쿠라제의 행위 또한 브레히트가 우리에게 던지는 질문이 되겠다.

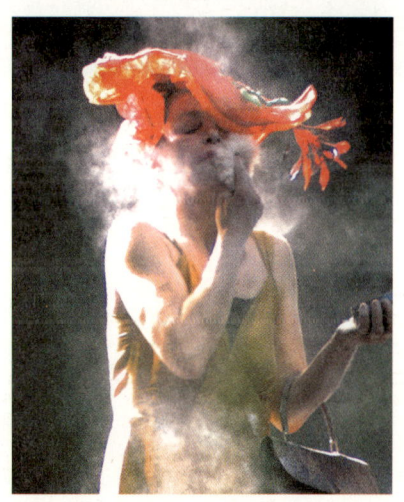

파이만은 검은 바탕에 하얀 십자가가 든 신교도의 깃발에 대응하여 하얀 바탕에 검은 십지기기 든 구교도의 깃발도 등장시킨다. 그리고 가톨릭 군대의 복장은 전부 검은색으로 통일한 뒤 군인들의 얼굴에 하

얀 분칠을 하고 검은 십자가를 그려넣었다. 흑백이 교차하는 신교와 구교의 이미지를 그린 것이다. 그놈이 그놈이란 이야기다. 이베트가 분칠을 하면서 등장하는 장면은 분을 얼굴에 퍼붓는 식으로 과장된 연출을 함으로써 자칫 침울해질 수 있는 분위기에 웃음을 선사한다. 분가루가 조명을 받으니 꼭 무대 전체에 안개가 번지는 느낌이 든다.

포탄에는 눈이 없기 때문에

4장에서 쿠라제는 군인들이 포장마차를 손상한 것과 벌금을 물린 것에 대해 항의를 하러 기병대장 막사를 찾아온다. 그사이에 젊은 병사가 수고료를 받지 못한 것에 대해 불같이 화를 내며 역시 항의하러 찾아온다. 쿠라제와 둘 사이에 대화가 오가고 쿠라제는 유명한 「항복의 노래」를 부른다. 성질부리다가 더 당하지 말고 그저 죽은 듯 사는 것이 현명하다는 내용이다. 결국 젊은 병사는 항의를 포기하고 돌아가고 쿠라제 역시 마음을 고쳐먹는다. 힘없는 서민이 권력을 상대로 싸워봐야 얻는 것은 매밖에 없다. 이 역시 우리에게 생소하지 않은 이야기이다. 4장에서 파이만은 병사와의 대화를 전부 생략하고 쿠라제가 「항복의 노래」를 부르는 것으로 5장을 연다. 그역시 이야기하지 않아도 다 안다고 생각했나 보다.

5장에서는 2년 동안 쿠라제가 가톨릭 군대를 따라 전장을 여기저기 옮겨다닌다. 그리고 1631년 틸리 장군의 군대가 마크데부르크에서 승리를 거둔다. 쿠라제의 마차는 지붕이 부서진 민가 앞에 서 있다. 군목은 부상 당한 민간인들을 도우려 쿠라제에게 상처를 싸맬 붕대나 천을 좀 달라고 하지만, 쿠라제는 천이라고는 장교복밖에 없는데 저들이 돈을 낼 것도 아니므로 찢을 수 없다고 버틴다. 이를 옆에서 보고 있던 딸 카트린은 판자를 들고 쿠라제를 위협한다. 아무리 어미라도 저런 매정한 짓거리를 못 봐주겠다는 무언의 행동이다. 그러자 군목이 억지로 쿠라제를 끌어내고 셔츠를 찢어서 농부의 상처를 감싼다. 카트린은 또 포탄을 맞은 집에 어린아이가 아직 있다는 말을 듣고는 지붕이 무너지기 전에 집 안으로 뛰어들어가 아이를 구해낸다. 그리고 쿠라제는 농부 가족을 구하는 데 장교복 네 벌을 빼앗긴다. 엄마 쿠라제와는 다른 천성을 가진 카트린의 모습이 그려지는 장이다. 군인들 싸움에 죽어나는 것은 민간인들이다. 그들이 구교이건 신교이건, 포탄은 가리지 않고 포격할 뿐이다. 포탄에는 눈이 없기 때문이란다. 여기서는 파이만의 연출이 특별할 것은 없다. 카트린 역의 크리스티나 드렉슬러Christina Drechsler의 말 없는 열연이 빛을 발한다. 그녀의 눈은 언제 봐도 눈물을 머금고 있는 것 같다.

6장에서는 황제군의 영웅, 틸리 장군의 장례식이 거행된다. 비가 온다. 비가 오니 군인들은 장례식에 가는 대신 쿠라제의 포장마차에 와서 술을 퍼마신다. 군목은 서기와 함께 보드 게임을 하면서 쿠라제와 전쟁 이야기를 한다. 이제 틸리 장군이 죽었으니 전쟁이 끝나지 않겠느냐는 쿠라제의 질문에 군목은 전쟁의 미덕을 이야기하면서 전쟁은 계속될 것이라고 말한다. 전쟁이 계속되어야 자신의 사업 역시 번창한다는 것을 알고 있는 쿠라제는 군목의 말을 믿고 물건을 더 사기로 한다. 서기와 함께 카트린을 보내어 물건을 받아오게 한다. 쿠라제와 단 둘이 남게 된 목사는 장작을 패면서 쿠라제에게 프로포즈하지만 거절당한다. 그리고 심부름 갔던 키트린은 눈에 상처를 입고 돌아온다. 술에 취한 군인들이 물건을 빼앗으려다 저항하는 카트린을 폭행한 것이다. 카트린의 상처를 붕대로 감으면서 딸의 마음을 달래주기 위해 쿠라제는 이베트가 남기고 간 빨간 구두를 카트린에게

준다. 그러나 카트린은 신발을 그대로 둔 채 마차로 기어 들어간다. 틸리 장군의 매장을 알리는 대포 소리가 들리고 군목이 역사적인 순간이라고 하자 쿠라제는 딸의 얼굴에 커다란 흉터를 남겨놓은 순간이 자신에게는 역사적인 순간이라고 대꾸한다. 벙어리에, 이제 얼굴에 흉터까지 있는 카트린이 남자를 만나서 결혼해 살기는 틀렸다는 것이다. 그녀가 벙어리가 된 원인도 전쟁 때문이란다. 그녀가 아이였을 때 군인 한 '마리'가 그녀의 입속에 뭔가를 처넣어서 벙어리가 되었단다. 무엇을 넣었겠는가. 아무튼 죽일 놈들이다. 그간 전쟁의 필요성을 인정하던 쿠라제는 이 대목에서 전쟁을 원망해본다.

파이만은 여기서 다른 군인들이 술 마시는 장면은 전부 생략하고 비가 오는 장면만 연출한다. 비 올 때 텐트 위에 치는 천인 플라이 같은 것을 더 내어서 천장에서 비가 쏟아지고 군목이 마차에서 나오면서 전쟁 이야기를 하는 것으로 진행한다. 무대가 앞으로 기울어져 있으니 비가 바닥에 고이지 않고 밑으로 주르륵 다 떨어진다. 여러모로 편리하다. 배우들이 무대에서 균형 잡는 연습만 충분히 하면 활용도가 많은 무대 배치 방법이다. 오랜 경험의 파이만이 가지고 있는 노하우다.

7장은 쿠라제의 사업이 최고조에 달해 있는 장면이다. 군목, 쿠라제, 카트린 셋이 마차를 끌고 간다. 쿠라제는 이제 전쟁을 찬양하면서 전쟁은 사람을 먹여 살린다고 한다. 파이만은 여기서 기지를 발휘해서 쿠라제의 포장마차 위에 Courage & co.라는, 번쩍거리는 네온사인을 만들어 달아 즐거움을 선사한다. 그 짧은 시간에 언제 저렇게 붙여놓았담.

아들 대신 군목이, 다시 취사병이 마차를 끈다

8장에서는 스웨덴 왕인 구스타브 아돌프가 뤼첸 전투에서 전사한 뒤에 평화조약이 맺어졌다는 소식이 들려온다. 평화는 쿠라제의 사업을 파산으로 이끈다. 전쟁은 계속될 것이라고 호언장담하던 군목을 믿고 물건을 많이 사둔 쿠라제는 이제 그를 원망하는데 취사병이 돌아온다. 전쟁이 끝났으니 전에 눈독을 들여놓았던 쿠라제를 다시 찾아온 것이다. 취사병은 아이리프도 곧 돌아올 것이라는 소식을 전한다. 사업은 망해도 아들이 온다는 소리에 쿠라제는 힘을 얻는다. 군목은 이제 숨겨놓았던 목사 옷을 꺼내 입는다. 취사병과 군목 간에 평화시의 상황에 대한 입씨름이 시작된다. 입담으로는 취사병이 한 수 위인 것 같다. 취사병과 군목이라는 두 인물의 설정이 의미 있다. 몸의 양식을 다루는 취사병과 마음의 양식을 다루는 군목의, 전쟁과 평화에 대한 생각. 브레히트의 천재성이 돋보이는 대목이다.

　쿠라제가 취사병의 충고를 받아들여 물건을 싼값에라도 처분하려는데 이베트가 늙고 뚱뚱해진 모습에 상복을 입은 채 찾아왔다. 그런데 취사병과 마주친 이베트는 그가 자신을 버리고 떠난 첫사랑 페터임을 알아본다. 다시 한 차례의 설전이 시작된다. 이베트는 이제 예전의 창녀가 아니다. 슈타레헴베르크 대령의 미망인이다. 쿠라제에게 빌붙어서 살아보려고 찾아온 취사병 페터는 이제 난감한 처지가 되었다.

　쿠라제는 남은 물건을 처분할 수 있을까 싶어 군대에 연줄이 있는 이베트와 함께 시장으로 간다. 취사병과 군목도 떠나려 하는 순간에 아이리프가 묶인 채로 병사들에게 연행되어 온다. 마지막으로 어머니를 보러 들렀단다. 무슨 일을 저질렀기에? 이제 평화가 왔는데……. 농가에 들어가 가축을 훔치고 농부의 아내를 죽였다고 한다. 아이리프는 이 사실을 받아들

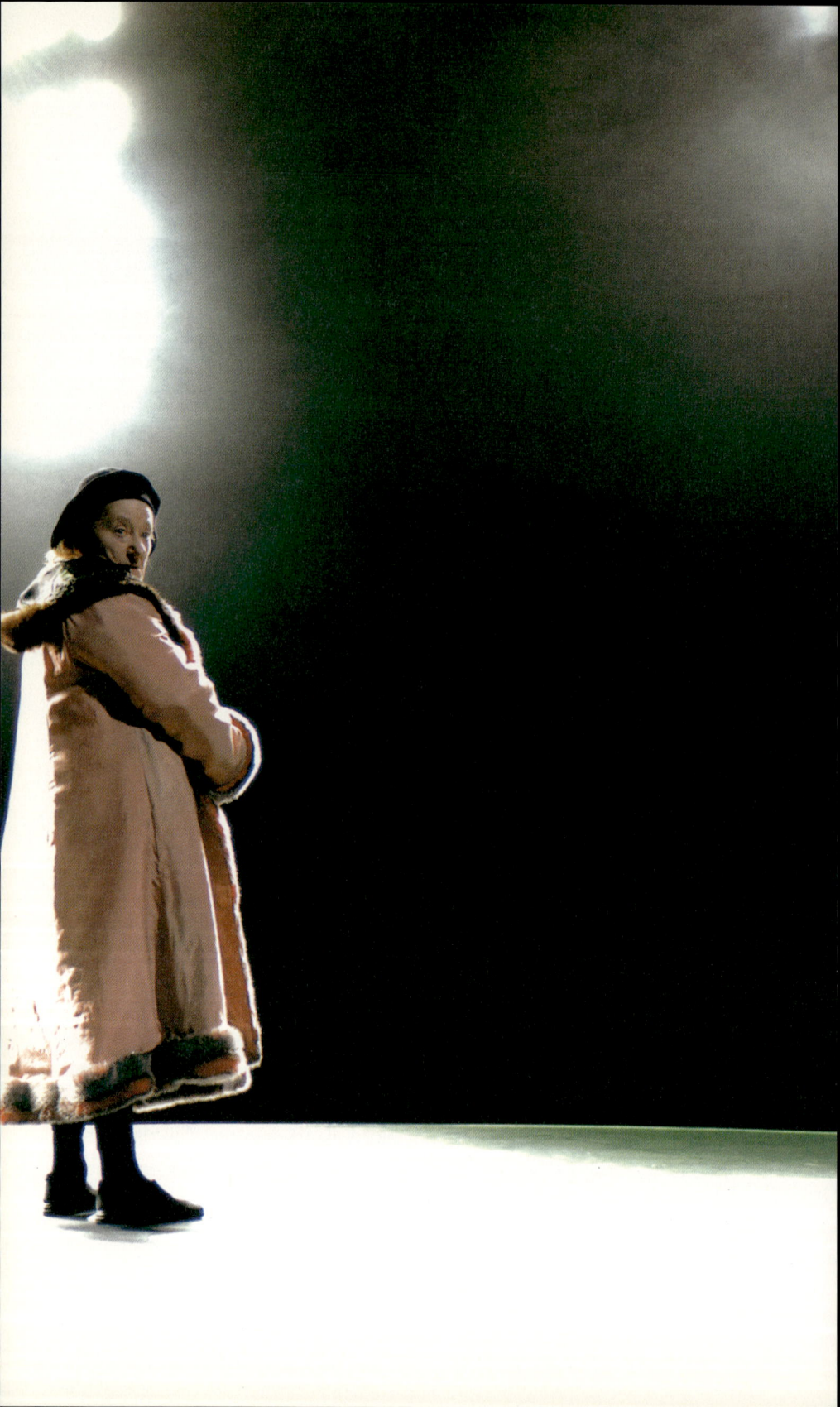

일 수 없다. 전에는 똑같은 행동으로 영웅 대접을 받았는데 지금은 이렇게 처형당하는 상황이라니. 군목은 혹시나 도움이 될까 따라가 보지만 소용없다. 아들은 어머니를 보지 못하고 처형장으로 끌려간다. 취사병은 이 사실을 쿠라제에게 전해주기 위해 남는다. 그런데 쿠라제는 물건을 그대로 들고 뛰어 들어온다. 평화가 끝나고 다시 전쟁이 시작되었단다. 벌써 사흘째 다시 전쟁을 하고 있단다. 이런 쿠라제에게 취사병은 아이리프에 관한 일을 차마 사실대로 이야기하지 못하고 그저 그가 들렀다가 다시 떠났다고 말한다. 쿠라제는 군대로 돌아가려는 취사병을 달래서 포장마차 사업을 도와달라고 하면서 다시 스웨덴 군대를 찾아 떠난다. 아들들 대신에 군목이, 다시 취사병이 마차를 끈다.

파이만이 설치한 원형무대가 앞으로 기울어져 있는 것이 또 다른 효과를 준다. 등장인물들이 뒤에서 바로 올라오는데도 마치 언덕을 넘어서 오는 것 같다. 늙은 이베트가 지팡이를 짚고 올라오는 장면에서 그 효과는 배가된다. 다음에 나도 꼭 써보고 싶다.

끝나지 않은 전쟁

벌써 9장에 들어선다. 전쟁은 16년간이나 계속되어 많은 사람들이 죽고 살아남은 사람들마저 전염병으로 죽어가고 있다. 거리에는 늑대들이 돌아다니고, 마을은 잿더미로 변했다. 쿠라제도 징사가 되지 않는다. 1634년의 겨울은 이렇게 찾아온다. 장사가 아니라 동냥을 하는 처지가 되어버렸다. 그리고 이때 취사병은 한 통의 편지를 받는다. 어머니가 콜레라로 돌아가셔서 식당을 물려받게 되었다는 것이다. 취사병은 쿠라제에게 같이 고향

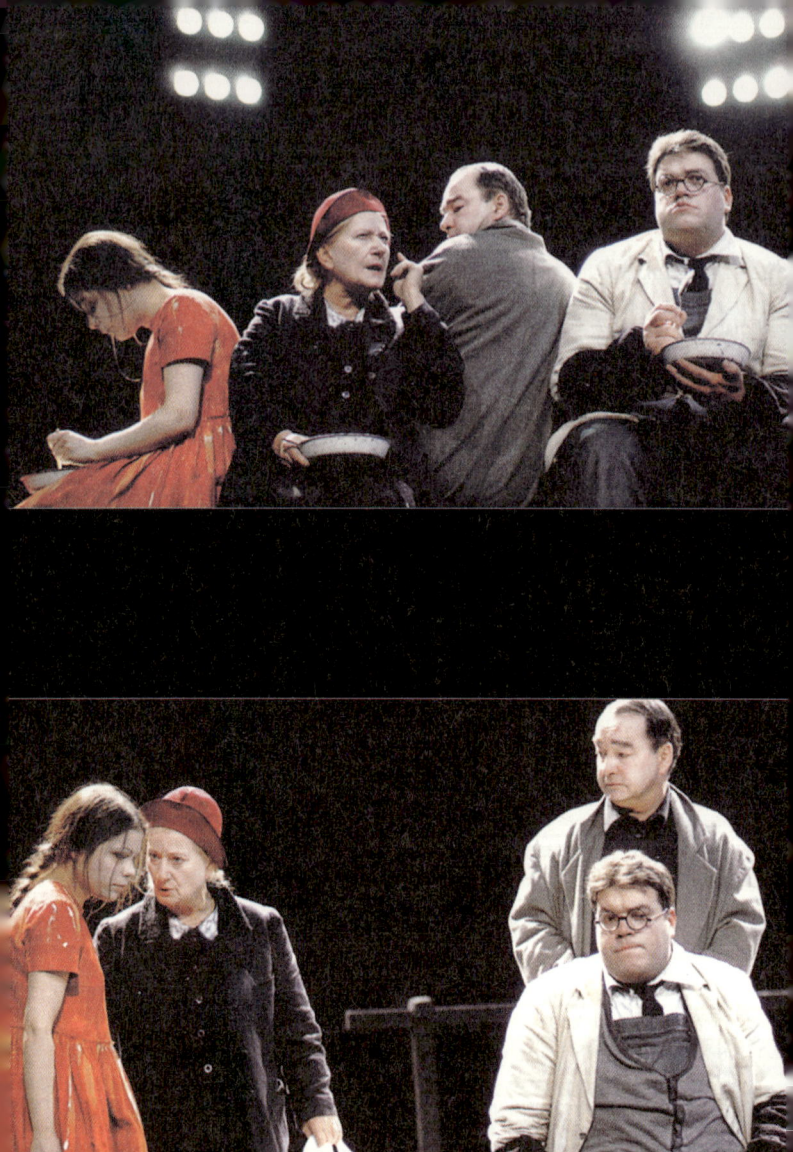

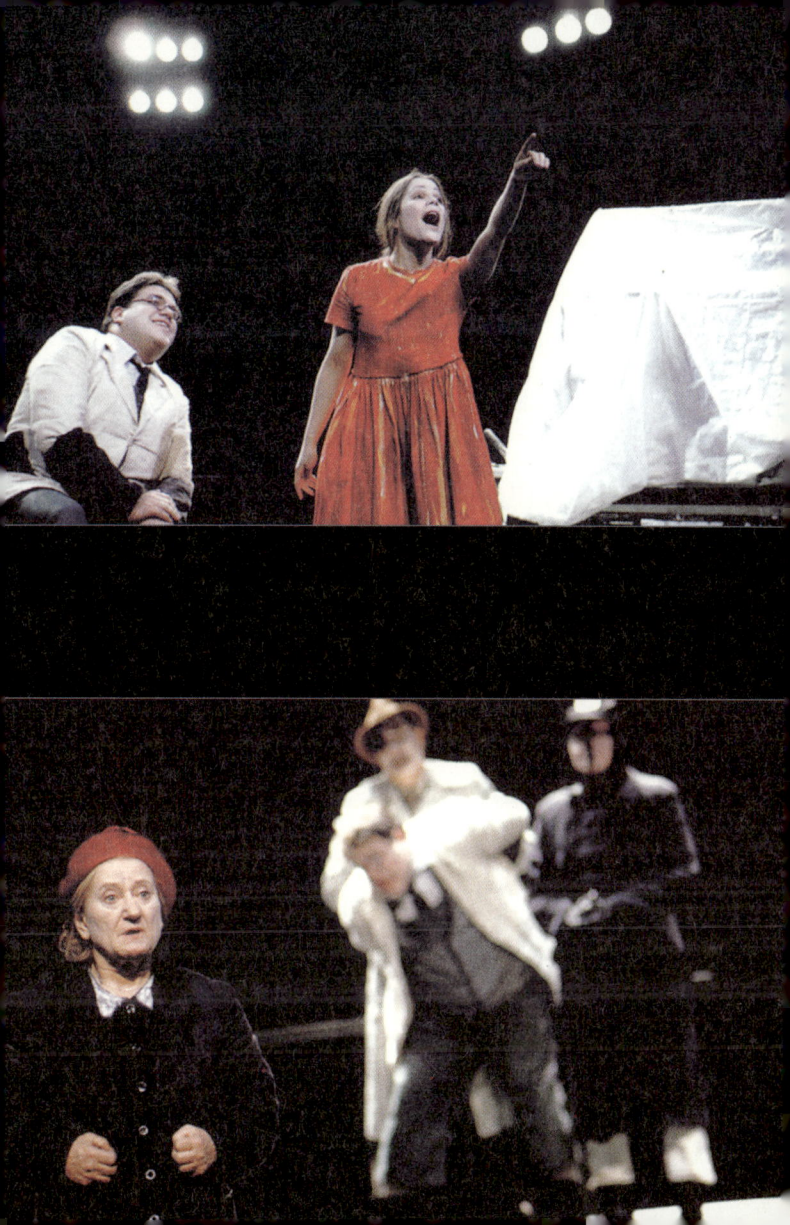

으로 돌아가서 식당을 하자고 제안한다. 지친 쿠라제는 카트린과 함께 취사병의 고향인 위트레흐트로 가기로 결심하고 카트린에게 이 사실을 이야기하려는데 취사병이 카트린은 데려갈 수 없다고 한다. 둘이야 어찌 먹고 살 수 있지만 카트린까지 책임질 수는 없다며, 카트린에게 마차를 주고 혼자 살게 하란다. 이런 이야기를 몰래 듣고 있던 카트린은 취사병과 어머니의 옷을 잘 정돈해서 마차 앞에 놓고는 보따리를 챙겨서 길을 떠난다. 어머니의 앞길에 방해가 된다고 생각해서 사라져주는 것이다. 먹을 것을 얻어서 내려오던 쿠라제는 길을 나서는 카트린을 붙잡고 취사병과 함께 떠나지 않을 것이라며 취사병의 물건을 내려놓는다. 그리고 두 모녀는 마차를 끌고 사라진다. 취사병은 내려와서 자신의 물건을 멍청히 바라보고 있다. 아무리 독한 쿠라제라도 카트린을 혼자 둘 수는 없다. 그러나 그녀는 솔직한 마음을 털어놓는 대신, 마차를 버릴 수가 없어서 취사병을 떠나는 것이라고 투덜댄다.

파이만은 이 장면에서 포장마차 안에서 불어오는 선풍기 바람으로 찬 바람이 부는 효과를 처리한다. 아무리 봐도 전기선이 연결되어 있지 않은데 아주 강력한 바람이 나온다. 살짝 비치는 틈으로 들여다보니 그 안에 발전기가 있다. 저런 것들이 마차 안에 들어 있으니 얼마나 무거울까? 저 무거운 것을 두 여배우가 힘겹게 끌고 간다. 무대가 기울어져 있어 관객이 느끼는 애처로움은 더하다. 아마도 이런 것을 노리고 파이만은 발전기가 살짝 보이도록 한 것이 아닐까? 그까짓 바람 효과를 내는 장치가 베를리너앙상블에 없을 리 없다. 전에 「죽음의 춤」에서 강력한 바람을 불어대는 외부장치를 봐서 안다. 치밀한 연출력이 나를 떨리게 한다. 절대 찬 바람 때문이 아니다.

카트린이 차곡차곡 쌓아놓았던 모든 아픔으로 운다

10장은 1635년이 배경이다. 쿠라제와 카트린은 형편없이 망가진 스웨덴 군대의 뒤를 따라 중부독일을 지난다. 농가 앞을 지나는데 집 안에서 정원에 핀 장미에 관한 노래가 들려온다. 쿠라제와 카트린은 노래를 들으려고 잠시 멈췄다가 다시 길을 떠난다. 파이만의 연출에서는 배경설명 없이 2층 발코니에서 한 여자가 아코디언과 바이올린 연주에 맞춰 「장미의 노래」를 구슬프게 부른다. 아코디언과 피아노는 2층 왼쪽 발코니석에 배치시켰고 바이올린과 관악기는 2층 오른쪽 발코니석에 배치시켜서 서로 마주보며 호흡을 맞추게 하였다. 이렇게 되니 음악이 공중에서 아래로 퍼진다.

11장에서는 1936년 1월 황제군이 작센의 신교도 도시인 할레 시를 한밤에 기습공격한다. 가톨릭 군인들이 몰래 들어와서 농부들을 깨운 뒤 길 안내를 위해 끌고 내려간다. 남아 있는 농부 부부와 카트린은 도시 사람들이 참살 당할 것을 알지만 아무것도 할 수 없다. 농부 부부는 동생도 도시에 살고 있고 어린아이들도 있는데 큰일이라면서 기도를 한다. 어린아이란 말을 들은 카트린은 몰래 마차에 가서 북을 가지고 와서는 사다리를 딛고 농가의 지붕에 올라가 북을 치기 시작한다. 도시 사람들이 들을 수 있도록 북을 쳐서 가톨릭군의 기습공격을 알리는 것이다. 놀란 농부가 제지하려 해보지만 사다리를 지붕으로 끌어올려서 아무도 올라오지 못한다. 기겁을 한 가톨릭 군인들이 달려오지만 아무도 제지할 수 없다. 달래도 보고 협박도 해보지만 벙어리 카트린은 아이들을 구하기 위해 목숨을 걸고 북을 친다. 총을 쏘면 기습공격이 허사로 돌아가니 그녀에게 총을 쏠 수도 없다. 이것을 알고 그녀는 더욱 크게 북을 친다. 결국 군인들이 그녀를 총으로 쏘아 죽인다. 그리고 도시에서는 비상을 알리는 힘찬 종소리가 들려온다. 카트린이 성공한 것이다.

　파이만은 이 장면에서 농가의 지붕을 만들기 위해 무대 오른편의, 객석에 가까운 거리에 조명탑 높이의 지붕을 설치한다. 실제 농가의 지붕보다 높지만 상관없다. 길이를 강조하기 위해 폭이 좁은 집 모양을 준비했다. 저 높은 곳을 강조하기 위해서다. 성녀 카트린이 탄생하는 순간이다. 여기서 카트린의 연기가 폭발한다. 벙어리가 소리 내어 우는 장면을 연기한다. 목에 걸려서 소리는 나지 않지만 그보다 더 인간의 마음을 뒤흔드는 울음은 없다는 듯 운다. 눈물, 콧물 흘려가면서 북을 두드리면서 운다. 태어나면서부터 겪은 전쟁이니 이젠 감각이 무뎌져서 울지 않을 것 같던 카트린이 지붕 위에서 마지막 홰를 치는 닭처럼 운다. 오빠 슈바이처카스가 죽어 시체로 들려 왔어도 울지 않던 카트린이 훠이 훠이 하면서 운다. 군인들에게 맞아서 얼굴에 상처가 났어도 울지 않던 카트린이 차곡차곡 쌓아놓았던 모든 아픔으로 운다. 엄마가 자기를 버리고 취사병과 떠나려고 하자 방해되지 않으려 길을 떠날 때도 울지 않던 카트린이 슬픈 삶에 서러움을 더해서 운다. 그리고 내 옆에서 말없이 연극을 보던 마리온도 운다. 객석을 둘러보니 커다란 몸집의 독일 아저씨들도 운다. 그런 이들을 보고 있는 나 역시 울지 않을 수 없다.

　12장은 에필로그이다. 카트린의 시신을 앞에 두고 쿠라제는 딸이 잠을 자는 것인지도 모른다며 자장가를 불러준다. 시신에 이불을 덮어주곤 장례비를 주면서 농부의 가족들에게 매장을 부탁한다. 그리고 이렇게 말하면서 마차를 끌고 간다. "마차를 혼자서 끌 수 있으면 좋으련만. 괜찮을 거야. 어차피 마차 안에 든 것도 별로 없으니. 이제 다시 장사를 시작해야지." 그리곤 군인들을 쫓아서 간다. "날 데리고 가요!" 뒤에서 쿠라제의 노래가 들려온다.

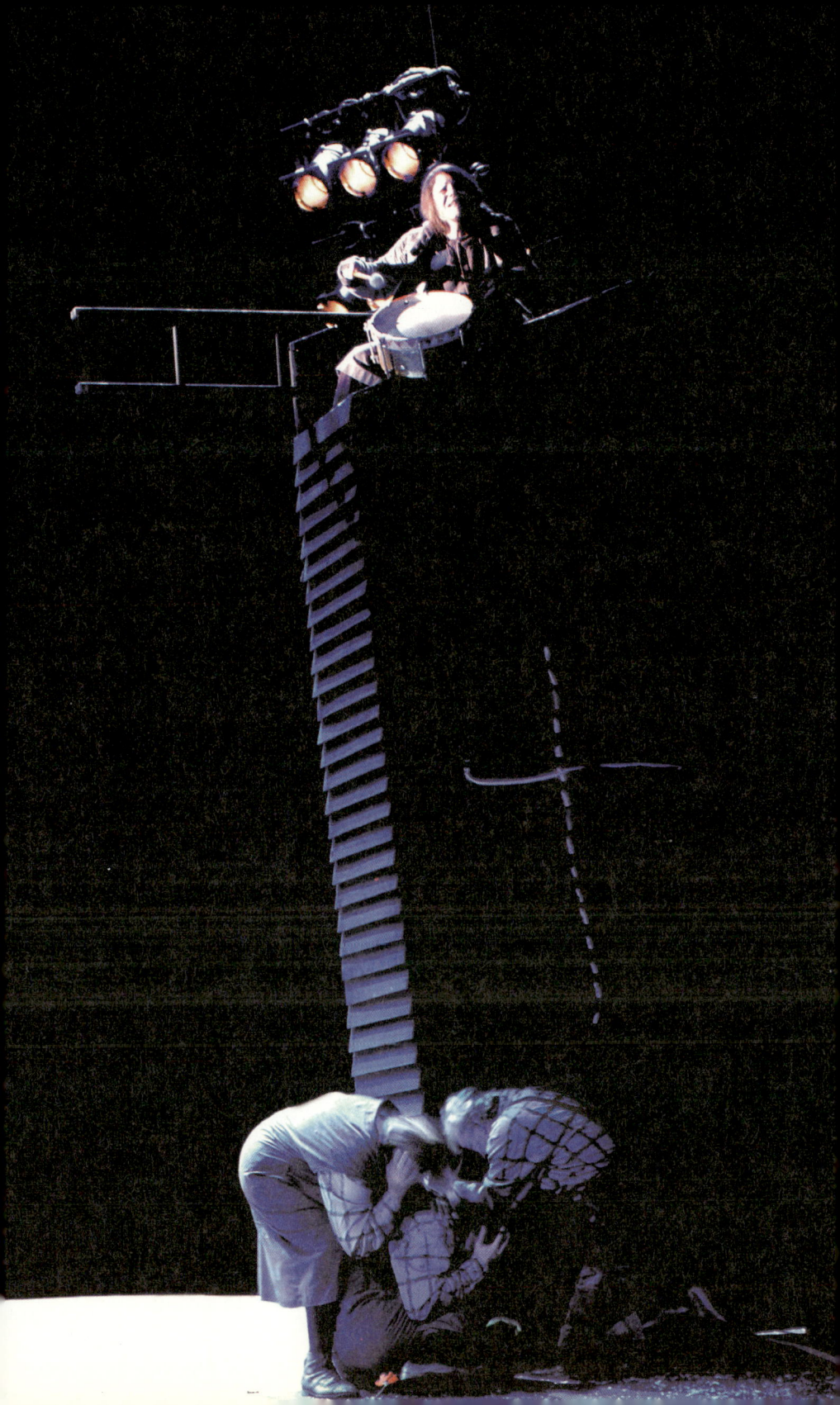

파이만은 군인을 쫓아가는 장면과 노래를 다 삭제해버렸다. 그 대신 다른 장치를 사용한다. 쿠라제가 마차를 끌고 원형무대를 한 바퀴 돌아서 내려가고 나면 처음에 천장에서 내려꽂혔던 그 나무가 다시 빡 소리를 내면서 정확히 같은 자리에 꽂히고 조명은 좁혀지면서 나무만 비추다가 줌인이 되면서 사라진다. 이상한 효과다. 분명 빛이 줌인 되는데 줌아웃 되는 느낌이다. 역시 보는 시각에 달려 있다. 기준을 어둠에 맞추면 줌아웃이 되는 것이다. 동양화에서 여백이 큰 역할을 하듯 브레히트의 「억척어멈과 그 자식들」은 클라우스 파이만을 만나 인생이 말하지 않는 여백을 우리에게 보여준다.

세상의 무거운 짐이 가득한 포장마차를 끌고 다시 길을 떠나는 쿠라제처럼 나도 집으로 돌아간다. 베를리너앙상블에서 연극을 볼 때마다 가슴이 미어진다. 당분간 가벼운 연극을 봐야겠다.

베를리너앙상블의 배우들 큰아들 아이리프 역의 토마스 니하우스Thomas Niehaus는 「안도라」에서 주연 안드리를 연기했던 배우이고, 작은아들 슈바이처카스 역의 미카엘 로트만Michael Rothmann은 「고도를 기다리며」에서 에스트라공 역을 맡았었다. 그리고 딸 카트린 역의 크리스티나 드렉슬러는 「안티고네」에서 안티고네를 연기했었다.

한 달에 베를리너앙상블에서 무대에 올리는 연극은 대략 27편 정도인데 거의 모든 배우들이 매일 다른 연극을 공연한다. 다시 말해서 매일 다른 대사와 연기를 외우고 있어야 한다는, 아니 몸에 익히고 있어야 한다는 말이다. 믿을 수 없지만 사실이다. 베를리너앙상블뿐만 아니라 도이체스테아터도 마찬가지이다. 다른 극단에서도 상황은 비슷하다. 이 정도는 되어야 프로 배우라고 할 수 있는 것이다. 이들이 소화해내는 연극은 1년에 80편 정도이다. 이런 극단은 당연히 흥행이 보장된다. 거의 매일 전석이 매진된다. 최고의 연극을 선사하기 때문이다. 1년 전부터 이미 공연할 프로그램들을 선정하고 준비 작업에 들어간다. 리허설만 10개월 정도 한다고 들었다. 완벽한 연극을 만들기 위해 피나는 연습을 한다. 자그마한 실수도 용납하지 않는다. 초연 전에 시범 공연까지 해본다. 시범 공연 때도 관객들이 표를 사서 들어온다. 정상시보다 싼 가격에 들어오는데 실수가 나와도 너그러이 보아달라는 차원에서다. 그러나 배우가 실수하는 경우는 없다. 실수는 무대 장치 같은 기술적인 부분에서 가끔 일어날 뿐이다.

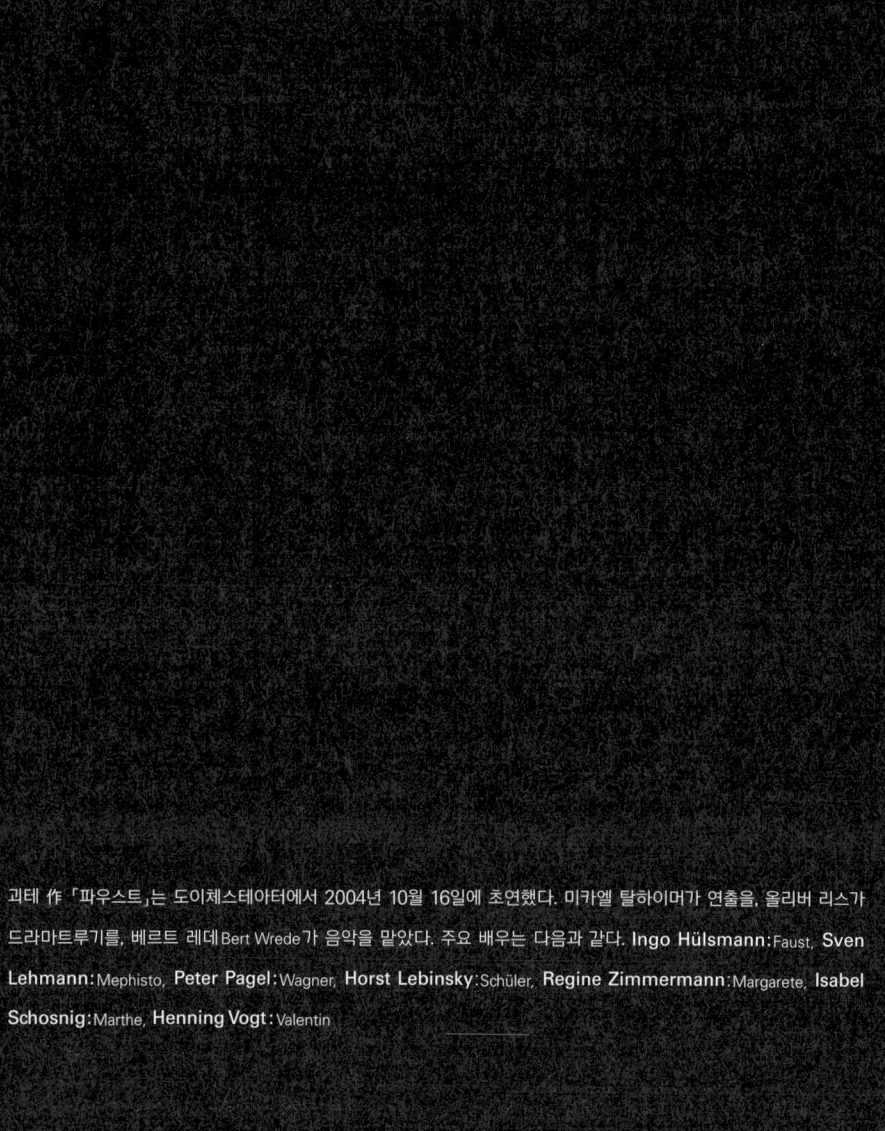

괴테 作 「파우스트」는 도이체스테아터에서 2004년 10월 16일에 초연했다. 미카엘 탈하이머가 연출을, 올리버 리스가 드라마트루기를, 베르트 레데 Bert Wrede 가 음악을 맡았다. 주요 배우는 다음과 같다. Ingo Hülsmann:Faust, Sven Lehmann:Mephisto, Peter Pagel:Wagner, Horst Lebinsky:Schüler, Regine Zimmermann:Margarete, Isabel Schosnig:Marthe, Henning Vogt:Valentin

11

이론이란 그저 회색빛일세 「파우스트」

파우스트: 누가 문을 두드리는가? 들어오시오! 누가 또 날 괴롭히려는 것일까?

메피스토펠레스: 납니다.

파우스트: 들어오라니까!

메피스토펠레스: 세 번 말해주셔야죠.

파우스트: 들어오시오, 그럼.

—괴테의 「파우스트」 중

객지에 살면서 가장 조심스러운 것은 법을 지키는 것이다. 어떤 형태로든 법을 어기지 않으려고 기를 쓰고 노력한다. 잘못하다간 혼자 감당하기에 버거운 일이 벌어질 수 있어 항시 조심하면서 산다. 준법정신이 강해서가 아니라 바로 추방조치가 내려질 수 있어서 그렇다. 더군다나 눈에 잘 띄는 피부색을 가지고 있지 않은가.

아침에 지하철을 타고 학교에 가는데 표 검사를 한다. 정기권을 보여 줬더니, 기간이 지났다고 한다. 뭐라고? 아직 기간이 남아 있다고 강하게 항의해봤다. 그러자 정기권의 기간은 남아 있지만 신분증명카드에 찍혀 있는 날짜가 지났다고 안 된단다. 학생증을 보여줬지만 그걸로는 안 되고 베를린 교통국BVG에 가서 다시 날짜 도장을 받아야 된단다. 몰랐다고 버텨보지만 이 악명 높은 검표인들은 설득이 안 된다. 7유로의 벌금을 내야 한다. 지금 바로 지불하겠다고 하니, 직접 본부에 가서 수납하라며 본부 주소와 벌금통지서를 넣어준다. 정말 귀찮게 군다. 본의 아니게 불법승차를 한 셈이다. 원래 불법승차는 40유로를 물어야 하니, 벌금이 적다는 게 그나마 다행이다.

그러고 보니 친구 용규가 보훔에서 겪은 일이 떠오른다. 밤이 늦었는데 설마 검사할까 하곤 표가 없이 도시고속철인 S-반을 탔는데 검표원들이 들이닥치더라다. 없는 살림에 40유로의 벌금이란 안 될 말인지라, 냅다

뛰었다. 그런데 기차에서 뛰어봤자 어디로 가겠나. 결국 맨끝 칸의 화장실에 숨었는데 그 꼴을 지켜보던 검표원이 화장실 문을 열고는 기가 막혀서 웃더라나. 결국 피 같은 40유로를 빼앗긴 다음부터는 무슨 일이 있어도 표를 가지고 다닌단다. 생각난 김에 오랜만에 용규에게 전화해서 식사라도 같이 해야겠다.

괴테가 60년에 걸쳐 쓴 난해한 대작

파우스트 박사는 아마 가장 잘 알려진 마법사 중 하나일 것이다. 파우스트를 주제로 작품을 만든 사람은 부지기수지만 역시 괴테의 「파우스트」가 가장 많이 알려져 있다. 그런데 내가 맨처음 접한 파우스트 관련 연극은 괴테의 「파우스트」가 아니라, 크리스토퍼 말로의 「파우스투스 박사의 비극적 이야기The Tragical History of Dr. Faustus」였다. 후에 괴테의 「파우스트」를 영어나 프랑스어 번역본으로 읽으려고 시도했으나, 번번이 중간에 손을 놓았다. 한국어 번역본으로도 시도해보았으나 역시 그 난해함에 책을 덮고 말았다. 그리고 독일어를 배우면서 제일 처음 장만했던 독일어 희곡이 또 괴테의 「파우스트」였다. 보통 번역 문제 때문에 읽기 어려웠던 작품을 원어로 읽으면 의문들이 실타래처럼 풀려가게 마련이지만, 괴테의 「파우스트」는 원어로 읽으니 더욱 어렵다는 느낌이 들었다. 영어권 학생들에게 가장 고통을 주는 작가가 셰익스피어라면, 독일어권에서는 단연 괴테이다. 그중에서도 「파우스트」는 학생들뿐 아니라, 모든 배우와 연출가 들에게 고통을 안겨주는 작품이다. 어떤 식으로든 자신의 연극 인생에서 「파우스트」를 피해갈 수 없다. 누구나 「파우스트」를 알고 있지만, 아무나 「파우스트」를 이해할 수는 없다.

문제는 단어의 난이도가 아니다. 플롯에 나타난 구조의 복잡성 때문이다.

괴테는 「파우스트」를 거의 평생에 걸쳐 썼다. 흔히 괴테의 「파우스트」는 1, 2부만 있다고 알려져 있는데 그렇지 않다. 그는 「파우스트」 1부를 쓰기 훨씬 전인 1775년에 26세의 나이에 「원형 파우스트」를 완성한다. 그리고 이 「원형 파우스트」를 스케치로 하여 「파우스트」를 계속 써내려간다. 1790년에 「파우스트 단편Faust. Ein Fragment」을 내고, 59세가 되는 1808년에 드디어 「파우스트」 1부*를 완성한다. 여기서 끝나는 것이 아니라, 82세에 「파우스트」 2부를 완성하고 다음 해인 1832년에 세상을 떠난다. 유럽 최고의 사상가이자 시인이 장장 60년에 걸쳐 쓴 작품이 바로 이 「파우스트」다. 그러니 이게 단순한 희곡이라고 생각하고 읽다 절망한 사람은 비단 나만이 아니었을 것이다. 희곡 한 작품 읽는데 보통 서너 시간이 걸리는데 이런 생각으로 「파우스트」를 덥석 집어들고 읽겠다고 작정한 내가 철없는 인간이었던 것이다. 반성하고 차분히 「파우스트」에 접근했다. 괴테가 60년에 걸쳐서 썼으니, 최소한 6년 정도는 각오를 하고 읽어야 제대로 이해할 수 있지 않을까?

예술은 길고 인생은 짧다

하지만 시간은 나를 기다려주지 않는다. 오늘 도이체스테아터에서 괴테의 「파우스트」 1부를 공연한다. 「오레스테이아」를 연출한 미키엘 탈히이머가 「파우스트」 1부와 2부를 2년에 걸친 프로젝트로 무대에 올릴 것이라고 한

* 당시에는 「파우스트, 비극Faust. Eine Tragödie」이라는 제목으로 출간되었다.

다. 오늘은 1부만 하지만, 나중에 2부를 볼 수 있다고 하니 기다려봐야겠다. 2부에 비하면 1부는 그 내용이 일반에게 잘 알려져 있고, 그리 복잡하지도 않다. 또 작품이 작품인 만큼 유명한 인용구들도 많다.

특이하게도 「파우스트」 1부는 막이 없이 장면들로만 구성된다. 거기에 헌사와 두 개의, 일종의 서곡이 포함된다. 연극이 시작되기 전에 단장, 극작가, 그리고 광대가 나와서 연극을 둘러싼 논쟁을 벌인다. 단장은 관객이 많이 들어와서 돈이 좀 벌려야 한다면서, 관객을 즐겁게 해줄 방법을 강구하라고 한다. 그러자 극작가는 자신은 뭔가 의미 있는 내용의 예술만을 추구한다고 하고, 광대는 배우로서 명성만을 추구하기에 극작가에게 예술을 추구하면서도 흥행이 되는 작품을 쓰라고 재촉한다. 이런 논쟁을 주고받은 뒤 단장은 다음과 같이 말하고 퇴장한다.

자네들도 알다시피, 우리 독일 무대에서는

누구나 원하는 일을 시도해볼 수 있으니

오늘은 배경이건 소도구건

마음대로 사용해보자고.

크고 작은 천상의 조명들을 모조리 동원하고

별들도 얼마든지 사용하게나.

물, 불, 암벽은 물론 동물과 새들도 빠져선 안 되네.

비록 비좁은 가설무대 안일망정

창조의 온 영역을 재현해놓고

알맞은 속도로 두루 거닐어보자고.

천국에서 현세를 거쳐 지옥에 이르기까지.

그리고 「파우스트」가 연극으로 선정된다.

이런 서곡이 끝나고, 천상에서 하나님과 세 명의 대천사가 등장하면서 하나님의 영광을 노래하고, 이어 이런 잔치에 초를 치려고 악마 메피스토펠레스가 등장해서 비비 꼬인 이야기를 해대면서 인간 세상이 못마땅하다고 투덜댄다. 그러자 하나님은 파우스트의 예를 들면서 모두가 그런 것은 아니라고 한다. 메피스토펠레스는 제 놈이 아무리 천상의 것을 추구한다 해도 자신이 유혹해서 악마의 길로 끌어내릴 수 있다고 하면서 하나님과 내기를 제안한다. 이에 하나님이 할 수 있으면 해보라고 허락하면서 퇴장하자, 메피스토펠레스는 흡족해하면서 혼자 중얼거린다. "때때로 나는 저 노인네를 만나는 게 즐거워. 그래서 사이가 나빠지지 않도록 조심을 하지. 위대한 주님치곤 너무 인정이 많아. 나 같은 악마까지도 인간적으로 대해주니 말이야."

무대는 한밤중에 파우스트가 고딕식 방에서 일생 동안 공부해온 것들에 대해 생각하는 기나긴 모놀로그로 시작된다. 노르베르트의 말에 의하면 예전에는 김나지움의 학생들이 이 모놀로그 부분을 모두 외워야 했다고 한다. 훈민정음 언해의 서문과 기미독립선언문을 통으로 외워야 했던 시절이 떠오른다. 우리도 그 한자 섞인 어려운 구절들을 맞아가면서 외우느라 고생깨나 했었다. 그러니 독일 학생들은 얼마나 괴테가 밉겠는가? 이 모놀로그에서 파우스트는 세상의 이치에 대한 자신의 깨달음에 대해 만족하지 못함을 토로하면서, 노스트라다무스의 책 같은 비서秘書를 꺼내 땅의 귀신을 불러내어 성취감을 느껴보려 하지만 귀신은 이를 거절하고 사라진다. 귀신이 한 말을 생각하고 있는데 조수인 바그너가 들어와서 주절주절 토론을 벌이고는 사라진다. 여기서 바그너는 그 유명한 "예술은 길고 인생은 짧다."* 라는 말을 인용한다. 파우스트와 달리 바그너는 책을 통해서 세상의 밝은 면만을 추구하는 학자이다. 낙담한 파우스트는 독이 든 시험관을 들고 자살을 기도하는데, 부활절을 알리는 교회의 종소리가 들리면서 천사들의 합창이 들려온다. 이에 파우스트는 어린 시절을 회상하면서 다시금 삶의 의욕을 느끼며 자살을 포기한다.

무대는 성문 밖으로 변하고, 동네 사람들은 부활절 축제를 벌이고 있다. 파우스트는 바그너와 함께 산책을 즐기고 있는데, 이 장면에서 군인들과 농부들이 부르는 민요가 나오면서 무대에 활기를 불어넣어준다. 마을 사람들이 파우스트와 그의 아버지가 전염병에서 주민들을 구해준 사실을 상기하면서, 파우스트에게 경의를 표한다. 그러나 파우스트는 이러한 존경이 잘못된 것임을 이야기하면서 우울해한다. 우울한 파우스트를 바그너가 달래는 사이, 검은색 푸들 한 마리가 나타나 졸졸 따라온다.

이론이란 모두 회색빛일세

파우스트는 자신의 서재로 들어온다. 그런데 푸들도 같이 따라 들어온다. 파우스트는 신약성경의 원문인 그리스어본을 펼쳐들고 독일어로 번역하는데 이 부분이 재미있다. 여기서 요한복음의 1장 1절을 두고 괴테는 관객

---

* 누구나 들어본 말이지만, 이 말이 어디에서 온 것인지 아는 사람은 적다. "예술은 길고, 인생은 짧고, 기회는 순간적이고, 실험은 위험하고, 판단은 어렵구나." 여기서 예술에 해당하는 단어 ars는 지금의 예술의 뜻이 아니라, 기술, 즉 테크닉으로 생각하는 것이 맞다. 그런데 이것은 지금 의사들의 선서인 그리스 히포크라테스의 아포리즘의 라틴어 번역본으로 원래는 "인생은 짧고, 기술연마의 길은 멀고, 기회는 순간적이고, 실험은 실패할 가능성이 있으니, 판단이 어렵다."라는 말이었다. 괴테는 이 앞의 두 구절을 바그너의 입을 빌어 독일어로 이렇게 써놓았다. "오, 맙소사! 예술은 길고, 우리의 인생은 짧습니다."

과 철학적 논쟁을 벌인다. "태초에 말씀이 계셨느니라!"를 "태초에 뜻Sinn 이 있었느니라!"*로, 다시 "태초에 힘Kraft이 있었느니라!"로, 마침내는 "태초에 행위Tat가 있었느니라!"로 바꾼다. 이렇게 열심히 하고 있는데 옆에서 푸들이 시끄럽게 짖어대며 난리 친다. 내쫓으려고 하니 푸들이 커지면서 변신한다. 심상치 않다고 느낀 파우스트는 솔로몬의 인장**을 사용해서 마법을 걸어 제압하려고 한다. 그러자 안개가 걷히면서 푸들로 변했던 메피스토펠레스가 여행하는 학자 차림으로 나타난다. 그리고 여기서 또 유명한 말이 등장한다. "이게 바로 푸들의 정체였군!" 여기서 유래해서 지금도 독일에서는 어떤 것의 본래 모습이나 목적을 이야기할 때, 이 문장이 자주 인용된다. 그리고 파우스트와 메피스토펠레스가 빛과 어둠에 관해 논쟁을 벌인다. 메피스토펠레스는 방을 나가고 싶어하지만 파우스트가 그려놓은 솔로몬의 인장에 갇혀 나가지 못하자 파우스트에게 놓아줄 것을 사정한다. 그러다 거절당하자 속임수로 귀신들을 불러 노래하게 하여 파우스트를 잠들게 하고, 쥐들을 불러 솔로몬의 인장이 그려진 문턱을 갉아 먹게 한 뒤 빠져나간다. 이 장면은 마치 아라비안나이트에서 솔로몬의 인장이 있는 항아리에 갇힌 지니의 이야기를 연상케 한다. 괴테가 아라비안나이트에서 따온 것 같다.

　다음 장면은 계속 파우스트의 서재이다. 잠에서 깬 파우스트가 다시 공부하고 있는데, 이번에는 정식으로 메피스토펠레스가 방문하여 대화를 나눈다. 파우스트가 인간 세상의 덧없음에 대해 말하고, 이를 빌미로 메피

---

* 뜻을 느낌으로도 해석할 수 있다.
** 보통 유태인을 상징하는 다윗의 별로 잘못 알려져 있는데, 실제 솔로몬의 인장은 복잡한 형태를 띠고 있다. 삼각형이 엇갈려서 겹치는 형태가 아니라 마치 뫼비우스의 띠처럼 연속성을 띠면서 시작과 끝이 없는 형태의 오각형 펜타클이다. 아랍의 연금술사들이 주로 사용했다. 우리 문화로 생각하면 일종의 부적이다.

스토펠레스는 계약을 제안한다. 메피스토펠레스는 파우스트에게 삶의 즐거움을 제공하면서 그의 종이 되기로 하고, 어느 한순간이라도 파우스트가 삶에 만족한다면 파우스트는 지옥에서 메피스토펠레스의 종이 되기로 한다. 이렇게 하여 그 유명한 악마와의 계약이 성립된다. 파우스트가 계약을 맺는 이 부분은 독일 희곡 역사상 가장 유명한 부분이다.

내가 순간을 향해
멈추어라! 너 정말 아름답구나!라고 말한다면,
그땐 자네가 날 결박해도 좋아.
나는 기꺼이 파멸의 길을 걷겠다.

도이체스테아터 건물 앞에도 '멈추어라'라는 뜻의 두 단어 Verweile doch가 커다란 주형물로 놓여 있다. 혹시 독일인을 만날 기회가 있으면, 시험 삼아 이 말을 한번 사용해보시라. 고개를 끄덕이며 당신을 인정하는 눈

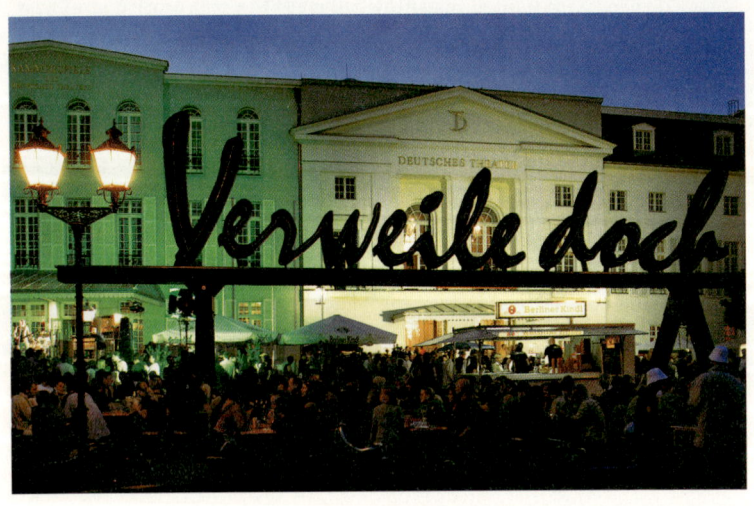

빛을 보여줄 것이다.

　메피스토펠레스와 피의 계약을 맺은 뒤, 파우스트는 세상 여행 준비를 하러 자리를 비운다. 그리고 파우스트에게 배우려고 찾아온 학생을 메피스토펠레스가 파우스트의 옷을 입고 대신 만나서 학문에의 길에 대해 시니컬한 강의를 펼친다. 그리고 여기서도 마지막에 유명한 말을 남긴다. "여보게, 이론이란 모두 회색빛일세. 푸른 건 인생의 황금나무지." 그리고 무언가 도움이 될 말을 적어달라는 학생에게 라틴어로 다음과 같은 글을 적어준다. "너희들, 신과 같이 되어 선과 악을 알게 되리라."＊

사랑에 빠진 파우스트

길을 떠난 메피스토펠레스와 파우스트가 처음으로 들른 곳은 라이프치히의 한 술집이다. 아우어바흐지하술집이라는 곳인데, 그때부터 지금까지 계속 영업을 하고 있다. 이곳에서 메피스토펠레스와 파우스트는 학생들을 만나, 탁자에서 가지각색의 와인을 뽑아내는 마법으로 학생들에게 한턱 쏜다. 당시의 리틀 파리였던 라이프치히대학에서 공부하면서 괴테도 이 술집에 자주 드나들었다고 한다. 학생들이 술에 취해 탁자를 두드리며 소란스럽게 노래하는 풍경은 괴테 자신도 잊을 수 없는 추억이었을 것이다. 지역 전설에 따르면 파우스트 박사가 여기서 술통을 타고 거리로 날아다녔다고 한다. 해서 한 학생이 이 장면의 마지막 부분에서 파우스트와 메피스토펠레스가 술통을 타고 가는 것을 봤다고 말하고 있다.

＊ 라틴어 성경인 「불가타」의 창세기에서 뱀이 여자에게 선악과를 권하는 장면이다.

이어 둘이 찾아간 곳은 마녀의 부엌이다. 한데 마녀는 자리를 비웠고 짐승들이 무언가 요리하고 있다. 고양이들과 대화가 오가고 파우스트는 요술 거울에 비친 미녀에게 푹 빠져버린다. 그사이 마녀가 돌아와서는 메피스토펠레스와 회포를 푼다. 그리고 메피스토펠레스의 부탁으로 파우스트에게 젊어지는 묘약을 만들어준다. 젊음의 묘약에 냉담한 반응을 보이던 파우스트는 거울 속의 미녀에 정신이 팔려서 묘약을 마신다. 그 약 속에 메피스토펠레스의 계략으로 사랑의 묘약도 함께 들어 있는 것을 모르는 채로. 이제 모든 여자가 예뻐 보이게 된 것이다.

길거리에 나선 파우스트는 지나가던 동네 시골 처녀에게 한눈에 반한다. 다 묘약의 효과이다. 처녀에게 바로 수작을 걸어보지만, 여자들이 어디 그렇게 한 번에 넘어오는가? 처녀는 튕기고 집으로 도망간다. 더 속 타는 파우스트. 메피스토펠레스에게 협박 반, 사정 반 조로 그녀를 품에 넣게 해달라고 조른다. 메피스토펠레스는 악마답게 약을 바짝 올려가며 파우스트의 애간장을 태우고는 못 이기는 척 부탁을 들어주겠다고 한다.

처녀의 이름은 그레트헨이다. 배경은 다시 저녁, 그레트헨의 방이다. 그레트헨은 혼자서 낮에 있었던 일에 대해 생각한다. 잘 차려입은 젊은 청년이 자신에게 수작을 걸었던 것을 생각하면 아직도 가슴이 두근거린다. 튕기기는 했지만, 파우스트를 남몰래 마음에 두고 있었다는 독백을 하고 퇴장한다. 이어서 메피스토펠레스의 손에 끌려 파우스트가 처녀의 방에 들어온다. 그레트헨의 소파와 침대에서 뒹굴면서 설레는 마음을 노래하는 파우스트의 모습이 볼 만하다. 이런 파우스트를 달래서 데리고 나오면서, 메피스토펠레스는 어딘가에서 훔쳐온 보석상자를 그레트헨의 옷장에 넣어둔다. 일종의 미끼다. 여인들은 액세서리에 약하다는 것을 이용하는 것이다. 방에 돌아온 그레트헨은 옷장에서 보석상자를 발견하곤 놀란다. 호기심에 꺼내어 걸쳐보고는 거울 앞에 서서 가난한 신세를 한탄한다. 하지만 착한 그레트헨은 보석이 자기 것이 아닌, 누군가가 어머니에게 담보로 가져온 물건이라고 착각하고는 어머니에게 갖다준다.

파우스트가 산책로에서 결과를 기다리며 안절부절못하고 있는데 메피스토펠레스가 투덜거리며 들어온다. 교회의 신부가 보물을 가로채 갔다는 것이다. 그레트헨의 어머니가 자신들의 것이 아님을 알고 교회에 바치기로 하고 신부를 모셔왔는데, 보석을 보자마자 환장한 신부가 이렇게 말하고 보물을 가로채 갔다.

잘 생각하셨습니다!
욕심을 이겨내는 사람이 복을 받습니다.
교회는 튼튼한 위장을 갖고 있어서
온 나라를 집어삼키고도 결코 체한 적이 없답니다.
사랑하는 여인들이여, 오직 교회만이
부정한 재물을 소화시킬 수 있습니다.

그러자 안타까운 파우스트는 새로운 보석을 마련해서 그녀에게 다시 가져다주라고 한다. 여자한테 빠지면 재산 거덜나는 건 예나 지금이나 마찬가지나.

대답하기 곤란한 '그레트헨의 질문'

장소는 그레트헨의 옆집 아주머니 마르테의 집으로 옮겨진다. 마르테는 파

두아전쟁에 나간 남편의 소식이 없자 사망증명서라도 받았으면 하고 혼잣
말을 한다. 사망증명서가 없으면 재혼할 수 없는 법 때문이다. 이때 새로운
보석상자를 발견한 그레트헨이 평소 친하게 지내던 마르테에게 상의하려
고 들어온다. 보물상자를 본 마르테는 저번처럼 어머니에게 보여주지 말
고, 자기 집에 놓고 틈 나는 대로 와서 걸어보라고 꼬인다. 이 와중에 메피
스토펠레스가 들어와서 남편이 죽었다는 소식을 전하면서 그레트헨에게
도 이런저런 소개팅 작업용 멘트를 한다. 하지만 마르테의 남편이 진짜로
죽었는지는 모른다. 마르테의 속마음을 알고 있는 메피스토펠레스의 거짓
말이다. 남편의 죽음을 승언해줄 사람이 필요하나고 하사, 메피스토펠레스
는 파우스트를 데려와서 거짓 증언을 하게 하고, 정원에서 더블데이트를
즐긴다. 메피스토펠레스는 마르테와, 파우스트는 그레트헨과 서로 다른 정
원에서 각자 데이트를 한다. 파우스트와 그레트헨이 노는 장면이 낯설지
않다. 꽃잎을 하나씩 뜯으면서 '사랑한다, 사랑하지 않는다' 하는 꽃점을
치는 그레트헨, '나 잡아봐라' 하면서 도망가는 그레트헨을 쫓아와서 잡고
뒹굴면서 키스를 퍼붓는 파우스트. 마치 1960~1970년의 사랑 영화를 보
는 것 같다. 당시의 연인들이 「파우스트」에서 데이트 방법을 배웠는지도
모를 일이다. 한참 분위기가 무르익으려는데, 마르테와 메피스토펠레스가
밤이 깊었으니 집에 돌아가야 할 시간이라고 한다. 이러니 더 애가 타는 파
우스트. 불타오르는 정열을 식히기 위해 숲의 동굴에 들어가 혼자서 명상
하고 있는데, 메피스토펠레스가 나타나서 또 방해한다. 그레트헨이 파우스
트 생각만 하고 있다는 이야기를 꺼내어 다시 가슴에 불이 붙게 만든다. 결
국 그레트헨을 취하기로 결심한 파우스트는 실행에 옮긴다.

　　마르테의 정원에서 다시 재회한 파우스트와 그레트헨은 대화를 나눈
다. 이 대화는 그레트헨이 파우스트에게 하나님을 믿는지 묻는 질문으로

시작되는데, 이에 대해 파우스트는 장황한 범신론적 논리로 답변한다. 말하고 싶지 않은 파우스트에게 집요하게 신을 믿느냐는 질문을 계속하는 그레트헨, 그리고 끈질기게 대답을 회피하는 파우스트. 이 장면도 역시 유명한 장면이다. 여기서 유래해서 지금도 대답하기 곤란한 질문이나 사람들이 가장 알고 싶어하는 질문을 일컬어 '그레트헨의 질문'이라고 한다.

이어지는 이야기 속에서 그레트헨은 메피스토펠레스의 악함을 본능적으로 느낀다고 이야기한다. 그리고 시간이 늦어져 돌아가려 하는 자신을 붙잡는 파우스트에게 오늘밤에 문을 열어 둘 테니 어머니 몰래 들어오라고 한다. 이에 파우스트는 메피스토펠레스가 건네준 수면제를 그레트헨에게 건네면서 어머니가 뭔가 마실 때 세 방울을 타라고 한다. 파우스트를 믿는 그레트헨은 그대로 하지만 악마가 달리 악마인가? 그것은 수면제가 아닌 독약이었다. 결국 그녀는 파우스트와의 하룻밤의 대가로 어머니를 잃게 된다. 비극은 여기서 끝나지 않는다.

군대 갔던 오빠 발렌틴이 휴가 나와서 잔뜩 벼르고 있다. 왜 아니겠는가? 시집도 안 간 처녀가 남자와 놀아난다는 소문이 들리고, 거기에 어머니까지 돌아가셨으니 이 두 놈, 걸리기만 해봐라 하고 집 앞 골목에서 이를 바득바득 갈고 있는데, 파우스트와 메피스토펠레스가 그레트헨의 집으로 오고 있다. 가만히 숨어서 지켜보고 있으려니, 창문 밑에서 그레트헨을 꾀려고 메피스토가 세레나데를 부르는 등 별의별 수작을 다 한다. 발렌틴은 메피스토펠레스가 연주하던 지터*를 박살내더니 두 놈의 머리마저 박살내겠다고 덤버든다. 하지만 상대는 악마 메피스토펠레스다. 메피스토펠레스는 발렌틴의 칼을 받아내면서 파우스트에게 발렌틴을 찌르라고 한다. 발렌

---

* 독일 남부를 비롯해 주로 동유럽에서 사용되던 현악기.

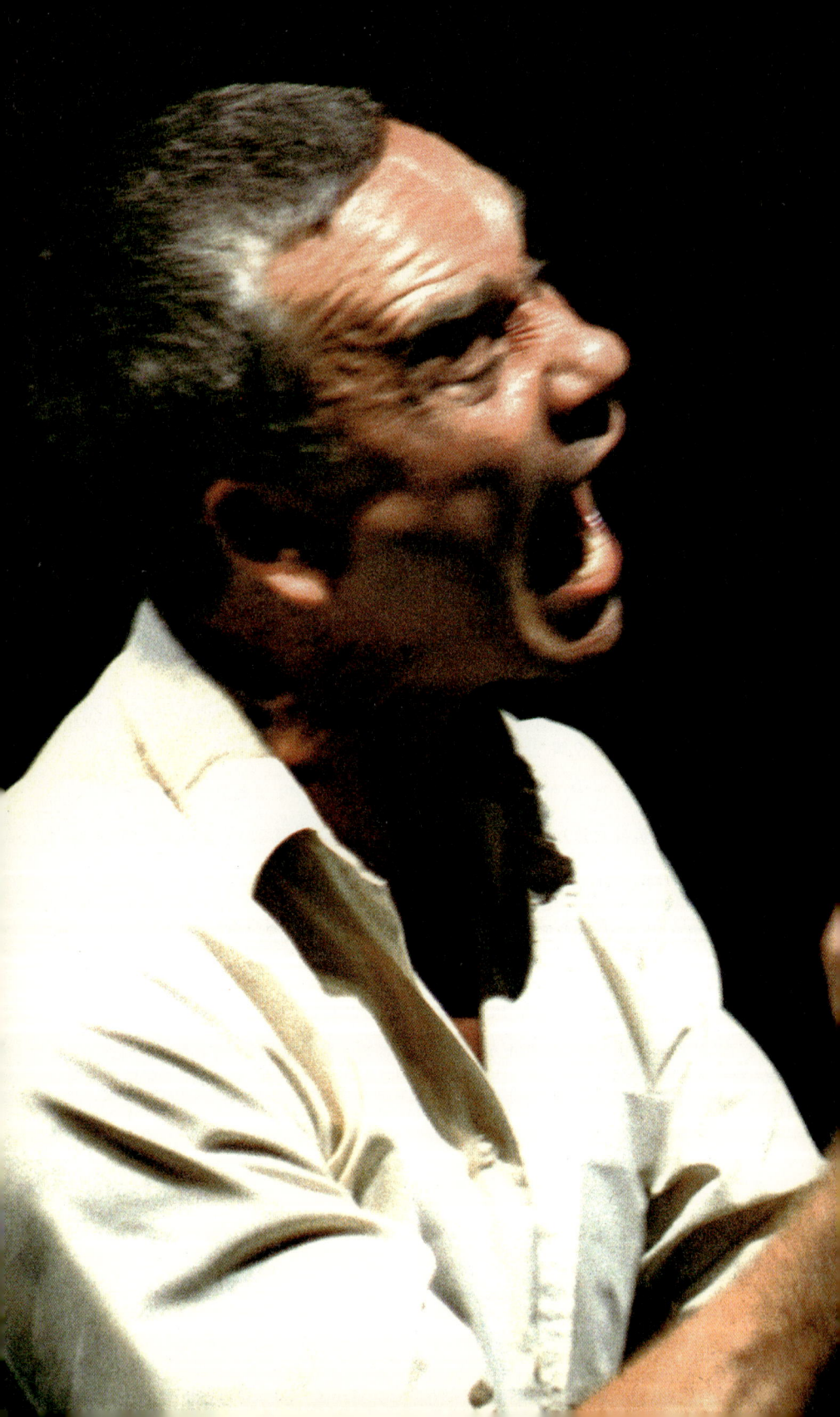

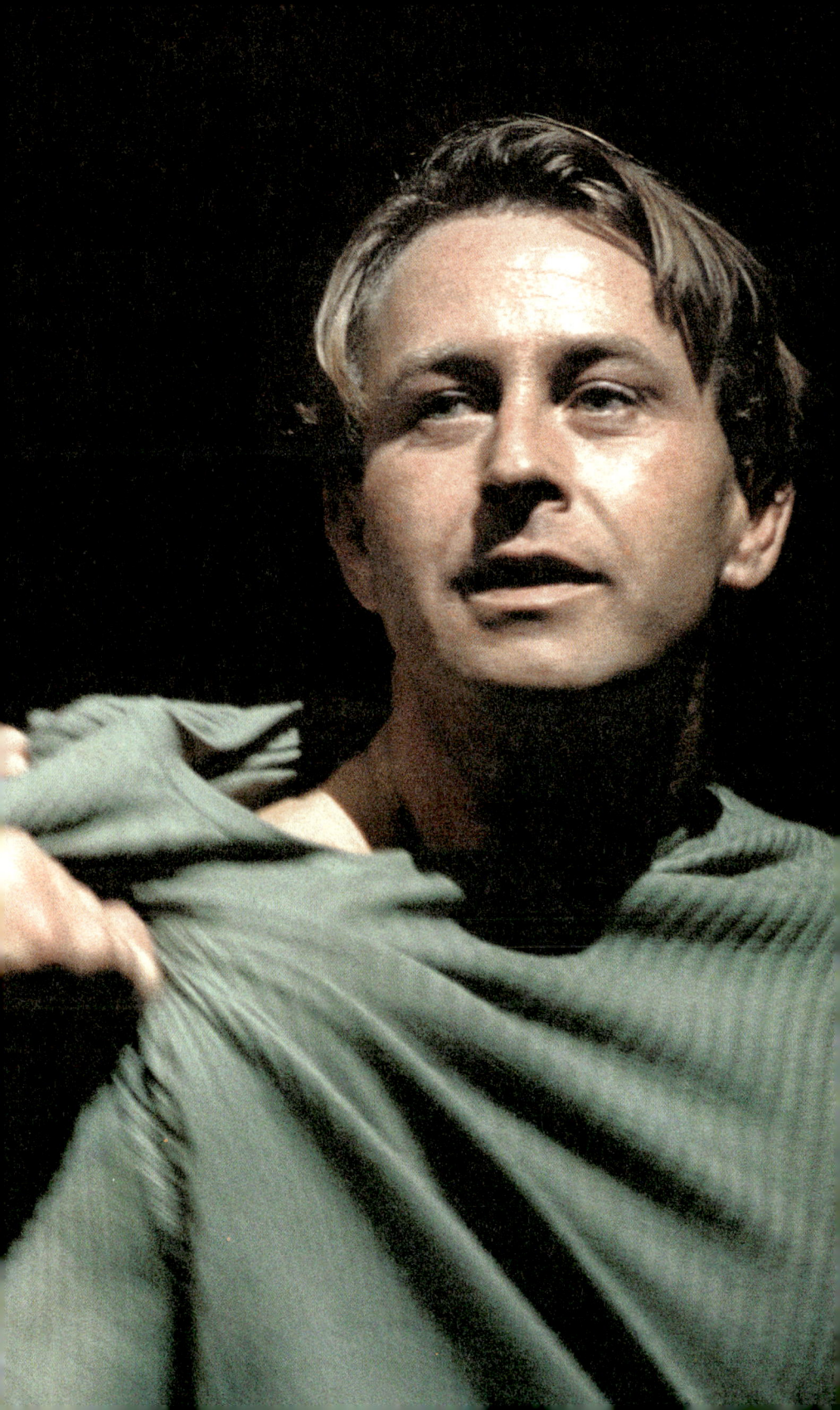

틴은 단칼에 쓰러진다. 이에 사태가 심각해진 것을 알고, 메피스토펠레스와 파우스트는 도망친다. 밖에서 들리는 소란에 동네 사람들과 그레트헨이 나와서 보니 발렌틴이 죽어가고 있다. 기절초풍하는 그레트헨에게, 오빠 발렌틴은 죽으며 갖은 욕설을 퍼붓는다.

사람이 죽었으니 장례식을 치러야 한다. 다음 장면은 성당의 장례식 장면이다. 사람들 틈에 그레트헨이 있고, 악령이 그 뒤에 서 있다. 이 부분에서 악령과 그레트헨, 그리고 코러스가 각자 따로 벌이는 대사들이 재미있다. 쉴 새 없이 고문하듯 그레트헨을 겁주며 핍박하는 악령과 괴로워하는 그레트헨의 대사 사이에 코러스의 라틴어 찬송가, 「신노의 날」이 끼어든다. 일종의 삼중주인 것이다. 비난에 지친 그레트헨은 마침내 기절하고 만다.

한편 도망친 파우스트는 메피스토펠레스에 이끌려 악마와 마녀들의 축제인 '발푸르기스의 밤'에 참가하려고 브로켄 산으로 간다. 그곳에서 여러 마녀와 마법사들을 만나서 환락의 밤을 보낸다. 여기서 만난 여인 중에는 아담의 첫 번째 부인인 릴리트*와 메두사도 있다. 이 부분의 대사에는 신비주의적인 요소들이 많이 포함되어 있어서 제대로 이해하기가 만만치 않다. 그리고 이 축제의 막간으로 셰익스피어의 「한여름 밤의 꿈」을 패러디한 「발푸르기스 밤의 꿈」이 액자 연극으로 펼쳐진다. 요정의 왕 오베론과 티타니아의 금혼식 장면이다. 「한여름 밤의 꿈」에 등장하는 요정들뿐 아니라 갖가지 군상들이 등장해서 한마디씩 던지는데 괴테의 철학적 논지가 거기에 담겨 있다.

* 유태인의 전설에 따르면 원래 하나님이 진흙으로 아담을 만들 때 여자인 릴리트를 같이 만들었다고 한다. 이브는 나중에 아담의 갈비뼈로 만든 두 번째 부인이라고 한다.

한편 그레트헨은 파우스트의 아기를 낳는데, 아기를 물에 던져 죽이고는 사형선고를 받고 감옥에 갇히게 된다. 이 소식을 들은 파우스트는 메피스토펠레스를 나무라면서 그녀를 구하러 가겠다고 한다. 내키진 않지만 메피스토펠레스는 파우스트를 그녀가 갇혀 있는 감옥으로 안내한다. 미쳐버린 그레트헨은 파우스트를 알아보지 못한다. 파우스트는 그녀를 묶은 쇠사슬을 풀어 탈출을 시도하지만, 파우스트의 마음과는 상관없이 나가지 않겠다고 버티는 그레트헨. 남아서 벌을 받겠다고 버티는 그레트헨과 파우스트의 실랑이는 계속되고, 이윽고 날이 밝아온다. 더 이상 감옥에 있을 수 없게 된 메피스토펠레스는 파우스트를 데리고 사라진다. 천상에서 그녀는 구원받았다는 소리가 들리고, 그레트헨이 파우스트를 부르는 목소리가 감옥안에서 아스라이 사그라져간다.

훌륭한 배우에게는 분장이나 소품이 필요 없다

이런 줄거리를 상상하면서 저녁에 도이체스테아터의 문을 열고 들어가 자리에 앉는다. 「오레스테이아」에서 좋은 무대를 보여준 미카엘 탈하이머가 연출했기에 더욱 기대가 크다. 그는 어떤 마술을 보여줄 것인가? 가슴이 두근거린다. 「파우스트」의 독일어 공연을 처음 접하는 날이니 어찌 떨리지 않겠는가? 책과 시험관으로 가득 찬 파우스트의 서재며, 마녀들의 축제 장면이며 나름대로 미리 무대를 상상해본다. 그런데 무대의 막이 오르는 순간, 예상을 깨버리는 무대가 등장한다. 「오레스테이아」에서는 무대를 판자로 막아놓더니, 여기서는 커다란 검은색 원통으로 무대를 꽉 막아놓았다. 등장인물도 대거 줄였다. 꼭 필요한 배역만으로 연극을 진행시킨다. 파우

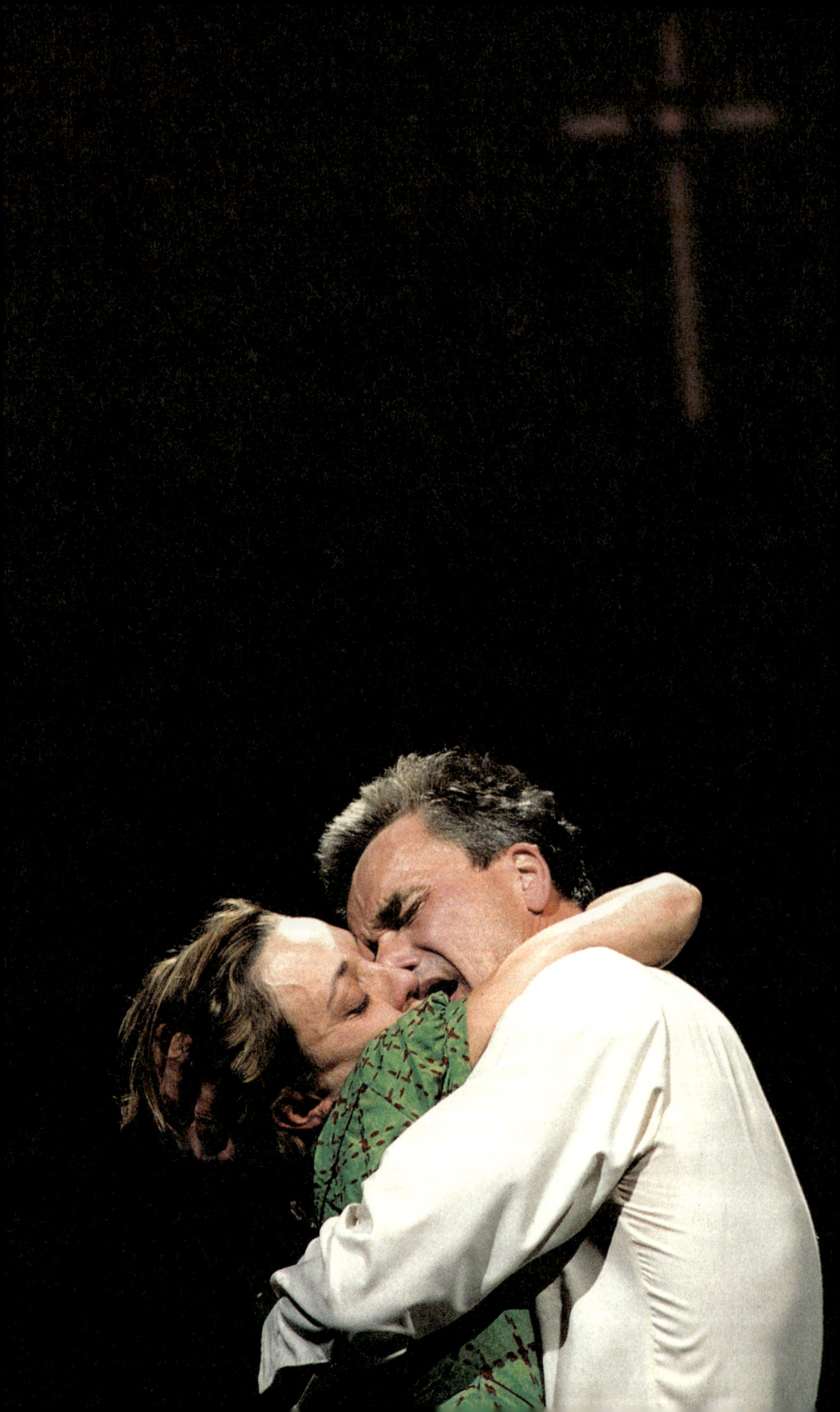

스트, 메피스토펠레스, 바그너, 학생, 그레트헨, 마르타, 발렌틴, 이렇게 8명의 배우만으로 공연되니, 많은 인원이 등장하는 장면들은 자연스럽게 삭제된다. 「파우스트」는 막이 없고 장면만으로 구성되어 있어 이렇게 삭제해도 어색하지는 않을 것 같다. 괴테가 원래 보여주고 싶었던 것들이 다 드러나지 않는 것이 좀 서운하지만, 현재를 살고 있는 파우스트의 모습을 보여준다고 생각하면 그것도 색다른 재미가 아닐런지.

헌정과 두 개의 서곡도 삭제되고, 파우스트의 서재 독백 장면부터 시작한다. 무대 왼쪽에서 파우스트 역의 잉고 휠스만Ingo Hülsmann이 등장한다. 아무런 분장도 없이 그저 흰 셔츠에 바지를 입은 채 왼편에서 둥그런 스포트라이트만 받으면서 연기를 펼친다. 놀랍다. 숨도 쉬지 않고 그 긴 대사를 두두두 뽑아낸다. 첫 눈에 봐도 이 배우는 코믹한 연기가 어울릴 것 같다는 느낌이 드는데, 연출자는 심각한 역인 파우스트를 맡겼다. 이유가 있겠지. 바그너와의 대화가 오가고, 둘이 거리에 나가 산책하면서 주민들을 만나는 장면은 생략되었다. 물론 푸들도 없다. 메피스토펠레스 역의 스벤 레만Sven Lehmann이 오른편에서 등장하는데 그 역시 녹색 티셔츠 차림의 평상복으로 등장한다. 알고 보니 탈하이머가 분장을 별로 좋아하지 않는단다. 분장이나 소품은 배우의 부족한 부분을 채우기 위해서 필요한 것이므로, 배우가 훌륭하다면 필요 없다는 것이다. 꼭 필요한 경우가 아니면 분장이나 소품을 쓰지 않는 것이 그의 연출 철학이란다. 반대로 생각하면 그가 꾸미는 무대에서 그런 장치가 등장할 때는 뭔가 중요한 의미가 있다는 말이다.

또 하나 재미난 것은 학생으로 등장한 배우가 호르스트 레빈스키Horst Lebinsky라는 나이 많은 배우라는 점이다. 늙었다고 학생 역할을 하지 말라는 법은 없지만, 그래도 일반의 상식을 뛰어넘는 캐스팅이다. 그만큼 자신

있다는 뜻일 게다. 파우스트가 사랑의 묘약을 마시고 젊어지는 장면도 그저 유리잔에 담긴 물 한 컵으로 해결된다.

아우어바흐술집 장면, 마녀의 부엌 장면도 생략되었다. 파우스트가 묘약을 먹고 젊어지는 부분은 상징적으로 처리된다. 물을 마시고 나니, 딥퍼플의 「차일드 인 타임」이 흘러나온다. 베토벤의 교향곡 「운명」처럼 쾅쾅 두드리진 않지만 메피스토펠레스가 파우스트의 서재를 노크하듯 똑똑똑 3번 울려대는 기타 음이 현대의 파우스트와 잘 어울린다. 게다가 "오, 얘야, 결국 너는 그 선線을 만나게 될 거야. 선善과 악惡을 구별하는 그 선線을 말이야."라는 가사가 흘러나온다. 의미 있는 선곡이다. 이 음악에 맞춰 파우스트가 괴상하게 몸을 흔들며 춤을 추고 있는데, 착각인가? 검은색 원통 무대가 움직이는 것 같다. 처음에는 잘 구별되지 않았는데, 조금 더 도니 확실히 알겠다. 무대가 회전하면서 원통 사이의 가느다란 틈으로 빛이 새어나온다. 계속 회전하면서 그 틈이 조금씩 넓게, 3센티미터 남짓 벌어지면서 태양광선이 뿜어져 나오듯 확산된다. 여기에 사이키델릭한 1970년대 전자오르간 소리가 분위기를 한층 더 마법의 세계로 이끈다. 나중에 저 안이 다열릴 것 같다. 예상대로 결국 전부 열린다. 블라인드가 접히듯 원통의 벽이 사라져가고 가려졌던 무대가 드러난다. 원통 안의 세계인 셈이다.

파우스트가 쏟아내는 아리아

원통 밖의 세계는 좁고 어두운 파우스트의 세계였는데, 원통 안의 세계는 넓고 밝은 그레트헨의 세계이다. 오른편에 그레트헨의 침대가 놓여 있고 가운데 검은 벽 위편에는 작은 십자가가 불을 밝히고 있다. 역시 별다른 소

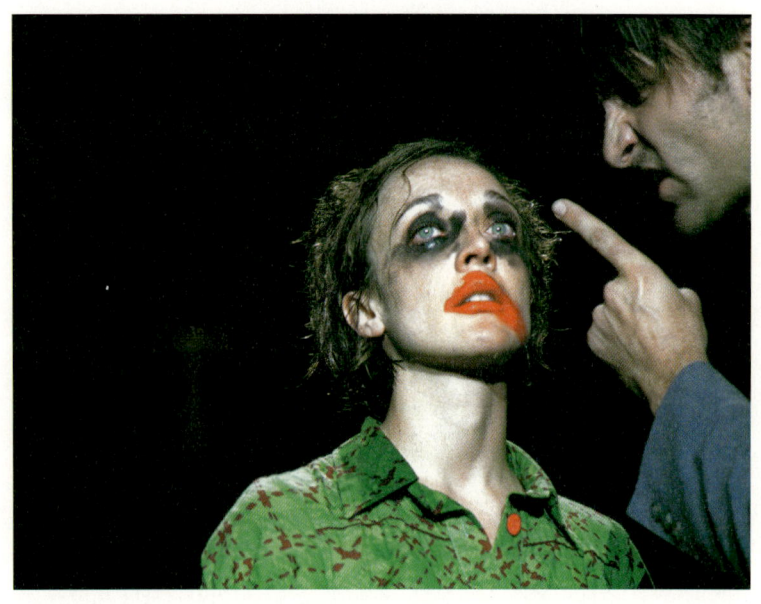

품이 없다. 그런데 천사처럼 순수하고 다정한 그레트헨의 이미지는 나오지 않는다. 오히려 거칠고 집요한 그레트헨이라는 느낌을 받는다. 대사를 각색한 것은 아니다. 대사는 원본과 동일하다. 그런데도 괴테가 그렸던 그레트헨의 이미지는 없다. 같은 대사를 두고도 배우가 어떻게 연기하느냐에 따라 캐릭터가 완전히 변한다. 유명한 '그레트헨의 질문' 장면에서는 그레트헨이 "신을 믿느냐?"는 질문을 7번이나 묻는다. 원래는 1번만 묻고 다른 식으로 파고드는 장면인데, 탈하이머는 똑같은 부분을 7번 반복하게 한다. 그레트헨이야 "신을 믿느냐?"는 말만 되풀이하면 되지만, 파우스트는 장장 37행에 달히는 긴 대답을 7번 반복해야 한다. 그것도 속사포처럼 숨도 쉬지 않고 뱉어낸다. 3번째까지는 관객들도 그냥 그러려니 하고 들어주지만 4번째부터는 웃지 않을 수 없다. 숨넘어가듯, 사정하듯, 반복하는 대답에 관객들은 웃으면서도 경탄을 금치 못한다. 설마 7번이나 반복하리라고 누가 생각했겠는가? 이게 오페라였다면 파우스트의 아리아에 박수가 터져 나왔으리라. 대단한 배우다. 베를린에는 이렇게 훌륭한 배우들이 얼마나 더 있는 것인가? 놀랍다.

그레트헨의 어머니가 죽은 다음에는 그레트헨의 얼굴에 진한 화장이 칠해진다. 다른 그레트헨을 보여주려는 의도이다. 그레트헨의 오빠 발렌틴 은 파우스트와 결투를 하지 않고 그냥 등장해서는 그레트헨에게 기나긴 저주를 퍼붓고는 휘파람을 불면서 무대 왼편으로 유유히 사라진다. 이어 등장한 메피스토펠레스(원전대로라면 악령이 등장해야 한다.)는 넋이 나가 있는 그레트헨의 얼굴을 손으로 문대어 화장이 얼굴 전체에 번지게 한다. 파멸된 그레트헨의 모습을 더욱 완성시키는 것이다. 감옥에 갇힌 장면에서도 그냥 그대로 침대에 누워 있는 그레트헨이 등장한다. 자신을 구해주러 온 파우스트를 만난 그레트헨은 폭발한다. 체념의 그레트헨이라기보다 비극을 폭발시키는 그레트헨이다.

모든 배우가 빛을 발했지만, 역시 파우스트 역의 잉고 휠스만과 메피스토펠레스 역의 스벤 레만의 연기가 압권이다. 배우들의 연기만으로 파우스트가 완성된다. 이들의 연기를 지면에 제대로 담아내지 못하는 것이 안타까울 따름이다.

속사포처럼 쏘아대는 대사들의 파편에 내 영혼도 부상을 입어 집으로 겨우 돌아갔다.

괴테는 왜 「파우스트」에 집착했을까 당시 괴테만 「파우스트」를 쓴 것은 아니다. 괴테의 스승 격인 레싱도 「파우스트」를 쓰고 있었다. 'D. Faust'란 제목으로 쓰고 있었는데 다 끝내지 못하고 세상을 떠났다. 누구보다도 레싱을 존경하는 괴테였기에 그가 못다한 과업을 끝내고 싶어했다는 설도 있다. 하지만 나는 이유가 다른 데에 있다고 생각한다.

레싱은 당시 프리메이슨이었던 프리드리히 대제의 영향으로 프리메이슨에 가입한다. 레싱의 영향을 받은 괴테 역시 프리메이슨에 가입한다. 그래서 프리메이슨적인 비의가 가득한 작품 「파우스트」를 완성하겠다고 마음을 먹은 것이 아닐까? 「파우스트」 2부를 읽어보면 연금술과 신비주의에 대한 상식 없이는 절대 이해할 수 없는 부분이 태반이다. 그럼 괴테의 영향을 받은 실러도 프리메이슨이었을까? 그렇다. 그러고 보니, 독일 문학의 빅3가 전부 프리메이슨 단원이다. 빛을 중요시하는 프리메이슨 단원인 괴테가 죽을 때 "빛을 좀 더!"라고 했다는 것이 이해된다.

예술의 비밀을 밝히고자 하는 사람들이 있다. 하지만 비밀은 밝혀지지 않는 데에 매력이 있다. 비밀을 지키고자 하는 이들을 굳이 세상 밖으로 불러낼 필요는 없는 것 같다. 유럽은 참 재미난 곳이다.

세익스피어 作 「한여름 밤의 꿈」은 도이체스테아터에서 2007년 5월 11일에 초연했다. 위르겐 고슈Jürgen Gosch 가 독일어 번역과 연출을, 베른트 비름스Bernd Wilms가 드라마트루기를 맡았다. 주요 배우는 다음과 같다. **Bernd Stempel**:Theseus/Oberon, **Corinna Harfouch**:Hippolyta/Titania, **Niklas Kohrt**:Lysander, **Meike Droste**:Hermia, **Alwara Höfels**:Helena

12

어째서 로망스가 아닌 키치인가「한여름 밤의 꿈」

저희 그림자들이 언짢으셨다면

이러한 영상들이 보였을 때

잠들어 있었을 뿐이라고

생각만 고치시면 다 괜찮죠.

그리고 가볍고 시시하며

꿈처럼 헛것 같은 이 주제를

나무라지 마십시오, 여러분.

용서해주시면 잘해보겠습니다.

또한 제가 정직한 퍽인 만큼

노력 없이 얻게 된 행운은

야유를 피하기 위하여

머지 않아 보상하겠습니다.

안 그러면 거짓된 퍽이지요.

그러면 안녕히 주무세요.

친구라면 박수 좀 쳐주세요,

그러면 로빈이 보답하겠습니다.

—셰익스피어의 「한여름 밤의 꿈」 5막 1장 중에서

어제 산 책장에 책을 정리해 넣고는 게멜데갤러리에 들러 그림들을 둘러본다. 그림 한 점이 눈에 띈다. 날개를 활짝 편 천사의 동상이 있는 우물 앞에, 한 남자가 붉은 망토를 돗자리처럼 펼친 채 누워 있고, 그 옆에는 산호색 원피스에 하얀 치마를 한 겹 더 두른 여인이 두 손을 깍지 끼고 그를 내려다보고 있다. 그림 전체에 슬픔이 먹구름처럼 드리워져 있다. 분위기가 심상치 않다. 한스 발둥 그리엔의 「피라무스와 디스비」라는 그림이다.

피라무스와 디스비라는 이름은 그리 친근한 이름은 아니다. 오비디우스의 「변신 이야기」의 제4권에 실려 있는, 뽕나무에 얽힌 사연이 담긴 사랑 이야기에 나오는데 그 내용은 이름과 달리 무척 친숙하다.

피라무스와 디스비의 사랑 이야기

옛날 옛날에 지금의 이라크 지역인 바빌로니아에 피라무스와 디스비라는 연인이 있었는데, 양가의 반대가 너무 심해 서로 만나지 못했다. 벽을 사이에 두고 그 틈으로 사랑을 속삭이며 애만 태우다가 드디어 날을 잡았다. 아니, 밤을 잡았다. 한밤중에 니누스 왕의 무덤 근처 뽕나무 아래에서 만나기로 한 것이다. 디스비가 먼저 와 기다리고 있는데, 마침 식사를 마치고 목이 마른 암사자가 뽕나무 옆의 샘으로 물을 마시러 왔다. 놀란 디스비는 황급히 도망치다가 스카프를 떨어뜨렸는데, 물을 다 마신 사자는 그 스카프에 피를 닦고 집으로 돌아갔다. 뒤늦게 나타난 피라무스는 디스비의 피 묻은 스카프와 주위에 가득한 사자의 발자국을 발견하고는 디스비가 자기를 기다리다 사자의 저녁거리가 된 줄로 오해하고 한없이 슬퍼하다가 스스로 칼로 배를 찔러 죽었다. 죽을 때 뿜어져 나온 피로 뽕나무의 이파리가 얼룩지고 하얗던 뽕나무 열매도 검붉게 물들었다. 이후 다시 뽕나무 아래로 돌아온 디스비는 붉게 변한 뽕나무를 보고 처음에는 다른 장소에 온 줄 알았다가 죽어 있는 피라무스의 시신을 발견하고는 새하얗게 질린 채 눈물을 펑펑 쏟아낸다. 오비디우스에 따르면 그녀의 눈물과 피라무스의 핏물이 섞여 분간을 못했다고 한다. 디스비의 절규에 죽어가던 피라무스가 눈을 들어 그녀를 한 번 보더니 그대로 눈을 감아버린다. 절망한 디스비는 연인의 뒤를 따라가기로 결심하고 피라무스가 자결한 칼로 목숨을 끊으면서, 앞으로 가족들이 적대감을 풀고 자신들의 시신을 같이 묻어줄 것을 기원한다. 그리고 뽕나무 열매가 자신들의 죽음을 애도하는 뜻에서 피처럼 검붉은 색을 띠어줄 것을 부탁한다. 이를 불쌍히 여긴 신들이 그녀의 소원을 들어주어 이후로 뽕나무 열매는 여물었을 때 검붉은 색을 띠게 되었다고 한다.

그림을 자세히 들여다보면 우물 뒤로 스카프에 피를 닦는 사자가 그려져 있는데, 그림이 워낙 오래되어서 그런지 잘 안 보인다. 이 이야기를 아는 사람이나 사자가 저기서 뭘 하는지 알 수 있겠다. 그리고 그림만 보면 이것이 고대 바빌론의 이야기라고 생각할 사람은 없다. 한스 발둥 그리엔이 살던 중세 시대와 지역의 복장이 나오기 때문이다. 뽕나무가 있기는 한데 피 묻은 뽕나무는 없다. 그 대신 피라무스와 디스비의 복장에 피가 연상되는 산호색을 사용했다. 하지만 디스비의 슬퍼하는 느낌만은 애절하게 담겨 있다.

그런데 어디서 많이 들어본 이야기 아닌가? 그렇다. 「로미오와 줄리엣」의 원형이다. 그런데 셰익스피어 작품 중에 「로미오와 줄리엣」말고 이 이야기가 통으로 나오는 연극이 있다. 그것도 그냥 나오는 것이 아니라 연극 속의 연극, 즉 액자 연극 형태로 나온다. 그것이 그 유명한 「한여름 밤의 꿈」이다. 오늘은 바로 이 연극을 보러 도이체스테아터로 간다.

사랑 이야기인데 왜 로망스가 아니고 키치인가

셰익스피어의 연극 「한여름 밤의 꿈」은 사랑 이야기로 채워진다. 여기에 등장하는 사랑의 커플은 다섯, 조금 더 잡으면 여섯이다. 그런데 연극이 키치적이다. 지금 상황이 아닌, 셰익스피어 시대의 상황에서 보자면 그렇다. 사랑 이야기인데 어째서 로망스가 아닌 키치인가?

연극의 무대를 떠올려보자. 「한여름 밤의 꿈」의 무대가 어디라고 생각하시는가? 보통 무대에 올리는 복장과 요정들의 이야기 때문에 중세 시대 서유럽의 어느 나라쯤이라고 생각하지만 사실은 한참을 거슬러 올라간다. 트로이전쟁이 일어나기 전의 고대 그리스 아테네가 그 배경이다. 헤라클레스와 테세우스가 왕성하게 신화를 만들어내던 그 시절, 테세우스가 아마존의 여전사들과 싸우고 여왕 히폴리타를 정복하여 아테네로 데려와서 결혼식을 올리려고 하는 시점이다. 그렇다면 셰익스피어의 서사극인 「줄리어스 시저」보다 훨씬 고대 냄새가 나는 연극이어야 하는데 그렇지 않다. 셰익스피어가 시작부터 테세우스를 아테네의 '공작Duke'으로 소개하기 때문이다. 아무리 고대 그리스가 도시국가라도 왕이라는 칭호를 사용하는 것이

자연스러운데 셰익스피어는 난데없이 중세봉건제도의 호칭을 사용한다. 여기서부터 「한여름 밤의 꿈」은 다분히 키치적이다. 그럼 그는 왜 극을 이렇게 키치적으로 만들었을까? 이 극이 셰익스피어의 대선배인 초서의 「캔터베리 이야기」 중에서 「기사의 이야기」의 내용에 근거하기 때문이다. 셰익스피어가 초서의 마그눔 오푸스magnum opus*인 이 이야기를 안 읽었을 리 없다. 그리고 「기사의 이야기」는 에밀리라는 여인을 두고 결투를 벌이는 테베의 아르시타와 팔라몬이라는 두 기사에 관한 이야기인데 그 내용은 반전을 거듭하여 결투에 패한 팔라몬이 에밀리와 결혼하게 된다. 이 이야기의 초입에 테세우스 공작이 아마존을 정복하고 히폴리타와 그녀의 여동생 에밀리를 데리고 아테네로 돌아와서 결혼하는 내용이 있다. 셰익스피어는 이런 초서의 「기사의 이야기」를 뼈대로 여러 가지 살을 붙였을 것이다. 그런데 이걸 또 초서의 원작이라고 하기도 그렇다. 초서도 보카치오의 「데카메론」에 있는 「에밀리아의 결혼에 관한 테세우스 서사시」를 요약한 것이기 때문이다. 이런 내용이라면 당연히 로망스이다. 셰익스피어는 이런 로망스를 키치적으로 변형시킨 것이다.

셰익스피어의 「한여름 밤의 꿈」은 사랑의 여러 형태를 보여준다. 테세우스와 히폴리타의 경우, 적으로 싸우던 두 사람이 히폴리타가 '정복'되면서 사랑으로 발전하게 되는, 하마터면 죽을 수도 있는 전리품으로서의 사랑이다. 질적으로 그리 좋지 않은, 소위 마초적인 사랑이다. 라이샌더와 허미아의 사랑은 피라무스와 디스비의 사랑과 함께 주위의 반대를 무릅쓰고 목숨을 건 사랑을 하는, 로미오와 줄리엣식의 사랑이다. 여기에 스토커식의 짝사랑이 등장한다. 허미아를 향한 드미트리우스의 사랑, 드미트리우스

* '위대한 작품'이란 뜻의 라틴어.

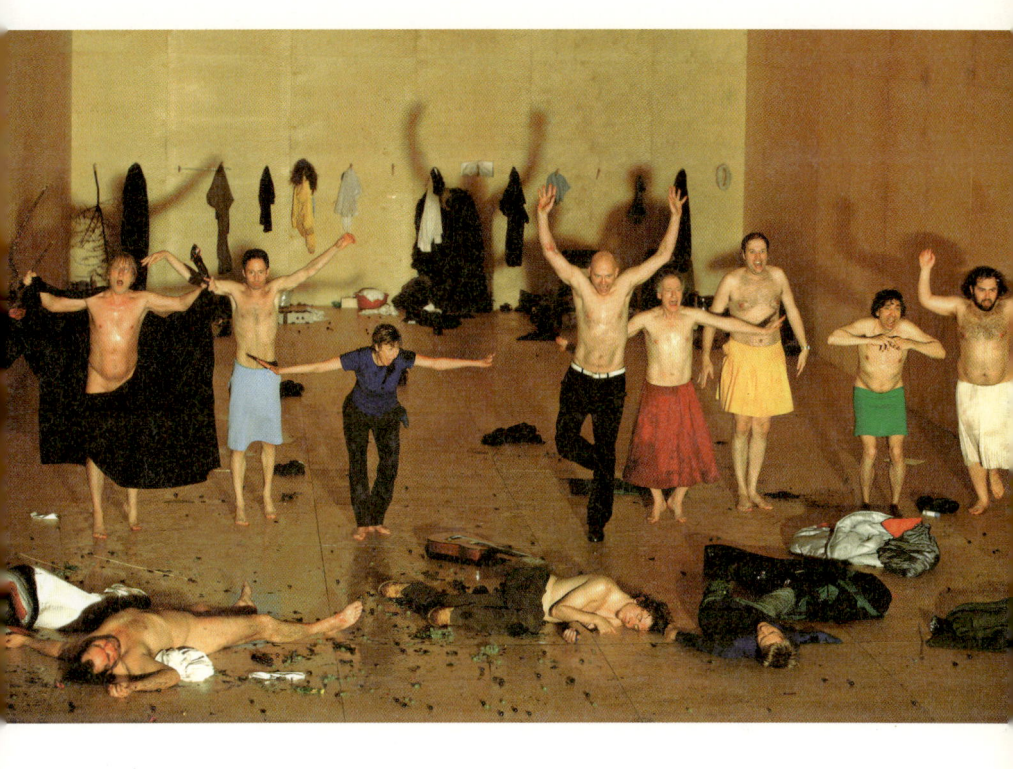

를 향한 헬레나의 사랑이 그것이다. 오베론과 티타니아의 사랑은 보통의 부부들과 비슷한, 별것 아닌 걸로 싸우다가 다시 풀어지는 '칼로 물 베기' 식 사랑이다. 여기에 삼각관계, 사각관계로 발전되는 사랑까지 등장한다. 이렇게 복잡하게 얽힌 이야기를 보통 고대 그리스 연극에서는 데우스 엑스 마키나가 등장해서 풀어주는데, 셰익스피어는 신 대신 요정의 왕, 오베론 을 등장시켜 마법으로 풀어준다. 그리고 이런 모든 구조는 연극 속의 연극 인 「피라무스와 디스비」의 공연으로 비극에서 희극의 구조로 자연스럽게 전환된다. 이런 특이한 구조 때문에 셰익스피어의 희극 중에서도 가장 많 은 사랑을 받는 것이 아닐까 싶다.

이 연극에는 시대적인 모순이 많이 나타나지만, 셰익스피어는 개의치 않고 진행한다. 초서의 「캔터베리 이야기」, 오비디우스의 「변신 이야기」, 아폴레이우스의 「황금 당나귀」,* 거기에 켈트족의 민간 전설까지 뒤섞어 버린다. 셰익스피어는 역사적인 논리보다 이루어지지 않는 사랑을 달래주 는 것이 더 중요하다고 생각했나 보다.

한여름 밤의 악몽을 의도한 것일까

이런 모순 덩어리의 연극을 도이체스테아터에서 위르겐 고슈Jürgen Gosch의 연출로 오늘 초연한다. 고슈가 직접 독일어로 번역한 작품이기에 더욱 기 대된다. 그런데 원래 키치적인 성격의 연극을 더 키치스럽게 만들어놓았

---

* 전 권이 현존하는, 세계에서 가장 오래된 라틴어 소설이다. 주인공 루키우스가 마법에 의해 당나귀로 변한 뒤 사람으로 돌아오기까지 겪게 되는 이야기이다. 이야기 속에 또 다른 이야기가 소개되는, 「아라비안 나이트」 형식 의 액자 이야기들이 잔뜩 들어 있다. 그중 큐피드와 프시케 이야기가 가장 유명하다.

다. 아무리 자유로운 독일 연극이라고 해도 좀 당황스럽다.

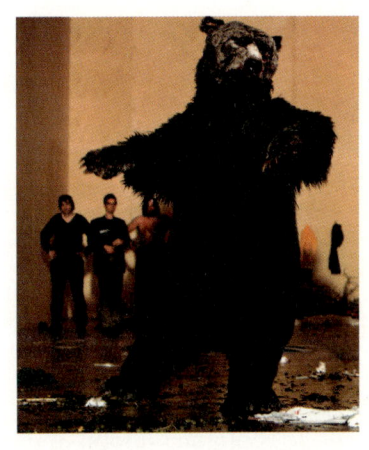

우선 시작 부분에서는 특이한 무대로 호기심을 불러일으킨다. 마치 국제화물용 박스 같은, 거대한 나무 상자를 무대에 올려놓았다. 그리고 배우들이 하나씩 들어오는데 그냥 평상복 차림이다. 바구니에 뭔가 담아 오기도 하고 첼로를 들고 오기도 한다. 들어와서는 한 명씩 투덜거리면서 나무 상자 안으로 들어간다. 여기까지는 뭘 하려는지 알 것 같다. 의상도 여기서 갈아입으면서 관객들에게 있는 그대로 보여주겠다는 거다. 악기를 들고 온 배우가 연주하면서 연극이 시작된다. 테세우스가 등장하고 활과 화살로 테세우스를 공격하는 히폴리타가 보이며 연극은 극본대로 진행된다. 다만 입, 퇴장 공간이 없는 닫힌 공간이라서 배우들이 뒤에 서 있다가 그냥 등장한다. 혼란스럽다. 빈 무대면서도 빈 무대가 아닌 셈이다. 밀폐된 공간에서 한여름 밤의 꿈이 펼쳐진다. 막 없이 진행하다 보니 장면이 바뀌는 부분에서는 꼭 '무궁화 꽃이 피었습니다' 놀이에서처럼 갑자기 모든 배우가 정지 동작을 한 뒤 다음 장면으로 넘어간다. 그런데 대부분의 배우들이 멀티플레이를 하기에 그 혼란이 더하다. 배우들이 갑자기 아테네 시민에서 숲의 요정으로 변한다. 분장이라도 하고 변하면 모르겠는데 그냥 옷을 훌러덩 벗어버리는 식이다. 거기다 귀여운 악동 퍽의 역할은 중년 배우 에른스트 슈퇴츠너Ernst Stötzner가, 그것도 전신 나체가 된 채 연기한다. 별로 아름답지 않은, 솔직히 좀 추한 모습의 퍽이 되어버렸다. 이뿐만이 아니다. 궁둥이가 당나귀로 변하는 장면에서도 그 추함의 미학이 나온다. 역시 전신 나체로 얼굴부터 사타구니까지 직선으로 피를 칠한 위에 한 손으로 잔가지가 붙은 나뭇가지를 얼굴에 대고, 다른 손으로 굵은 나뭇가지로 거대한 페니스를 만든 채 연기한다. 저렇게 계속 잡고 있으면 팔이 저릴 것 같다. 궁둥이 역의 배우도 고생이 많다. 게다가 배우들이 어찌나 고함을 질러대는지 정신이 없을 지경이다. 가뜩이나 막힌 공간에 에코까지 더해지니 머리가 멍하다. 한여름 밤의 꿈이 아니라 한여름 밤의 악몽을 의도한 것이 아닐까 하는 생각이 든다.

이러한 혼란도 액자 연극인 「피라무스와 디스비」를 공연하는 장면에 가서 조금 정리된다. 어쩌면 여기에 모든 것을 맞추려고 그랬는지도 모르겠다. 배우들이 이번에는 커다란 하얀 천으로 뭔가를 가린다. 두 명의 배우가 천을 양쪽에서 잡고 안에서는 뭔가 꿍꿍이를 벌이는 모양이다. 드디어 천이 걷히자 웃음이 터져나온다. 온몸에 덕지덕지 회칠을 한 채 벽돌 한 장 들고 나와서 벽이라고 하는 배우. 또 극본대로라면 사자가 나와야 하는데 커다란 곰이 나온다. 베를린의 상징이 곰이라 웃음을 유발하려고 그런 것이다. 맹수처럼 으르렁거리는 연기를 하다가, NG가 나는 장면에서는 툴툴거리며 사람처럼 다시 걸어 들어가는 곰의 연기에 웃지 않을 수 없다. 그리고 피라무스와 디스비의 연기에서는 정말 눈물이 핑 돌 정도로 감동적인 연기를 보여준다. 아, 이제야 알겠다. 연출자의 의도는 바로 여기, 액자 연극에 있었던 것이다. 그래도 여기에 다다르기까지 위르겐 고슈의 악몽에 시달리는 것은 편한 일은 아니다. 마지막 액자 연극이 없었다면 정말 괴로울 뻔했다. 그런데도 객석의 박수는 만만치 않다. 오늘이 초연이라 그런 모양이다.

위르겐 고슈의 스캔들 위르겐 고슈가 2005년에 사고를 하나 친다. 그 후로 위르겐 고슈라고 하면 치를 떠는 사람들이 생겼다. 뒤셀도르프의 샤우슈필하우스에서 셰익스피어의 「맥베스」를 초연하는 날이었다. 7명의 남자 배우만으로 공연을 올린다. 남자들이 여자 배역까지 맡아서 하는 연극이다. 한데 세 마녀가 등장하는 시작 장면부터 관객들은 충격을 받는다. 배우들이 실오라기 하나 걸치지 않은 채 등장한다. 그리고 4명의 배우들이 엎드려서 말이 되고 세 마녀는 그 위에 올라탄 채로 고함을 질러댄다. 여기서 끝이 아니다. 배우들이 알몸에 피를 뒤집어쓴 채로 싸움을 벌이고 똥 싸고 오줌 갈겨대면서 관객들을 혼비백산하게 만든다. 결국 사람들이 하나둘씩 자리를 뜬다. 30분도 안 되어서 관객의 1/3이 고개를 절래절래 흔들며 나간다. 하지만 나머지 2/3는 끝까지 자리를 지키고 이 끔찍한 공연을 다 본다. 그리고 막이 내리자 기립박수를 보낸다. 다음 날 신문은 일제히 이 사건을 머릿기사로 보도한다. 그 뒤 이 공연은 전석 매진 사태가 벌어지고 급기야 그 해의 연극상을 휩쓴다. 이것이 그 유명한 '위르겐 고슈 스캔들'이다. 이후로 위르겐 고슈의 「맥베스」는 세계 연극사에서 연극에서의 폭력을 거론할 때 대명사처럼 오르내리게 되었다.

내가 베를린에서 본 연극 중 위르겐 고슈가 연출한 연극만 10편이 넘는다. 그의 특징은 빈 무대를 선호한다는 것이다. 그중에서도 2008년에 본 체호프의 「갈매기」와 「바냐 아저씨」에서 그의 연출 기법이 빛을 발했다. 하지만 이제 더 이상 그가 연출하는 작품을 만날 수 없다. 2009년 6월에 저세상으로 가버렸기 때문이다. 겨우 65년의 세월을 살다가 암으로 돌아가셨다. 아직도 할 일이 많은 연출자이거늘……. 만났던 연출가들이 하나둘씩 사라진다. 착잡하다. 오늘은 그를 위해 한잔해야겠다.

한트케 作「길 잃은 사람들의 흔적을 좇아서Spuren der Verirrten」는 베를리너앙상블에서 2007년 2월 17일에 초연했다. 클라우스 파이만이 연출을, 유타 페르베르스가 드라마트루기를 맡았다. 주요 배우들은 다음과 같다. Carmen-Maja Antoni, Christina Drechsler, Ursula Höpfner, Franziska Junge.

13

고독이라는 비극적인 무기「길 잃은 사람들의 흔적을 좇아서」

'토끼가 뛴다!'고 생각했을 때,

그리고 정말 거기서 토끼가 뛰었을 때

그때가 그런 시절들이었다.

그때가 그런 시절이었다.

마치 다행스러웠던 것처럼,

그 목소리가 나를 불행하게 파괴했을 때

그때가 그런 시절들이었다.

그때가 그런 시절이었다.

네가 나에게 찾아왔었다.

그리고 네가 나를 받아들였다.

그때가 그런 시절들이었다.

그때가 그런 시절이었다.

꿈들이 깨어났었다.

꿈들이 찾아냈었다.

꿈들이 확실해졌었다.

꿈들이 드러났었다.

꿈들이 경고했었다.

꿈들이 이루어졌었다.

그때가 그런 시절들이었다.

그때가 그런 시절이었다······.

—한트케의 「길 잃은 사람들의 흔적을 좇아서」 중 시 「그런 시절이었다」 전문

초등학교 시절에 길을 잃은 적이 있다. 태릉에 있는 사촌누이 집에 다녀오다가 영등포에서 차를 잘못 갈아타서 개봉동으로 가는 버스를 타고는 어찌할 바를 몰라서 그냥 중간에 내려버렸다. 걸어가서 길을 찾아보려고 했지만, 오히려 반대 방향으로 가는 통에 오류동 어디쯤에서 울고만 있었다. 워낙 내성적이어서 누구에게 물어보는 것도 힘들던 시절이다. 내성적인 사람들은 거절당하는 것을 가장 두려워한다. 명석한 두뇌를 지녔었다면, 반대 방향에서 같은 버스를 타고 영등포로 돌아갔겠지만, 당시에는 그러지 못했다. 혼자 울고만 있으니 지나가던 청년이 나를 파출소에 데려다주었다. 파출소의 순경이 5학년이나 된 아이가 길을 잃어버리고 다닌다며 핀잔을 준 기억은 오랫동안 나를 수치심에 몰아넣었다. 그 후로 다시는 타인의 도움을 받지 않겠다고 결심하는 바람에 한동안 적잖은 고생을 했었다.

어린아이야 길을 잃으면 보살펴주는 것이 세상의 인정이지만, 어른이 길을 잃으면 무슨 일이 벌어질까 생각하니 암담하다. 도움을 받기는 하겠지만, 그 후에 따라붙는 바보나 천치 같은 수식어를 감당할 것을 생각하면 도움을 사양하는 것이 상책이다. 그래서 아직도 세상의 많은 이들이 길을 잃고 헤매면서도, 쉽사리 도움을 청하지 않는다.

수업 후에 마리엘, 코리와 함께 점심식사를 했는데 마리엘이 지갑을 잃어버렸다고 해서 내가 대신 돈을 내줬다. 미국 대사관 옆의 카페에서 커피를 마시고 있는데, 멕시코에 있는 마리엘의 남자친구에게 전화가 왔다. 마리엘은 한 시간 동안 떠든다. 내용을 들어보니 남자친구가 불안한 모양이다. 어서 돌아오라고 성화다. 마리엘은 어린아이를 달래듯 그를 달래고 있고. 사랑은 역시 사람을 불편하게 만든다. 젊은 시절엔 나도 그랬었지. 전화하고 있는 마리엘에게 먼저 간다고 작별인사를 하곤 베를리너앙상블로 향한다.

사람들이 그냥 걷는다

오늘 볼 연극은 「관객모독」의 작가로 잘 알려진, 페터 한트케Peter Handke의 신작 「길 잃은 사람들의 흔적을 좇아서Spuren der Verirrten」이다. 그의 단짝 연출가 클라우스 파이만이 무대에 올린다. 그의 데뷔작인 「관객모독」을 1966년에 파이만이 초연한 것을 상기하면 40년 이상 유지되는 우정이다. 그의 작품 대부분을 파이만이 초연했는데 그런 우정이 부럽기만 하다.

　　무대에 X자 형태로 길을 만들어두었다. 그 길을 따라서 사람들이 여기저기서 튀어나오면서 걷는다. 혼자서, 짝을 지어서, 혹은 삼삼오오 무리를 짓기도 하면서 걷는다. 대사는 거의 없이 그냥 걷는다. 길 위에서 웃기도 하고, 슬퍼하기도 한다. 어떤 이는 주저앉아서 쉬기도 하고, 어떤 이는 짐을 들고 걷기도 한다. 짐을 서로 빼앗으려 하기도 하고, 거들어주기도 하면서 마냥 걷는다. 신발을 신고 걷기도 하고, 신발을 벗어들고 맨발로 걷기도 한다. 때로는 열을 지어서 행진도 하고, 때로는 엉켜 있기도 하면서 길을 걷는다. 맥 풀린 시선으로 길 위에 서 있기도 하고, 힘찬 몸짓으로 춤을 추기도 하면서 길을 걷는다. 별다른 대사는 없지만, 길 위에서의 몸짓만으로도 페이소스 가득한 연극이 펼쳐진다. 마법의 시간이 또다시 파이만에 의해 재현되는 순간이다.

연극은 대부분 두 사람이 무대에 걸어 나왔다가 걸어 들어가면서 마치 찰칵하면서 돌아가는 슬라이드 영사기처럼 진행된다. 간혹 제3자가 두 사람 사이에 들어오는 경우도 종종 있지만 대부분은 두 사람이 짝을 지어서 연기를 한다. 한 커플이 걸어 나오면서 길에 빵 조각을 뜯어서 표시한다. 헨젤과 그레텔이라고 하기에는 너무 나이가 많다. 집으로 돌아가는 길일까? 이리저리 움직여보다가 이내 사라진다. 사라졌다가 다시 나타나는데 이번에는 옷이며 머리카락이 엉망진창으로 헝클어져 있다. 지그재그로 뛰어다닌다. 그리고 무대 뒤편을 가리키며 "저기 빛이 보인다! 집이다! 숲 한가운데에 집이 있다!"라고 외치면서 뛰어 들어간다. 그리곤 다른 두 사람이 반대 방향에서 등장하면서 돌멩이처럼 보이는 종이뭉치로 길을 표시하곤 아무 말 없이 사라진다. 그리곤 쾅 소리와 함께 마치 거대한 바람에 날아가듯 표식들이 다 날아가버린다. 이어 또 다른 두 사람이 등장해서 도로공사에 쓰이는 고깔 모양의, 꽤 무거워 보이는 작은 표식들로 길을 표시하곤 사라진다. 한데 이 고깔 표식도 마치 마법처럼 넘어지더니 거대한 자석에 끌려가듯 데굴데굴 굴러서 휙 하고 사라진다.

다음에는 두 사람이 경찰봉을 들고 휘두르면서 한 남자를 좇아온다. 그리고 돌리며 사과 들을 던진다. 남자는 이리저리 피해보지만 결국 포기한 듯 웅크리고 앉는다. 그러자 그를 쫓던 두 사람은 잠시 바라보더니 일으켜 세우곤 어깨동무를 하면서 다음과 같은 말을 주고받으며 들어간다. "너 어디 사니?", "미텔란트 운하", "누나는 있어?", "누나 죽었어." 그리곤 사과 하나를 그에게 준다. 무대 안쪽에서 사과 깨무는 소리가 들린다.

가방을 어깨에 짊어진 두 사람이 등장한다. 한 사람의 가방이 더 무거워 보인다. 다른 이는 그를 도와주겠다는 제스처를 하면서 들어간다. 다른 길에서 또 다른 두 사람이 등장한다. 한 사람은 여행 가방을 질질 끌면서 들어오고 다른 사람은 빈손으로 들어와 길을 거쳐 다시 들어간다. 그리고 한 커플이 들어온다. 들어오면서 한 사람은 옆 사람의 손을 애무하고, 또 그는 옆 사람의 손에 키스하면서 들어간다. 그리곤 다시 가방을 멘 두 사람이 들어온다. 무거운 가방을 멘 사람은 빠른 걸음으로 달려가고 가벼운 가방을 멘 사람은 그를 도와주겠다고 쫓아가면서 그의 짐을 거들어주려 하지만 무거운 짐을 진 사람은 도움 받기를 거부하면서 들어간다. 두 번째 커플이 다시 등장한다. 한 사람은 여전히 무거운 가방을 질질 끌면서, 다른 이에게 도와달라고 하지만 빈손으로 오는 사람은 여전히 아무것도 못 들은 척하면서 자신의 길을 간다. 세 번째 커플도 다시 등장한다. 역시 한 사람의 손을 더듬으면서 들어오지만 한 대 맞는다. 그러자 키스를 하려고 시도하지만 한 대 더 맞는다. 그래도 포기하지 않고 한 번 더 시도하자 제대로 세게 한 대 맞는다. 그러자 그는 둘이 찍은 사진을 보여준다. 사진은 곧 갈기갈기 찢긴다. 맞은 이의 코에서 피가 나서 얼굴은 이미 피범벅이 되어 있다. 때린 이가 미안하다며 손수건을 꺼내주지만 거절당한다. 그러자 미안하다며 사과한다. 다시는 그러지 않겠노라고 하지만, 맞은 이는 다음이란 건 없다며 강하게 반발하고는 이제 끝이라고 선언하고 들어간다.

울지 마라, 너하고 있으면 기쁘다

이번에는 한 남자와 여자가 서로 껴안고 들어온다. 교차선의 반대편에선 제3자가 들어오다가 바로 나간다. 두 남녀는 점점 더 꼭 껴안으면서 들어

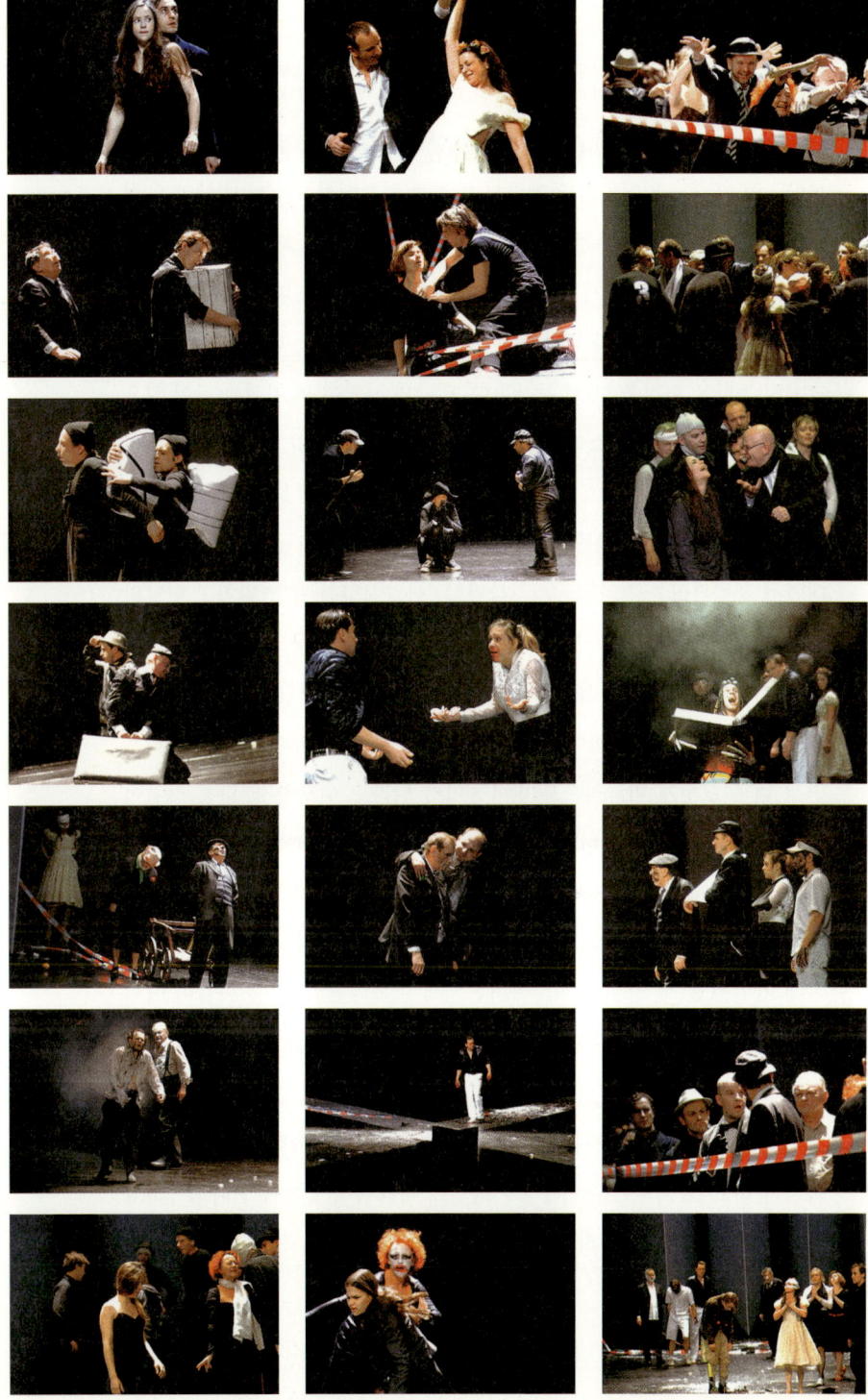

온다. 남자의 손은 여자의 허리를 휘감고 있는데, 다시 그 제3자가 반대편에서 고개를 꼿꼿이 세우며 그들을 바라보곤 또 사라진다. 두 남녀는 서로 꼭 껴안으며 다시는 떨어지지 않겠다고 다짐하곤 떨어졌다가 다시 세차게 껴안는다. 그리고 또 제3자가 등장해서 무대를 한 바퀴 돌자 두 남녀는 그를 쫓아가면서 당신의 땀냄새가 좋다는 등 느끼한 소리를 하면서 들어간다.

이어 다른 두 사람이 등장한다. 한 사람은 민낯으로, 다른 사람은 마스크처럼 두터운 화장을 한 채 등장한다. 민낯의 사람이 왜 자신과 같이 있으면 기뻐하지 않느냐고 소리 없이 울면서 묻자, 마스크의 사람은 훌쩍거리면서 "울지 마라, 너하고 있으면 기쁘다. 하지만 그 기쁨을 보여줄 수가 없다. 기쁠 때마다 나는 어두운 가면을 쓰고 있고, 기쁨이 클수록 나는 징징대면서 훌쩍거리는 거라고……." 하면서 "아, 기쁘다!"를 연발하고 민낯의 사람은 눈물을 흘리면서 "아, 기쁘다……."를 맥없이 중얼거린다. 그리고 넘어졌다가 서로 부축해서 일어나기를 반복하면서 들어간다.

또 다른 두 사람이 들어온다. 한 사람이 다른 사람의 어깨에 손을 얹으면서 너무 그렇게 비극적으로 받아들이지 말라고 위로하자, 다른 사람이 어깨의 손을 쳐낸다. 그러자 첫 번째 사람은 다시 어깨에 손을 얹으면서, "골키퍼가 다리 사이로 공을 놓쳐서 골 먹었다고 골키퍼 그만두지 않는다. 연극배우가 대사 좀 씹었다고, 연기 그만두니? 외과의사가 실수로 환자 뱃속에 가위를 둔 채 봉합했다고 아마존에서 벌목하면서 사니? 아들이 어머니를 때렸다고 마터호른 봉우리에서 뛰어내리더냐?"라는 말로 위로한다. 그러자 두 번째 사람은 다시 어깨에서 손을 떨궈내며, "그래. 외과의사는 마터호른 봉우리에서 가위 든 채 뛰어내려야 하고, 연극배우는 혀 깨물고 죽어야 하고, 골키퍼는 다시는 TV 화면에 나타나지 말아야 한다고." 하고 말한다. 그러자 첫 번째 사람이 다시 어깨에 손을 얹고, 두 번째 사람은 또 그 손을 뿌리친다. 두 번째 사람이 위로는 원래 도움이 안 되는 것이니, 기분 나쁘게 생각하지 말라고 하자 첫 번째 사람이 고개를 떨군 채 한동안 아무 말 없이 머무른다. 그러자 이번에는 두 번째 사람이 첫 번째 사람의 어깨에 손을 얹고 무대 안으로 들어간다.

　다른 두 사람이 등장한다. 한 사람이 손에 얼굴을 파묻고 들어오고, 다른 이는 그의 주위를 한 번 둘러보더니 결심한 듯 물어본다. 나이는? 고향은? 시골? 도시? 변두리? 아버지는 어떤 분? 아버지 이름은? 어머니 이름은? 여기 사람? 타지인? 계속되는 질문에 다른 이가 아무 반응도 보이지 않자, 질문자는 한동안 침묵을 지키다가 머리를 절레절레 흔든다. 그러곤 몸을 흔들면서 다른 질문을 한다. "그 첫 번째 소리가 너에게 어떤 의미였던 거지?" 그제서야 다른 이가 얼굴에서 손을 떼며 이렇게 말한다. "낙엽에 떨어지는 빗소리, 그리고 가을 단풍 속에, 큰 떡갈나무 아래, 버드나무의 언저리에, 시냇가에, 모닥불가에 떨어지는 빗소리들. 떡갈나무는 다른 나무들보다 오래 이파리를 간직했었어. 그리고 빗방울이 거기에 떨어지고, 그게 지금까지 나와 함께했던 거야." 질문자가 그런 것들은 예전처럼 다시 올 거라고 하자, 그는 얼굴을 손에 묻으며 아무것도 다시 오지는 않는다면서 뛰어 들어간다. 그리고 질문자도 그를 따라 뛰어 들어간다.

다양한 인물들이 단 한 줄의 대사를 통해 등장하다

한 여자가 혼자 들어온다. 그 뒤를 따라 다른 여자가 들어오더니 가방으로 그녀의 머리를 있는 힘껏 내려치며 계속 공격한다. 제3자가 다른 길에서 나와 이를 목격한다. 공격 당한 여자는 꼼짝 못하고 그냥 서 있다. 그리고 제3자는 이 상황을 설명해준다.

곧 여기서 전쟁이 벌어질 겁니다. 이 땅에 너무 오랫동안 평화가 있었지요. 하지만 그 평화는 눈가림이고 실제로 평화는 존재하지 않았습니다. 그 평화는 거짓이고 조작이었지요. 마치 생필품처럼 조작된 거였단 말이지요. 매일매일 빵처럼 소비되어야 했기에 조작된 겁니다. 사람들은 인간이라는 것에 부끄러워하고 있어요. 그렇지 않나요? 우리는 평화를 증오란 이름으로 악용하고 있다는 말입니다. 우리는 이미 '다른 이가 존재하지 않는 자신'이란 괴물이 되어버렸고, 나는 그것을 잘 이해하고 있지요. 과연 무슨 일이 벌어진 걸까요?

그러자 얻어맞은 이가 답을 준다.

나하고 그녀, 그녀와 나는 계속 싸우고 있습니다. 산딸기를 둘러싸고, 생선 가게의 권리를 둘러싸고, 또는 이웃간의 관계 때문에 싸우고 있어요. 잃어버린 동전 몇 푼 때문에도 싸우고요. 정확히 얼마를 잃어버렸는지, 그 액수 때문에 싸우는 거지요. 어떤 때는 아주 특별한 것을 가지고 싸우기도 하는데, 예를 들면 독일어에서 알파벳 ß(에스체트)가 사라져야 한다는 것 때문에 싸우는 거지요. 그녀는 ß를 너무 싫어하지만, 그 ß는 내가 가장 사랑하는 알파벳이란 말이지요. 이렇게 아름다운 ß를 없앤다는 것이 말이 됩니까? 산딸기 모양 때문에 싸우기도 하고, 어떤 때는 무당벌레 등에 박힌 점의 갯수 때문에도 싸우지요. 그녀가 8개라고 하면 나는 7개라고 하고, 그녀가 7개라고 하면 나는 9개라고 하지요. 이웃사촌은 이제 다 물 건너간 이야기가 된 겁니다. 평화는 이제 끝이라고요.

이렇게 말한 뒤 얻어맞은 여자는 잭나이프를 집어들고 소리를 지르며

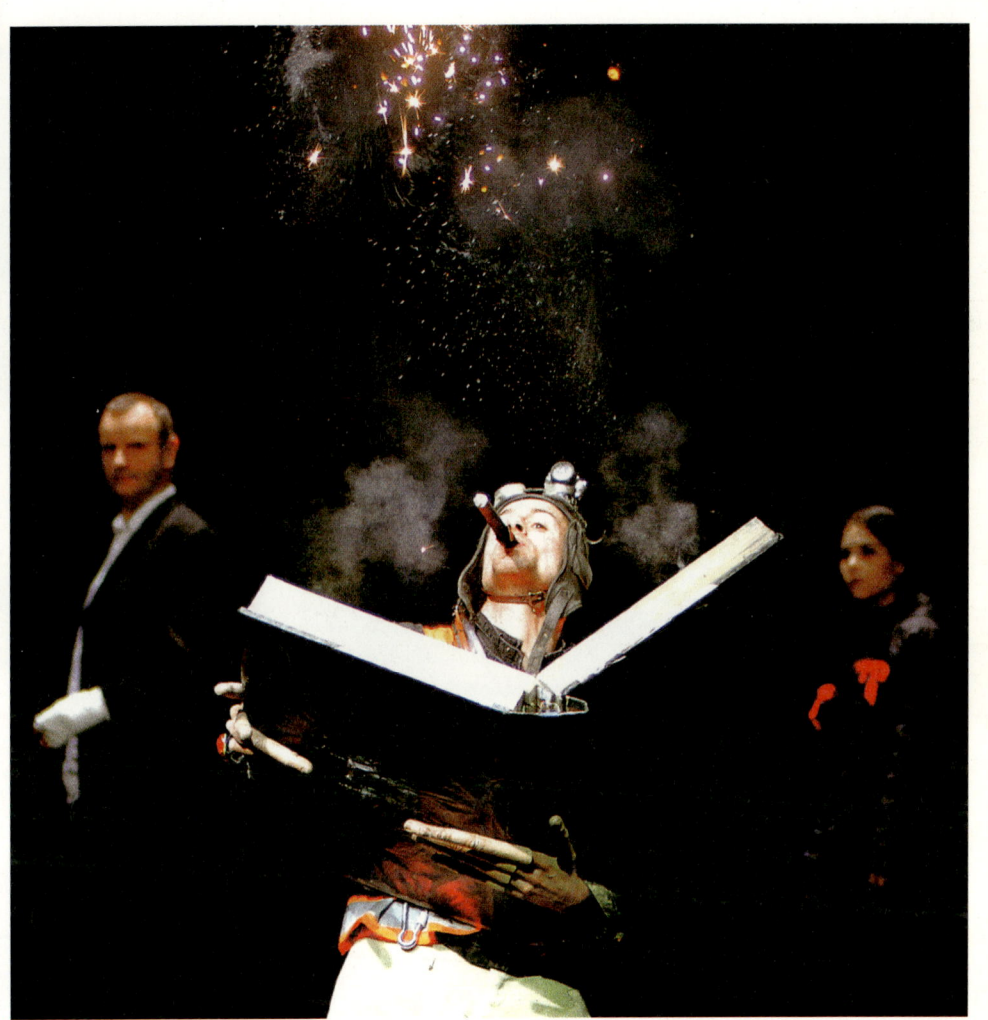

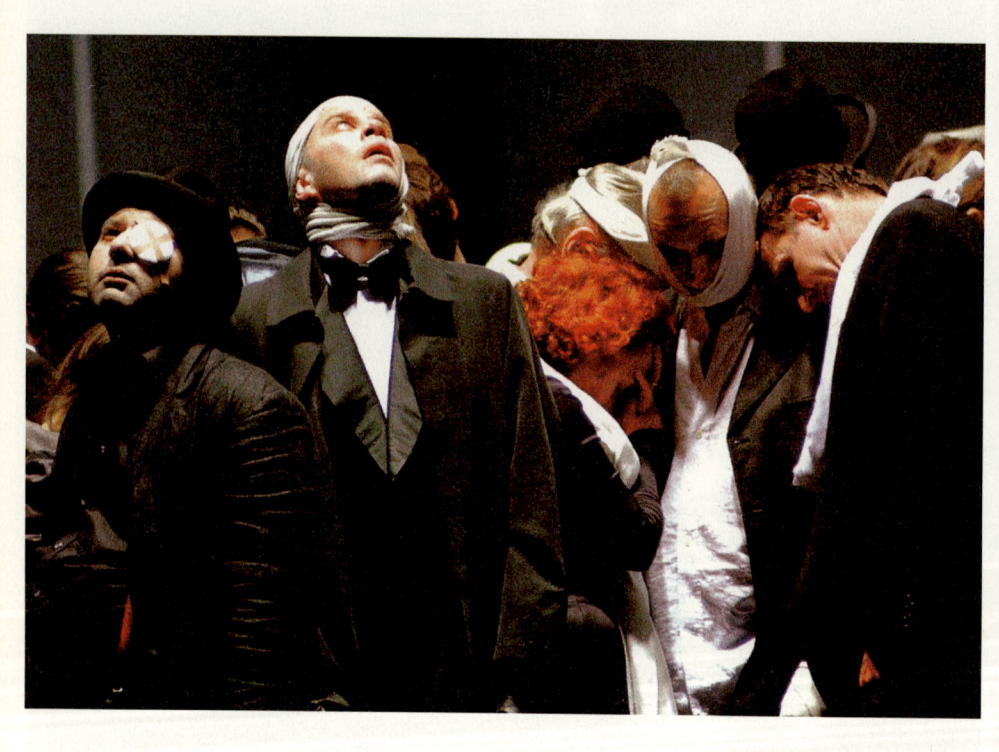

공격한 여자를 향해 뛰어간다. 그리고 제3자도 다른 방향으로 사라진다.

그러곤 앞에 등장했던 사람들이 두 사람씩 짝을 지어서, 또는 제3자가 추가된 채로 차례로 등장하면서 의미 없어 보이는 지명이나 단어들을 내뱉으면서 다시 사라진다. 그러다가 어느 순간에 이들이 떼를 지어서 다시 나타나서는 X자로 설치된 무대 위의 길을 따라 오르내리기를 반복한다. 무리 속에서 두 사람씩 떨어져 나와서 각자의 역할과 대사들을 하고선 다시 무리 속으로 들어간다. 그런데 이들이 내뱉는 한 구절씩의 대사에는 자신들의 정체성이 들어 있다. 아브라함과 이삭, 카인과 아벨, 솔로몬과 시바의 여왕, 율리시스, 오이디푸스, 메디아와 이아손 같은 신화와 성경 속 인물들부터, 콜럼버스나 뉴턴 같은 역사적 인물까지 그야말로 다양한 이들이 단한 줄의 대사를 통해 등장한다. 어떤 이들은 서로 미워하며 넘어뜨리고 때리기도 하며, 어떤 이들은 절망하고 슬퍼하며 자포자기하기도 하고, 어떤 이들은 서로를 달래며 위로해보기도 하지만 해결하지 못할 슬픔을 안은 채다시 사라지기도 한다. 또 우리를 달래기 위해 마법의 책을 들고 나와 불꽃마술을 보여주기도 하지만 관객에게 동전 하나 던져 받고 마는 슬픈 마법사도 등장한다.

길을 잃은 것은 한트케나 나뿐만이 아니다

마지막 즈음에 가서 무리들을 살펴보면 상처 입지 않은 이는 거의 남아 있지 않다. 붕대를 머리에 감은 사람, 팔에 깁스를 한 사람, 목발을 짚고 걷는 사람, 한쪽 눈에 안대를 한 사람 등등. 상처 입은 영혼들이 모여서 땅을 보며 절망하거나 하늘을 보며 뭔가 애처롭게 기다린다. 하지만 희망은 보이지 않는다. 마지막에 모든 이들이 '그런 시절이었다'라는 제목의, 괴상하고 짧은 시를 읊으며 연극이 끝난다.

연극은 쉬는 시간 없이 1시간 50분에 걸쳐 진행되었는데, 다른 때와 달리 객석이 많이 비어 있다. 베를리너앙상블 앞 광장이 떠들썩하도록 왁자지껄하던 초연 때와는 너무나 다른 모습이다. 왜 이렇게 된 것일까? 연극의 수준이 너무 높았던 것 같다. 보통 베를리너앙상블에서 펼쳐지는, 드라마 위주의 연극을 기대했던 관객들이 이렇게 철학적인 내용의 연극에 환호하지 않는 것이다. 아무리 오늘이 평일이라고 해도 그것으로는 변명이 안 된다. 거의 연일 매진되는 베를리너앙상블이 아니던가? 그것도 이제 초연한 지 겨우 3개월밖에 안 된 연극인데 객석이 이빨 빠진 것처럼 드문드문 비어 있다니…… 역시 현대 예술가들은 고독할 수밖에 없다. 그들을 이해하는 관객이 없는 것은 아니지만 대중에게 현대 예술은 아직 너무 어려운, '당신들만의 고뇌'로 여겨지는 것 같다. 여러 이유로 착잡하다. 페터 한트케의, 말을 아낀 비극에 착잡하기도 하지만, 그의 비극을 비극으로 보아주지 않는 대중이 나를 착잡하게 한다. 공들여 잘 만든 연극인데도 결국 장기 공연에 실패하고 막을 내릴 것 같다는 불길한 예감이 든다. 하지만 어떠랴! 언젠가는 페터 한트케가 보여준 인간의 비극이 제대로 평가받을 날이 오리라. 그리고 이런 것이 예술가가 선택한 고독의 길인 것이다. 길을 잃은 것은 한트케나 나뿐만이 아니다. 우리 인간 모두가 길을 잃었다. 그리고 그 흔적을 한트케는 고독이라는, 고도로 비극적인 무기를 사용해서 오늘 펼쳐 보여준 것이다. 고맙습니다, 한트케 선생!

인간의 고독이 펼쳐지는 저 길을 보면서, 불현듯 루쉰의 글이 떠올랐다.

희망이란 것은 본래 있는 것이라 할 수 없고 없다고도 할 수 없다. 그것은 마치 땅 위의 길과 같은 것이다. 본래 땅 위에는 길이 없었다. 걸어가는 사람이 많아지면 그것이 곧 길이 되는 것이다.[*]

그런데 길을 잃은 사람들에게 희망이란 무엇인가? 한트케처럼 그들의 흔적을 좇아가보면 어딘가에 답이 있을지도 모르겠다.

공연이 끝나고 배우들이 커튼콜까지 마친 후에, 갑자기 여배우인 카르멘마야 안토니가 할 말이 있단다. 다름이 아니라 오늘이 타보리 선생의 93세 생일이란다. 이층에서 같이 관람하고 있었나 보다. 모든 관객과 배우들이 타보리 선생에게 박수를 보낸다. 한평생 길을 잃지 않으려고 싸워온 노장 연출가에게 경의를 표한다.

[*] 루쉰의 단편 「고향」 중에 나오는 구절이다.

진정한 코스모폴리탄, 조지 타보리 조지 타보리 선생을 미국인이나 독일인으로 알고 계신 분이 많다. 사실 타보리는 헝가리 부다페스트 태생이다. 좀 더 나은 교육을 받기 위해 아버지와 함께 베를린으로 오지만, 1933년에 히틀러가 권력을 잡으면서 유태인이라는 이유로 베를린을 떠나야 했다. 1933년에 타보리는 런던으로 이민 가서 저널리스트 겸 번역가로 활동하다가 영국 시민권을 얻지만 1944년에 타보리의 부모는 아우슈비츠 수용소행 기차를 타게 된다. 어머니는 운 좋게 기차에서 벗어나지만 아버지는 결국 아우슈비츠에서 사망한다.

1947년에 타보리는 미국으로 건너가 할리우드에서 시나리오 작가로 활동을 하는데, 이때 그는 유럽인 망명자 캠프에 살면서 수많은 유럽 지식인들을 만나게 된다. 토마스 만, 앨더스 헉슬리, 테오도르 아도르노, 하인리히 만, 베르톨트 브레히트 등등. 이들과 한 지붕 아래에서 지낸 경험을 그는 후일 이렇게 회상한다. "네가 어떤 집에 살고 있는데 매주 일요일마다 뷔히너, 카프카, 플로베르, 말러 같은 사람들이 찾아온다고 상상해봐……."

하지만 그도 매카시 시대의 광풍을 피하지 못한다. 소위 '할리우드 블랙리스트'에 이름이 올라가면서 갖은 고초를 겪는다. 친구였던 연출가 겸 영화감독 엘리아 카잔의 배신 때문이다. 타보리는 이후 5년 동안 엘리아 카잔과 말도 섞지 않았다고 한다. 이 일로 타보리는 할리우드에서 더 이상 활동할 수 없게 되어 미국 내의 유일한 탈출구인 뉴욕으로 간다. 뉴욕이란 화려한 예술 도시의 뒤에는 이런 쓰라린 사연들이 덕지덕지 붙어 있다. 타보리는 뉴욕의 액터스스튜디오에서 일하면서 더스틴 호프만, 로버트 듀발 같은 배우들을 키운다. 그에게 뉴욕은 탈출구가 된다. 영화계에서 쫓겨난 데 대한 보복이라도 하듯 연극에 몰두하는데 브레히트의 작품들을 영어로 번역해서 소개하기도 하고 스트린드베리의 「줄리 아씨」로 연극 연출가로 데뷔하기도 한다. 타보리가 없었다면 브레히트는 미국에서 아마 지금까지도 독일에서 망명한 극작가 정도로 대접받았을 것이다.

하지만 타보리는 결국 유럽으로 돌아온다. 1968년에 브레히트의 70세 생일 기념 행사에 참석하기 위해 베를린에 온 것을 계기로 베를린과 빈에서 왕성한 활동을 하는데, 이 시기의 타보리를 기억하는 사람들은 그를 독일인이라고 생각한다. 하지만 유태인 가정에서 태어나 평생 세계를 떠돌며 살아온 그에게 국적이니 정체성이니 하는 것이 무슨 의미가 있겠는가? 그의 국적은 세계이다.

언어의 경계를 넘어서 그가 쓴 희곡만 30여 편에 이른다. 물론 소설이나 다른 글들은 더욱 많다. 왜 아니겠는가? 한 세기를 살았으니…… 그래도 그의 생애 최고의 순간들은 베를리너앙상블에 합류하는 1999년부터다. 연극의 보물창고인 베를리너앙상블에서 하고 싶었던 이야기를, 연출자로서 그리고 진정한 코스모폴리탄으로서 마음껏 펼친다.

하지만 극장에서 타보리 선생을 본 날로부터 두 달 뒤, 프라하에서 베를린으로 돌아오는 기차에서 타보리 선생이 타계했다는 기사를 보게 되었다. 그 순간 항상 어린아이 같은 눈빛을 하고 있는 선생의 얼굴이 떠올랐다. 부디 저세상에서는 나쁜 놈들 안 만나고 편히 쉬시기를.

「레 제페메르Les Éphémères」는 라카르투슈리에서 연출가 아리안 므누슈킨Ariane Mnouchkine 의 지휘 아래 9개월 간의 임프로바이제이션을 통해 만들어져 2006년 12월 27일에 초연되었다. 희곡이 따로 없으며 배우들이 스스로 연출하면서 이야기를 만들어냈다. 주요 배우는 다음과 같다. Juliana Carneiro da Cunha, Delphine Cottu, Olivia Corsini, Shaghayegh Beheshti

14

시간의 강을 떠도는 인생 조각들 「레 제페메르(하루살이 같은 삶들)」

어제 나는 시간의 신, 즉 시간의 의인화에 대해 생각해보았다.

눈에 보이지 않기 때문에, 시간이라는 친구는 무대로 들어올 수 있다.

보이지 않는 시간에 대해 우리는 이해하지도, 보지도 못한다.

그저 흘러가고 또 오는 것이라고만 생각하지,

여기 우리들 무릎 위에 앉아 있다는 것은 믿지 못한다.

무대의 한순간에 이 보이지 않는 시간이란 놈은 우리의 양심이 되거나,

아폴론 신전의 사제가 되거나, 또는 예언자가 될 수도 있고,

어쩌면 잠깐 동안 맥베스의 손을 잡으려고 할지도 모른다.

—아리안 므누슈킨의 「연습노트」* 중에서

바스티유의 어느 가게에서 샌드위치로 아침을 먹고 있는데, 웬 흑인이 이 상한 행동을 한다. 어제 마신 술이 아직 안 깬 건지, 아니면 원래 정신줄을 놓은 사람인지 모르겠지만 심상치가 않다. 마라톤 경기 때문에 바리케이드로 막은 길을 지키고 있는 여자 경찰관에게 가서 꾸벅 절을 하고는 시비를 건다. 그러더니 이 가게로 와서 캔맥주 하나를 사더니 한입에 꿀꺽 넘긴다. 아침부터 해장술을? 술을 먹고는 신기한 춤을 추어댄다. 보아하니 신발에 쇠징까지 달린 모양이다. 건들거리며 탭댄스와 레게가 섞인 춤을 추면서 지나가는 여인들에게 수작을 건다. "너 예쁘게 생겼다. 같이 한번 놀자." 관대한 파리 여인들, 씩 웃고는 총총거리며 가던 길을 간다. 경찰이 있는데도 여자들에게 집적대는 이 인간을 제지하지 않는다. 아, 내가 다시 파리에 머물고 있다는 사실을 새삼 느낀다.

언제까지 저 인간이 저러고 노나 보는 것도 점점 지겨워진다. 커피나 한잔 마시려고 카페 디방에 들어서니 바텐더가 "알롱제?" 하고 묻는다. 그래, 알롱제 한잔 주라. 파리에 온 뒤 매일 아침 왔더니 그새 단골이 되었다. 사실 10년 전부터 단골이었다.

---

* 말 그대로 므누슈킨이 자신의 아이디어와 고민 등을 적어놓은 노트이다. 책으로 만들어졌지만 판매되지는 않는데 우연히 구했다.

7년만에 다시 파리에 오다

이 카페는 전에 내가 바스티유에 살 때 새로 생겼던 카페다. 이 근처 광장에 있는 카페들은 주로 관광객들이 테라스에 앉아서 파리를 즐기며 마시는 곳으로 가격도 비싸고 들뜬 분위기라 꺼리던 차였다. 그러던 중에 이렇게 커피를 마시면서 앉아서 책도 볼 수 있는 바가 생겨서 매일 아침 이곳에서 크루아상 한 조각에 커피를 마시고 센 강을 건너서 학교까지 걸어다녔다. 하지만 이렇게 젊은 바텐더가 나를 알아볼 리가 없다. 벌써 7년도 더 된 이야기이니 당시 그는 초등학생이었을 것이다.

베를린에서 파리는 비행기로 1시간이면 올 수 있는데, 그동안 한 번도 못 왔다. 워낙 여행을 싫어하는지라 한 번 자리를 잡으면 좀처럼 움직이지 않는다. 베를린의 연극에 중독된 것도 큰 이유가 되겠다. 7년 만에 오는 파리가 낯설어서 당황스러웠는데 호텔을 바스티유 쪽으로 옮긴 후에는 편안해졌다. 집에 돌아온 것 같은 느낌이다. 익숙한 길을 걷다 보니 익숙했던 세월도 함께 돌아온 것이다. 하지만 이렇게 다시 찾은 익숙함도 내일이면 다시 공항의 휴지통으로 들어가겠지. 마드리드에선 또 무엇이 나를 기다리고 있을까?

커피를 마신 뒤, 태양극단Théâtre du Soleil이 있는 라카르투슈리la Cartoucherie로 간다. 마라톤 한다고 교통통제 하고 있으니 혹시 몰라서 시간 여유를 두고 출발했다. 뱅센에 오니 옛날 생각이 새록새록 떠오른다. 예전에 6개월 동안 여기서 산 적이 있다. 매일 숲 길을 지나서 집으로 터벅터벅 걸어가던 기억이 난다. 가을에 마로니에 나무에서 떨어진 열매를 잔뜩 주워서 새끼 고양이 조로에게 높이뛰기 훈련용으로 던지면서 같이 놀던 것도 생각난다. 500프랑 주고 산 빨간색 자전거를 타고 뱅센 숲을 활주하다가 페달이 자꾸 빠져서 고생하던 일도 생각이 난다. 집에 오는 길에 매일 들르던 맥주집이 아직도 있는지 봤더니 그대로 있다. 반가운 마음에 들어가 한 잔하고 싶지만, 오늘은 시간이 여의치 않다.

버스 운전사에게 라카르투슈리에 어떻게 가느냐고 물어보니, 직통버스가 있단다. 조금 있으면 오니까 저 앞에서 타라고 한다. 그런 게 있었나? 5분 정도 있으니 라카르투슈리라고 써붙인 버스가 온다. 버스를 타니 공원을 지나 커다란 공장 같은 데에 내려준다. '탄약 만드는 곳'이라는 뜻을 가진 이름 라카르투슈리에서 알 수 있듯, 이곳은 원래 탄약을 만드는 공장이었다. 탄약뿐 아니라 여러 무기도 만들었을 것이다. 무기 제조 공장이었으니 그 부지의 넓음이야 말할 필요가 없다. 얼마나 넓으면 이 라카르투슈리 안에 8개 정도의 극단이 있는데도 존재감을 별로 느낄 수 없다. 태양극단은 라카르투슈리 안의 극단들 중에서도 가장 유명하고 큰 극단이다. 물론 이는 아리안 므누슈킨Ariane Mnouchkine이라는 세계적인 연출가가 있기에 가능한 것이다.

대본이 없는, 일종의 생성연극

날씨가 제법 쌀쌀하다. 근처를 둘러보니 베를리너앙상블의 칸티네처럼 배우들이 식사하는 곳 비슷한 게 눈에 띈다. 바람도 피할 겸 들어가서 책을 읽으면서 기다린다. 음식이 준비된 것도 보이는데 사람이 없다. 에라, 모르겠다. 종이컵에 따뜻한 커피를 따라 마신다. 누가 뭐라고 하면 파는 건 줄 알았다고 적당히 넘기지 뭐. 몸이 좀 풀린다. 조금 있으니 아이들 세 놈이 뛰어 들어와 장난치면서 논다. 귀여운 것들. 얘들도 배우일까?

공연장에 들어갔는데 자리가 너무 멀고 좁다. 불편함을 참고 기다리고 있으니 공연 시작 5분 전에 방송이 나온다. 앞쪽에 빈자리가 있으니 뒤에 계신 분들은 옮겨도 된단다. 얼른 맨 앞자리로 튀어나왔다. 꽤 추운 모양이다. 자리마다 담요가 놓여 있다. 나도 무거운 코트를 벗고 담요를 덮는다. 왠지 모를 훈훈함이 느껴진다.

이제 연극을 볼 준비는 다 끝났다. 오늘 볼 연극의 제목은 「레 제페메르Les Éphémères」, 번역을 하면 '하루살이들' 혹은 '하루살이 같은 삶들'이다. 좀 더 멋을 부려서 의역을 하면 '덧없는 인생들'이 되겠다. 빅토르 위고의 소설도 「레 미제라블」이라고 원어 그대로 통용되는 것을 생각하니 「레 제페메르」라고 그대로 소개하는 것도 괜찮을 것 같다.

아리안 므누슈킨은 이 연극을 제안만 했지, 연출과 대본은 배우들과 출연진들이 각자 했다고 겸손을 빼시지만, 이 연극은 므누슈킨의 다음과 같은 질문이 없었다면 탄생할 수 없었다. "만약 인류가 3개월 안에 멸망한다는 것을 안다면, 무엇을 하겠는가?" 이 연극은 이 질문에 대해 전 단원이 9개월 동안 임프로바이제이션, 즉 즉흥 연기를 거쳐 만든 작품이다.

이렇다 보니 기존의 연극과는 다른 상황이 많이 벌어진다. 보통은 극작가가 희곡을 쓰고 연출자가 그 희곡을 읽은 다음 그에 맞는 캐스팅을 거쳐 연극을 만든다. 하지만 이 연극은 캐스팅이 먼저 다 되어 있고, 그 배우들이 스스로 연출하면서 연극을 만들어나간다. 즉 대본이 없는 연극이다. 아기들이 문법을 알고 언어를 배우는 것이 아니라, 언어를 배우면서 스스로 문법체계를 만들어간다고 주장한 노엄 촘스키의 생성문법론이 생각나는 순간이다. 이 연극은 배우들이 스스로 움직이며 가슴으로 만들어내는, 일종의 생성연극과 같다. 물론 이런 말은 없다. 내가 만들어낸 말이다. 배우들이 9개월 동안 매일 모여서 인간에 대해 생각하다 보니 당연히 연극은 삶에 집중된다. 그것도 중요한 순간만이 아니라 의미 없어 보이는 아주 작은 순간까지 다루게 된다. 하지만 대본이 없다. 그래서 나는 이 연극에 대본을 만들어주고 싶다. 극작가의 입장이 아닌, 관객의 입장에서 만든 대본이 되겠다.

시간이라는 강물에 인생이라는 뗏목을 타고

「레 제페메르」는 29개의 에피소드로 구성되는 연극이다. 막도 따로 없다. 각 에피소드마다 다루는 상황과 주제는 달라 보이지만, 마치 옴니버스 영화처럼 한 가지 주제로 모인다. 바로 '인생'이란 주제이다. 시간이라는 강물에, 인생이라는 뗏목을 타고 떠도는 인간군상들을 다루고 있다. 하지만 시간이라는 강은 한 방향으로만 흐르지 않는다. 현재와 과거를 이리저리 부딪히며 떠돈다. 마치 한겨울의 강 위에 둥둥 떠다니는 얼음 조각들처럼 「레 제페메르」의 인생 조각들은 서로 부딪히기도 하고, 혼자서 구석을 찾아 들어가기도 하고, 제 갈 길 찾아 유유히 흘러가기도 한다. 어떤 조각은 녹아서 강물에 가라앉아버리기도 한다. 워낙 많은 이야기를 다루다 보니 연극은 1, 2부로 나뉘어 공연되지만 내용에는 커다란 변화가 없다. 그대로 우리 삶이다. 일반 연극처럼 플롯의 흐름을 따라가는 것이 아니기에 각 장면을 한 편의 연극이라 생각하고 감상해도 된다. 어떤 장면들은 시간의 강물에서 표류하기에 서로 짜맞추고 싶은 충동노 든다. 그래서 맞출 수 있는 조각은 임의로 맞추기도 해보았다.

연극은 장장 7시간에 걸쳐 공연된다. 삶을 다룬다는 것을 생각하면 7시간이 그리 긴 것은 아니다. 총 29개의 에피소드로 구성되고 그사이를 채우는 막간의 장면들이 틈틈이 나온다. 무대는 긴 복도처럼 객석 가운데에 있다. 마치 하늘나라의 천사들이 층층이 앉아 있는 것처럼 꾸며놓았다. 객석의 중간에 무대라는 강이 흐르는 듯하다. 무대 양쪽에 커튼이 있어서 커튼을 젖히면서 이쪽 저쪽에서 배우들이 등장한다. 그냥 등장하는 것이 아니라 바퀴가 달린 소형무대를 밀면서 등장한다.

공연 시작 전에 아리안 므누슈킨이 직접 나와서 관객들에게 인사하고, 제발 휴대폰을 꺼달라고 당부한다. 그녀도 이제 많이 늙었다는 생각이 드는 순간 극장의 불이 꺼지고 객석에 총총 별이 뜬다. 맞은편 객석에 앉아 있는 관객들이 별이 되어서 역시 별이 된 맞은편 관객들을 지켜본다. 이어서 「레 제페메르」의 음악을 작곡하고 오늘 직접 연주도 해줄 장자크 르메트르Jean-Jacques Lemêtre가 마치 인도의 도인처럼 하얀 수염을 늘어뜨리고, 하얀 머리를 묶고, 도인처럼 입은 채 객석보다 더 높은 곳으로 들어와 자리를 잡고 음악을 흐르게 한다. 오케스트라가 공중에 있는 셈이다.

무대에 불이 들어오고 나무판을 덧대어 만든 것 같은, 바퀴 달린 원형의 빈 무대를 한 사람이 스르르, 소리도 내지 않고 마치 정말 강 위를 떠가는 뗏목처럼 밀면서 사라진다. 그리고 이 무대에 화분 같은 소품들을 장치하는 것도 직접 관객에게 보여준다. 무대를 밀어 옮기는 사람들도 배우들이다. 무대를 옮기다가 어떤 에피소드에서는 연기를 한다. 작은 무대는 혼자서, 큰 무대는 둘이서 짝을 이루어서 360도로 빙빙 돌린다. 그래야 양편의 관객이 모두 볼 수 있다. 마치 영화에서 카메라 샷이 한 바퀴 도는 것과 같다. 이들이 삶이라는 뗏목을 운반하는 역할을 한다고 생각하면 된다. 한데 이들이 무대를 돌리는 모습이 예사롭지 않다. 그냥 막 돌리면서 운반하는 것이 아니라 일정한 박자를 맞추면서 서서히, 때때로 매우 빠르게 돌린다. 하지만 이들 때문에 연극이 방해되는 경우는 단 한 번도 없었다. 무대에 존재하지만 존재하지 않는 것처럼 느껴지는, 마치 시간 그 자체를 연기하는 것같이 움직인다. 이렇게 보이지 않는 시간을 연기하기까지 얼마나 많은 연습을 했을까? 이들이 없었으면 시간의 강이라는 무대가 불가능했을 것이다. 이런 뗏목 무대와 이들을 운반하는 시간의 신들에 대해선 이렇게만 설명하고 앞으로 언급하지 않겠지만, 시작부터 끝까지 연극 「레 제페메르」는 이 시간의 신들과 함께 진행된다는 것을 잊지 말자.

「아름다운 정원」

이제 본격적으로 삶의 조각들이 들어온다. 인도의 시타르 같은 현악기의, 둥둥거리는 음이 깔리고 조그만 철문이 달린 집이 있는 직사각형 무대에 한 여자가 올라선 채 등장하면서 에피소드 1이 시작된다. 그녀는 그 철문에 '집 팝니다'라는 팻말을 걸고는 집으로 들어간다. 거실이 설치된 원형

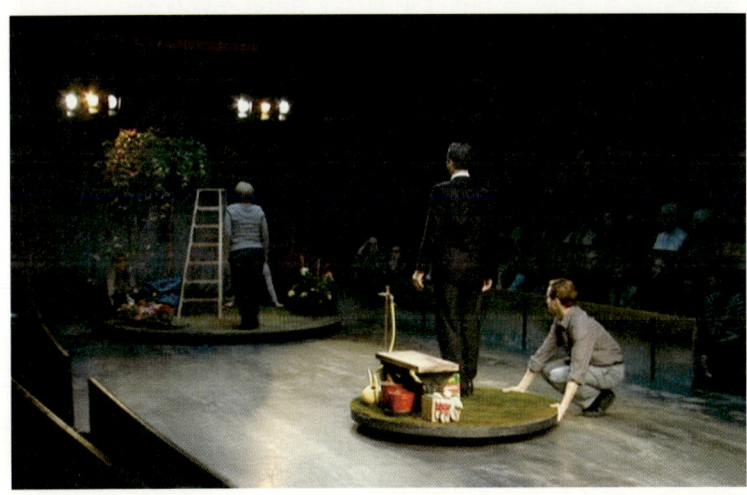

무대가 다른 쪽 입구에서 나온다. 그녀는 거실로 올라가서 바닥에 펼쳐진 서류를 하나 집어들고는 전화를 한다. 전화하는 내용을 들어보니, 그녀의 이름은 잔 클레망이고, 그녀의 어머니 알린은 한 달 전에 죽었는데 그녀에게 은행금고에 무언가 남겨놓았다고 한다. 잔은 내일 은행에 그 무언가를 찾으러 가겠다고 하고는 전화를 끊고 무대 밖으로 사라진다. 이어서 텅 빈 무대에 오토바이 헬멧을 든 정장 차림의 남자가 들어오면서 휴대폰으로 어머니에게 전화를 한다. 오늘 아내가 딸을 출산했는데 이름을 안나라고 지었단다.

이후로도 전화를 이용해서 관객에게 정보를 전달하는 장면이 많이 나온다. 전화를 이용하는 것이 가장 자연스럽고 효과가 크다고 생각한 모양이다. 전화를 끊고 길을 가려던 남자는 집을 판다는 팻말을 보고 망설인다. 잠시 생각에 잠긴다. 문득 아이도 새로 태어났으니 좀 더 큰 집을 사고 싶다는 생각이 떠오른다. 거기에 운명처럼 나타난 집. 남자는 초인종을 누르고 잔이 나온다. 남자는 집을 보러 들어간다. 잔이 남자에게 정원을 보여주겠다면서 거실 무대에서 내려서자, 정원이 설치된 무대가 스르르 나온다. 만족해하는 남자가 사진을 찍겠다고 하자, 그건 안 된다며 거절하는 잔. 그리고 남자에게 정원이 매우 중요하다면서 정원을 돌볼 수 있느냐고 묻지만 아이의 탄생으로 들뜬 남자에게 그런 건 귀에 들어오지 않는다. 대뜸 가격을 묻는 남자. 적당한 가격이다. 바로 사겠다고 하면서 변호사에게 전화를 걸어 당장 오라고 한다.

슬퍼하는 잔 앞에 다시 정원이 등장한다. 이번에는 죽은 엄마가 사다리에 올라가서 나무를 다듬으며 등장한다. 회상 장면인가? 엄마 알린과 딸 잔의 대화가 시작된다. 행복한 모녀의 모습이 그려진다. 누가 정원을 돌보겠느냐는 잔의 질문에, 엄마는 꽃은 스스로 돌보니 가끔씩 이야기나 건네

주면 된다고 한다. 이런 대화가 나오는 것을 보니 회상이 아닌 상상 장면이다. 엄마는 잔에게 십자가 목걸이를 걸어주고 사라진다.

남자가 변호사와 함께 들어와서 샴페인을 터트리면서 서류 작업을 한다. 왜 아니겠는가? 아이가 태어났지, 집도 싸게 샀지. 하지만 어머니의 손때가 묻은 집을 파는 잔의 슬픔은 아무도 모른다. 오직 관객만 알 뿐이다. 변호사가 법적으로 인수인계가 끝났음을 알리는 문서를 읽으면서 무대가 사라진다. 이렇게 끝나는 이 에피소드의 제목은 「아름다운 정원Le merveilleux jardin」 되겠다. 무대가 이렇게 움직이니 공간의 제약에서 쉽게 벗어난다. 정원에서부터 거실을 거쳐 집 밖 장면, 또 상상 장면까지 얼마든지 가능하다.

「최초의 추억」

에피소드 2의 무대는 파리의 어느 카페인 것 같다. 유리문에 '가엘의 집'이라고 새겨진 무대가 등장한다. 가엘이 어떤 부인의 치장을 돕고 있다. 카페가 아니라 미용실인지도 모르겠다. 가엘은 그저 말없이 일하고 부인 혼자 떠든다. 부인이 울먹이면서 오늘이 딸의 결혼식이란다. 한데 왜 슬퍼하는 것일까? 딸을 품에서 떠나보내니 슬픈가 보다.

이상하게 슬픈 분위기 속에 저편에서 다른 무대가 스르르 다가온다. 가엘은 카페의 문을 열고 말없이 바라본다. 거실에서 한 여인이 얼굴이 만신창이가 된 채 울고 있고, 그 남편이 그녀의 상처를 닦아주고 약도 발라주고 커피도 타준다. 두들겨 패놓고는 정신 차려 보니 아차 싶은 게다. 이런 정신병적인 가정폭력은 전 세계 공통인가 보다. 그리고 심부름 갔던 어린 소녀 가엘이 비닐봉지를 들고 직사각형의 작은 무대에 달린 문을 통해 등

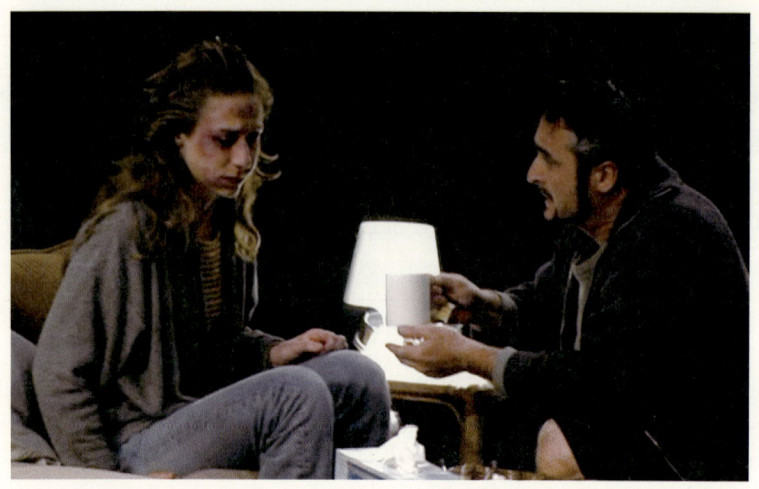

장한다. 앞으로 연극 전체에 나타나는 모든 문은 가엘의 카페에 딸린 문을 제외하곤 이와 같이 직사각형의 작은 무대에 달린 채로 따로 등장한다.

　담배는 왜 안 사왔느냐며 가엘에게 불같이 화를 내던 아버지는 결국 직접 담배를 사러 나간다. 어린 가엘이 사온 음식을 엄마 앞에 들이미는데 전화가 온다. 엄마 직장에서 온 전화다. 엄마는 받을 수 없다는 수신호를 보내고, 가엘이 대신 엄마는 오늘 일 못 나간다고 전해준다. 어린 가엘과 어머니를 태운 무대가 사라진다.

　카페 주인 가엘이 어린 시절을 회상하는 장면이었다. 딸을 시집보내는 어머니가 슬퍼하면서 이야기하는 것을 듣고 있으니 자신의 어머니가 생각나는 것은 당연하다. 한데 자신의 어머니에 대한 기억은 이렇게 슬프게 남아 있다. 이 에피소드의 제목은 「최초의 추억Premier souvenir」이다. 역시 현재와 과거가 한몫에 펼쳐진 무대이다. 대사 없이 눈빛과 조용한 동작만으로 가엘의 슬픔이 전달된다.

「초음파 검사」

에피소드 3에서는 병원이 등장한다. 한 여의사가 머리를 빗고 있다. 초음파 촬영실이다. 의사가 동료에게 전화한다. 어떤 환자를 기다리는데 의사의 표정으로 그 환자에게 뭔가 심각한 문제가 있음을 짐작할 수 있다. 그리고 진찰실의 문만 매단 무대가 등장하면서 머리에 커다란 꽃을 꽂은, 늙고 추한 부랑인 같은 환자가 등장한다. 겁먹은 듯한 태도와 거친 말투로 관객의 웃음을 자아내는 환자의 이름은 진주라는 뜻의 페를이다. 이런 환자를 다루는 의사는 곤란을 겪게 마련이다. 무엇을 물어도 제대로 대답하지 않는다. 의사는 환자를 아이처럼 달래면서 침대에 눕히고 초음파 검사를 한다. 의사의 표정이 슬퍼 보인다.

페를은 느닷없이 아들인지 딸인지 알고 싶다고 말한다. 의사는 말할 수 없다고 한다. 노트북 화면을 닫아버린 의사에게 아이의 얼굴 사진을 갖고 싶다고 졸라대는 페를. 그녀를 애써 진정시키려는 의사의 태도에서 관객은 아이가 이미 죽었음을 짐작한다. 그리고 아이가 죽은 것 아니냐고 다

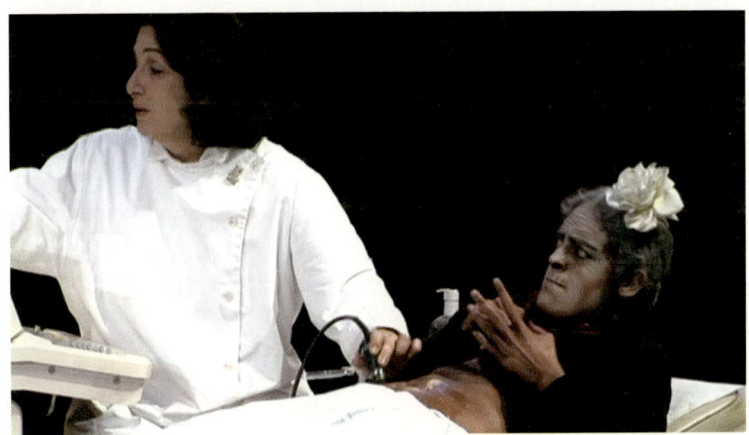

그치는 페를에게 당신은 아이 때문이 아니라 장에 문제가 생겨서 온 것이라며 달래서 돌려보내는 의사의 표정에서, 안면을 움찔거리며 울부짖는 페를의 표정에서 서로 다른 슬픔이 그려진다. 의사는 페를을 달래서 내보내고는 동료 의사에게 전화를 걸어 그녀를 입원시켜야 한다고 이야기한다. 무슨 일인지 추측은 되지만 정확히는 알 수 없다. 그렇게 무대는 사라지고, 의사는 한쪽 출구에서 걸어나와서 생각에 잠긴 채 다른 출구로 서서히 걸어간다. 이 에피소드의 제목은 「초음파 검사L'échographie」 되겠다. 내용은 짧지만 두 배우의 연기는 압권이다. 간단한 대사들이지만 웃음과 울음이 서로 대각선을 그리며 교차된다. 과감한 표정 연기도 복부절개수술 자국 같은 여운을 남긴다.

「차압」

에피소드 4에서는 차압 장면이 등장한다. 파리에는 집을 임대하는 회사가 따로 있다. 해서 부동산 회사들이 집세를 안 내는 가정에 직원을 보내 집기를 차압한다. 이런 일을 하는 사람들이 인정사정 안 봐주는 건 세계 공통이다. 차압을 겪어본 이들은 그 장면을 절대로 잊을 수 없다. 이 에피소드는 2년 동안 집세를 안 낸 집을 어느 직원이 차압하는 장면으로 시작한다. 깐깐하게 생긴 직원이 녹음기에 집기들의 명칭이며 번호를 녹음하면서 딱지를 붙인다. 월급도 차압하려고 이런저런 질문을 하며 신상조사를 하다가 부인은 불법으로 청소부 일을 하고 있으며 남편은 실업자이고, 은행대출을 받아 다른 대출이자를 메우면서, 즉 카드 돌려 막기로 사는 것을 알게 된다. 들으면서 차츰 화가 나는 차압회사 직원. 이들 부부가 아니라 사회의 시스

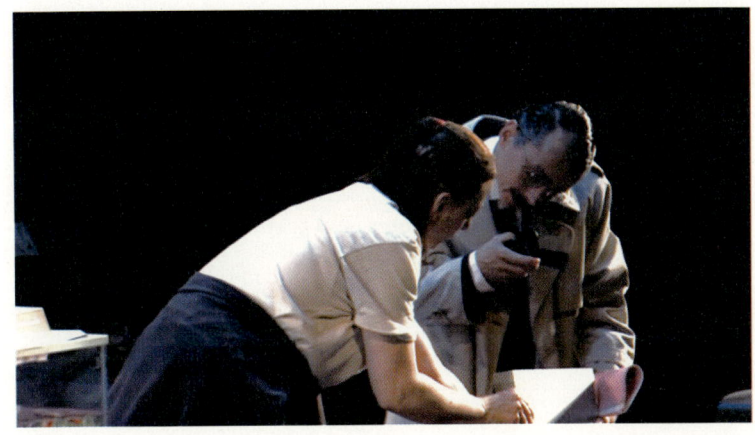

템에 화가 나는 것이다. 그리고 정부에서 아무런 보조금도 받지 못하는 것을 알게 되자 마침내 불같이 화를 낸다. 구청에 전화하려고 전화기를 들어보는데 신호가 안 간다. 전화비를 못 내서 전화도 끊긴 상황이다. 더더욱 화가 난다. 한 달에 조금씩이라도 갚아야 한다고 성질내면서 도와준다. 그러지 않으면 두 달 뒤에는 강제 퇴거해야 하는 상황을 너무나 잘 알기에. 이 불쌍한 부부를 도우려는 직원의 중얼거림이 들리면서 무대가 사라진다. 이 에피소드의 제목은 말할 것도 없이 「차압La saisie」이다.

「작은 파스타」

에피소드 5는 엄마가 저녁으로 파스타를 준비하면서 어린 딸과 힘께 얼룩말과 표범 놀이를 하면서 얼룩말을 찾아다니는 장면으로 시작한다. 계속 슬픈 에피소드만 나와서 즐거운 에피소드가 추가되나 했더니 웬걸, 전화가 걸려온다. 이혼한 남편의 전화다. 딸의 안부를 물으면서 저녁으로 딸에게 겨우 파스타 먹인다고 투덜대며 성질 돋운다. 이혼한 남편이 전화해서 이래라 저래라 하면 기분 좋을 여자는 없다. 여자는 욕을 있는 대로 퍼부으면서 법정에서 보자며 전화를 끊는다. 대충 상황을 눈치챈 딸은 자기 방으로 들어가 이불을 뒤집어쓰고 눕는다. 엄마가 파스타 들고 가보지만 이미 마음 상한 딸은 안 먹는다. 여자는 슬프고 속상하지만 딸을 달래려고 이불 속으로 같이 들어가 장난치면서 아이의 화를 풀어준다. 그러면서 무대는 사라진다. 이 에피소드의 제목은 「작은 파스타Les coquillettes」이다.

「농장 또는 해방」

에피소드 6은 대사가 단 하나도 없다. 부엌에서 식사 준비를 하는 여인이 등장한다. 아무 말 없이 고개를 숙인 채 음식만 만들고 있다. 이어 험악해 보이는, 농부 차림의 남편이 부엌에 들어와 싱크대에서 손을 씻는다. 둘 다 인사 한마디 안 하고 자기 할 일만 한다. 여자는 남자의 식사를 테이블에 차려놓고, 남자는 말없이 먹는다. 잠시 후 여인도 수프를 가지고 와서는 남자 건너편에 멀찌감치 떨어져 앉아 고개를 숙인 채 식사한다. 이건 부부싸움 후에 벌어지는 일이 아니다. 매일같이 벌어지는 숨 막히는 상황이다. 우걱우걱 밥을 먹던 남편이 갑자기 쾅 하고 접시에 코를 박고 쓰러진다. 고개 숙인 채 수프만 떠먹던 여인이 잠깐 놀라고 무대는 매우 빠른 속도로 회전한다. 하지만 여인은 이내 아무 일 없었다는 듯 남자를 바라보면서 식사를 마치고 무대는 다시 서서히 회전한다. 여인은 일어서서 오븐에서 파이를 꺼내어 한 조각 잘라 먹는다. 그리고 무대는 퇴장한다. 독살이었을까? 아니면 심장마비 같은 사고였을까? 아무도 모른다. 나는 그저 독살이라고 추측만 할 뿐

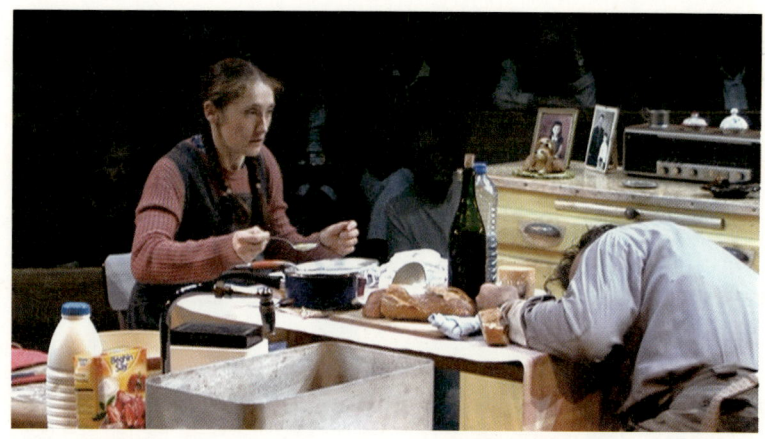

이다. 혹 '접시에 코 박고 죽는다.'는 한국 속담을 배우들이 알고 있었을까? 이 에피소드의 제목은 「농장 또는 해방La ferme d'à côté ou la délivrance」이다.

「샌드라의 생일」

에피소드 7에선 미국 오클라호마 출신의 트랜스젠더인 샌드라가 혼자서 생일을 축하하고 있다. 생일케이크에 초를 꽂고 있는데 전화가 온다. 스팸 전화다. 정중히 끊고 카드들을 꺼내어 읽어보곤 하나씩 골라서 테이블 위에 세워놓는다. 지금 온 것인지 아니면 오래전에 받았던 것인지는 알 수 없지만, 관객에게는 오래된 엽서들로 다가온다. 다시 전화가 온다. 이번에는 회사 동료가 케이크 레시피를 묻는 전화다. 레시피를 꺼내어 자세히 읽어 주는데, 문에서 소근거리는 소리가 들려온다. 별것 아니다. 샌드라가 여자 인지 남자인지 확인하려고 엿보는 동네 꼬마들이다.

전화를 끊고 샌드라가 문을 열자 동네 아이들은 모두 도망가고 여자아

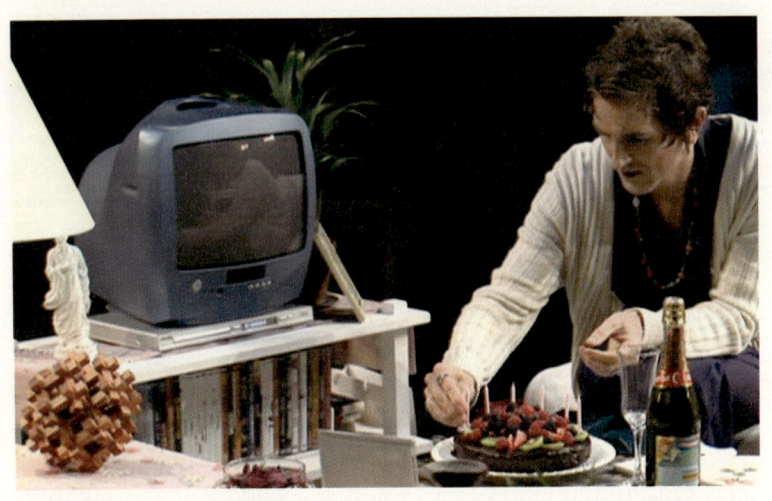

이 한 명만 남아 있다. 홀로 남은 아이의 이름은 루나. 샌드라는 루나를 집으로 초대한다. 그리고 루나에게 자신의 이야기를 한다. 원래는 남자였지만 지금은 완벽한 여자라는 이야기, 그리고 자신의 정체성을 알게 된 이야기까지 상세히 해준다. 그러다 샌드라는 루나의 엄마가 없다는 것을 알게 된다. 사고로 언니와 엄마를 잃었지만, 자신은 기억을 못 하고 아빠만 자세한 사실을 알고 있단다. 갑자기 더 슬퍼지는 순간이다. 하지만 외로움은 케이크처럼 조각조각 덜어진다.

그사이 또 전화가 온다. 이번에는 미국의 엄마에게 온 전화다. 혼자가 아니라 루나와 함께 있다고 하면서 지금의 상황을 전부 설명해준다. 그 사이 아이는 케이크의 초에 불을 붙인다. 샌드라의 아버지는 샌드라와의 통화를 거부한다. 다시 슬퍼지는 분위기지만 샌드라에게 아홉 살배기 친구가 생겨서 슬픔도 외로움처럼 조각조각 덜어진다. 촛불을 끄는 샌드라와 박수를 치는 루나. 샌드라는 루나를 위해 「킹콩」 비디오를 틀어준다. 케이크를 잘라서 한 조각씩 먹으며 비디오를 보는 두 사람이 서서히 사라지면서 음악이 영화「러브스토리」의 주제가 분위기가 나는 행복한 음악으로 바뀐다. 이 에피소드의 제목은「샌드라의 생일L'anniversaire de Sandra」이다.

이어서 에피소드 1에서 나왔던, 집을 산 남자가 비디오카메라를 들고 아내와 아내의 품에 안긴 딸 안나를 찍으며 들어와서는 반대편으로 나간다. 그리고는 지금까지 등장했던 무대 세트들이 하나씩 역순으로 스르르 들어와서 이동하고 뒤이어 과자와 물이 담긴 수레가 두 대 들어온다. 쉬는 시간이다. 꼬마 출연자들이 과자가 든 바구니를 들고 객석의 관객들에게 권한다. 나도 하나 집어들고 고맙다고 인사한다.

휴식이 끝나고 공연이 다시 시작되자 아리안 므누슈킨이 또 나와서 혹시 휴대폰이 켜져 있는지 확인하고 제발 꺼달라고 다시 부탁한다. 태양극단의 위대함을 또 한 번 느낀다. 므누슈킨 정도의 대가가 직접 나와서 이런 자질구레한 일을 챙긴다. 다른 극장에서는 생각할 수도 없는 일이다. 공연의 소중함을 잘 알기에 조금이라도 흠집을 내지 않기 위해 이렇게 신경을 쓰는 것이다. 연극과 배우들을 아끼고 사랑하는 므누슈킨의 마음이 느껴진다. 이런 상황에서 누가 감히 전화기를 켜놓을 수 있겠는가? 공연 내내 단 하나의 잡음도 없다.

「못된 짓」

에피소드 8이 시작되면서 공연이 다시 흐른다. 한밤중에 노부부가 사는 거실에 전화벨이 울린다. 남편은 전화를 받지만 상대방은 말이 없다. 필경 문제덩어리 손자 파비앙이라고 생각한 할아버지는 우리는 너를 사랑한다고 말하고는 전화를 끊는다. 이어서 현관을 두드리는 소리가 들린다. 노부부

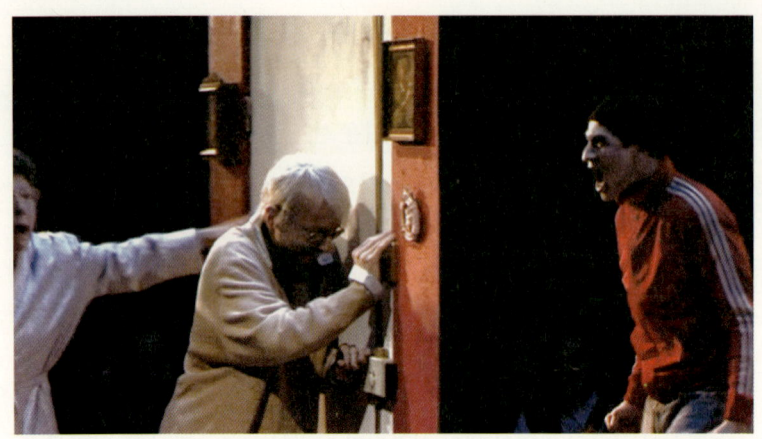

의 표정이 긴장되어 있다. 올 것이 왔구나 하는 표정이다. 현관을 두드리는 소리가 크레셴도로 커지면서 파비앙의 목소리가 들린다. 마약중독자 손자가 찾아온 것이다. 50유로만 달라고 사정하면서 문을 거세게 두드린다. 하지만 돈을 줄 수는 없다. 한두 번 줘봤겠는가? 결과는 매번 마찬가지임을 아는 노부부는 돈을 주지 않는다. 손자는 부들부들 떨면서 문을 부술 듯 발로 차면서 울고불고 난리를 친다. 안에서는 할아버지가 혹시 문이 부서질세라 문을 부여잡고 울면서 사정한다. 보다 못한 할머니가 돈을 주고 보내려 하지만, 할아버지의 강력한 만류에 부딪힌다. 할머니가 경찰을 부르려고 하자 할아버지는 경찰 말고, 딸에게 전화하라고 한다. 딸에게 전화해서 울고불고하는 할머니, 문을 부여잡고 안팎에서 울고 있는 손자와 할아버지. 차마 눈 뜨고 못 볼 장면이다. 슬픔이란 말로는 설명이 안 된다. 슬픔의 파고를 이미 훌쩍 넘어버렸다. 괴로움과 고통만이 밀려든다. 셋을 셀 동안 문을 안 열면 때려 부수겠다는 손자 녀석이 하나, 둘, 셋을 세는 소리와 함께 무대는 퇴장한다. 이 에피소드의 제목은 「못된 짓La saloperie」인데 '후레자식'이라고 의역하는 것이 더 맞을 것 같다.

「너무도 기다리던 편지」

에피소드 9는 이민자로 보이는 스페인계 가족이 나온다. 이민 초기에는 말도 안 통하니 할 수 있는 일은 몸으로 때우는 일밖에 없다. 이들의 희망은 자식들 공부시켜서 성공시키는 것이다. 부부간의 대화는 스페인어로 진행되고 손자들과의 대화는 어눌한 프랑스어로 진행된다. 다분히 격정적이고 천박해 보이는 스페인식 적나라한 애정 표현이 나오는데 해변가에 놀러 나간 손자들이 이모가 운다고 휴지 가지러 왔다.

이 부부에게 별이라는 뜻의 에스트레야라는 딸이 있는데 휠체어 신세다. 어린 시절에 사고를 당한 모양이다. 에스트레야가 운다는 이야기를 듣고 이 부부도 같이 운다. 그리고 해변가의 장면이 나온다. 조카가 가져다준 휴지로 눈물을 닦으면서 에스트레야가 편지를 읽는다. 편지 낭독은 태양극단의 단장인 아리안 므누슈킨의 목소리로, 스피커를 통해 나온다. 에콜 노르말*의 문학과 합격을 알리는 편지다. 기쁨의 눈물인 것이다.

눈물이 가득한 얼굴을 드니, 어린 시절 회상 장면이 스르르 다가온다. 엄마는 어느 건물의 화장실을 청소하고 있고, 그 옆 조그마한 책상에 앉아서 어린 에스트레야가 열심히 공부하고 있다. 청소하느라 힘이 들다가도 딸이 열심히 공부하는 모습을 보면 다시 힘이 난다. 엄마는 딸의 이름을 불러본다. 그리고 "에스트레야, 너는 내 심장이야!"라고 말한다. "별님아, 넌 내 모든 것이야!"라고 해석할 수도 있겠다. 이런 회상 장면을 보면서 눈물을 닦고 미소를 짓는 에스트레야와 함께 무내는 사라진다. 이 에피소드의 제목은 「너무도 기다리던 편지La lettre tant attendue」이다. 이렇게 슬픔 가득

* 파리고등사범학교.

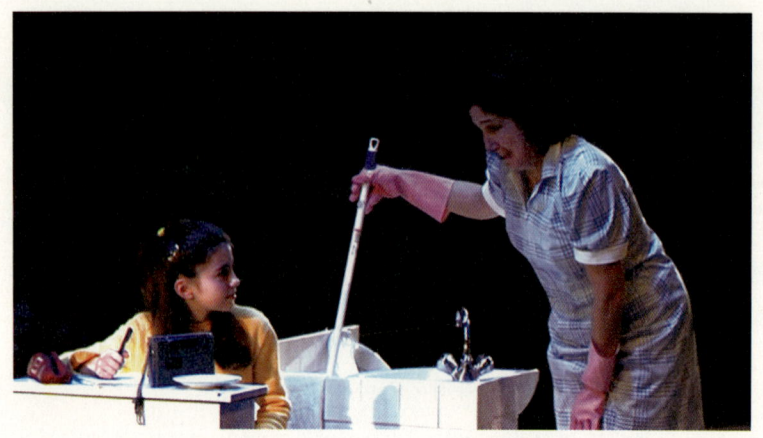

한 기쁨도 있다. 부모들의 눈물과 불구인 딸의 눈물, 그리고 그사이의 여백으로 호소하는, 보이지 않는 시간이 들려주는 사연들이 가슴에 와닿는다.

「킹콩」

에피소드 10은 에피소드 7에 이어지는데 에피소드 4의 내용이 양념으로 붙는다. 어린왕자가 지구를 찾아오듯 생일날 샌드라의 집에 예고 없이 찾아든 루나는 샌드라가 틀어준 영화 「킹콩」을 보다가 샌드라의 무릎에서 그대로 스르르 잠든다. 그런데 누군가 문을 두드린다. 루나가 깰까 조심스레 일어서서 누군지 확인하고 문을 연다. 문을 여니 에피소드 4에서 나왔던 차압회사 직원이 서 있다. 이 집도 차압하려고? 아니다. 그가 루나의 아버지였다. 샌드라가 응답기에 메시지를 남긴 모양이다. 루나의 아버지는 분노와 경멸에 찬 음성으로, 당신의 집에서 내 딸이 자고 있다는 사실이 화가 난다는 식으로 반응한다. 루나를 깨워서 "아저씨 집에서 어서 나가자."

고 하지만 루나는 싫다고 반항하면서 아버지의 실수를 교정해준다. 샌드라는 아저씨가 아니라 아줌마라고. 관객들의 웃음이 터진다. 루나는 집에 가봐야 칙칙하고 음울해서 가기 싫다며 드러누워서는 안 가겠다고 버틴다. 오늘은 그냥 여기서 재우라는 샌드라에게 아버지는 어떻게 당신 집에서 내 아이를 재울 수 있겠느냐며 샌드라의 가슴에 대못을 탕탕 박는다. 문을 발로 차면서 버티는 루나를 안고 집으로 가는 아버지와 루나를 바라보는 샌드라의 슬픔이 객석에 퍼진다.

헝클어진 집 안을 정리하고 카드를 꺼내어 게임이나 하려는 샌드라. 그런데 누가 다시 문을 두드린다. 루나가 가져간 샌드라의 목걸이를 돌려주러 온 루나의 아버지다. 루나가 필통을 놓고 갔다며 찾아달라고 하면서 문 앞에서 기다린다. 필통을 찾지 못하는 샌드라. 보다 못해 루나의 아버지가 들어와서 소파며 이불을 뒤적거리더니 필통을 찾는다. 그런데 바로 떠날 것 같던 남자가 소파에 주저앉더니 울음을 터트린다. 울고 있는 루나의 아버지 앞에 조용히 차 한 잔 따라놓고 그 옆에 서서 차를 마시는 샌드라. 그리고 슬픈 음악과 함께 무대가 사라진다. 이번 에피소드의 제목은 「킹콩」

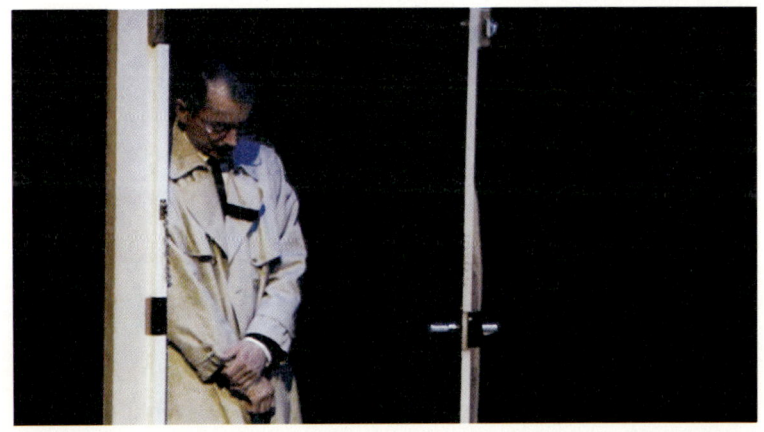

이다. 혹시 루나의 아버지와 샌드라 사이에 무슨 일이 벌어지리라는 상상은 하지 마시라. 항상 강한 척하지만 사실은 삶에 지칠 대로 지친 루나의 아버지가 자신도 모르게 울음을 터뜨린 것이다. 아내와 딸을 사고로 잃고 남은 딸 하나를 키우는데, 그마저도 일에 시달리느라 아이 혼자 있는 집에 항상 늦게 들어가는 상황이다. 아이는 그런 집에 가기 싫다고 한다. 어찌 울음이 터지지 않겠는가? 울어서 마음이 달래진다면 울어야지 어쩌하겠나.

밝은 음악이 들리고 막간극이 나온다. 에피소드 9에서 나온 스페인계 할아버지와 손자들이 놀 거리를 잔뜩 싣고 해변으로 걸어간다. 하지만 고무튜브를 안 가져왔다. 손자들에게 다시 가서 가져오라고 하자 두 놈은 서로 미루면서 안 간다. 결국 귀여운 손자들을 위해 할아버지가 우스꽝스러운 동작으로 뛰어가 튜브를 가져와서 손자의 목에 걸어주고 해변으로 간다. 계속 슬픔만 이어지는 이야기에 마음이 무거워질 관객들을 위한 배려일까? 아니면 슬픈 삶에 순간순간 찾아드는 행복을 말하고 싶었는지도…….

「사랑하는 아들」

에피소드 11에는 어느 목요일 저녁, 이번에는 하녀도 있는 제법 부유한 가족이 나온다. 어머니와 하녀만 사는 집 같은데, 매주 목요일은 자식들이 모두 모여서 어머니와 함께 저녁식사를 하기로 되어 있는 모양이다. 딸 클레망이 어머니에게 앨범을 보여주고 자식들 이야기를 하면서 무대가 등장한다. 초인종이 울리자 어머니는 막내아들 자크가 왔다고 기뻐한다. 하지만 온 것은 자크가 아니라 다른 두 아들 장필립과 아르노다. 자크가 좀 늦는

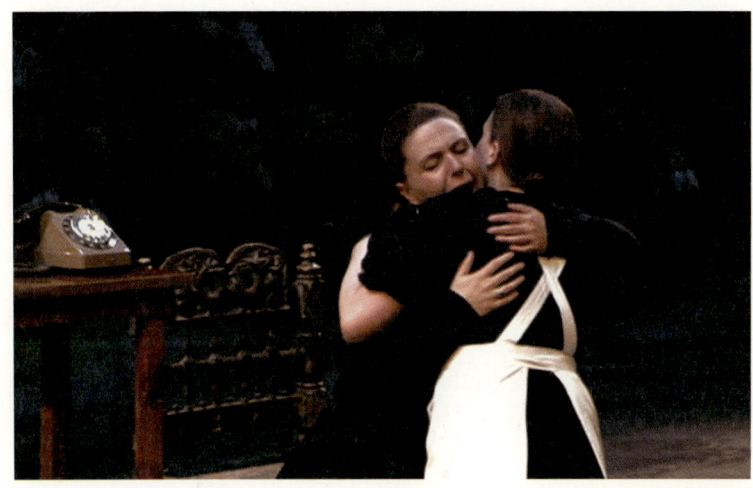

모양이라면서 어머니와 세 남매는 와인을 한 잔씩 마시며 즐거운 저녁을 보낸다. 한데 전화가 온다. 하녀 마농은 딸 클레망에게 온 전화라며 받아보라고 한다. 119구조대라고 한다. 119구조대? 의아해하며 전화를 받은 클레망은 청천벽력의 소식을 듣는다. 자크가 사고를 당한 모양이다. 중상 정도가 아니라 죽었다. 주저앉는 클레망과 위로하는 하녀 마농. 클레망은 엄마에게는 비밀로 하고 동생들에게만 자크의 사망 소식을 전한다. 어두워지는 분위기. 클레망은 오늘밤에는 엄마에게 말하지 말라고 한다. 뭔가 다른 평계를 대서라도 자크가 못 온다고 전하라고 한다. 장필립이 엄마에게 자크가 오늘 못 올 거라고 이야기하자 그럴 리 없다며 펄쩍 뛰는 엄마. 이어 엄마는 자신이 확인해 봐야겠다며 전화하러 뛰어 들어가고 이를 말리려 다급히 쫓기는 자식들의 모습으로 에피소드는 끝난다. 에피소드 11의 제목은 「사랑하는 아들Le fils chéri」이다.

「법원」

에피소드 12는 법원 풍경으로 시작한다. 남자와 여자가 책상 앞에 앉아서 뭔가를 기다리고 있는데 판사가 등장해서 판결 결과를 무덤덤하게 읽어준다. 두 남녀는 말없이 고개만 떨군 채 멍하니 있다. 이혼하는 커플이다. 장장 5분에 걸쳐 판결문이 읽히고 두 남녀는 각자 이혼 서류에 사인하고 말없이 따로 퇴장한다. 판사 혼자 남아 있는 사무실에 전화가 온다. 판사의 엄마가 전화해서 정어리를 먹었다는 일상적인 이야기를 하고 판사는 그걸로 식사가 되겠느냐며 걱정하면서 무대는 사라진다.

「브르타뉴의 한 가정」

에피소드 13은 다시 에피소드 2에서 등장했던 가엘의 카페이다. 영업 시간이 끝났다. 가엘이 정리한 뒤 코트를 챙겨 입고 퇴근하려는데 에피소드 1에서 집을 산 남자가 헬멧을 들고 들어온다. "아직 영업하나요?", "끝났어요." 그러나 남자는 물끄러미 가엘의 얼굴만 바라본다. 잠시 고민하던 가엘은 들어오라고 말하고는 코트를 벗고 바에 불을 켠다. "뭐 드시겠어요?", "럼주 주세요." 가엘은 두 잔 따라서 하나는 남자를 주고 하나는 자신이 마신다. 남자는 가슴이 아픈 듯 만지면서 여기 뭐가 있는 것 같다고 하다가 갑자기 통곡하면서 울부짖는다. 가엘은 선풍기를 틀고는 그가 숨을 쉬도록 등을 어루만져준다. 더욱 울부짖는 남자. 딸도 태어나고, 집도 새로 사서 즐겁기만 했던 그에게 무슨 일이? 진정이 된 남자는 계산을 하고 카페를 떠난다. 우울해진 가엘은 밖을 보면서 다시 회상에 잠긴다.

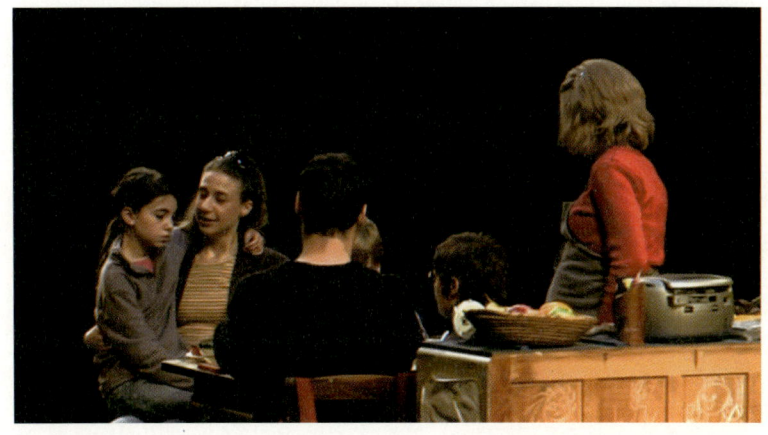

가엘의 어린 시절 장면이 스르르 다가온다. 엄마와 가엘은 보따리를 싸서 집을 나왔다. 폭력 남편을 피해 피신하는 엄마가 어린 가엘을 브르타뉴에 사는 먼 친척집에 맡기러 가는 것이다. 부자는 아니지만 너무나 행복해 보이는 가정이 다른 편에서 나타난다. 그리고 가엘과 엄마를 반갑게 맞이하는 가족들. 가엘을 놓고 도망치듯 떠나는 엄마를 가엘은 울면서 쫓아간다. 그리고 그런 가엘을 쫓아서 뛰어나가는 친절한 아저씨. 잠시 후 남자는 가엘을 품에 안고 돌아온다. 이 에피소드의 제목은 「브르타뉴의 한 가정 Une famille en Bretagne」이다. 엄마와 생이별해야 하는 아이는 막막하기만 하다. 그런 아이를 떼어놓고 가는 엄마의 마음은 찢어진다. 이런 광경을 봐야만 하는 어른들은 착잡하다. 그리고 이런 에피소드를 봐야만 하는 관객들은 눈시울이 붉어진다.

다시 막간극이 벌어진다. 아이들이 공놀이를 하고 있다. 이어서 샌드라와 루나가 한 손에는 꽃을, 다른 손에는 장바구니를 들고 나란히 들어온다. 아이들이 축구하는 것을 보고 샌드라는 달려들어서 공을 빼앗아 골인시킨다. 모두들 즐거워한다. 루나의 뺨에 키스를 하고 내일 보자며 샌드라가 들어간다. 남은 아이들은 루나에게 모여들어 질문을 해대면서 퇴장한다.

「엄마의 방」

에피소드 14에는 「엄마의 방La chambre de la mère」이라는 제목이 붙어 있다. 아버지와 두 딸이 저녁식사를 하려는 중이다. 외가에서 전화가 계속 온다. 15년 전에 헤어졌던 아내의 장례식이 내일이다. 언니 수전과 동생 릴리언은 포옹하면서 서로를 위로한다. 전화가 계속 온다. 혹시라도 아이들이 장례식에 오지 않을까 불안해서 그러는 게다. 밥이 넘어갈 리가 없다. 다들 밥을 먹는 둥 마는 둥 한다. 아버지는 딸들과 같이 가기는 하겠지만 장례식에는 참석하지 않겠다고 한다. 보고 싶지 않은 얼굴들이 많이 있어서 그렇다. 두 딸은 그런 아버지를 이해한다.

수전은 어머니의 방으로 들어가서 회상에 잠긴다. 15년 전 크리스마스이브의 일이 저편에서 스르르 다가온다. 릴리언은 크리스마스 트리를 장식하고, 아버지는 식탁을 꾸미고 수전은 숨겨서 가져온 눈덩이를 동생 릴리언에게 던지면서 장난친다. 매우 행복한 가정이다. 그런데 전화가 온다. 이젠 전화가 울릴 때마다 관객들은 긴장된다. 이 연극에서 전화는 영매靈媒의 역할을 톡톡히 수행한다. 릴리언이 전화를 받았다가 엄마가 방에서 받았다면서 끊는다. 아이들은 각자 방으로 사라지고, 혼자 남은 아버지는 슬며시 전화기를 들어 아내의 전화를 엿듣는다. 그리곤 절망한다. 잠시 망설이다가 아내의 방으로 들어간다. 아내 앞에서 주머니에서 전화번호가 적힌 쪽지를 꺼내더니 어딘가에 전화한다. 아내의 애인이다. 전에 그렇게 이야기했는데 왜 그러느냐면서 경고를, 아니 애원을 한다. 상대방은 전화를 끊는

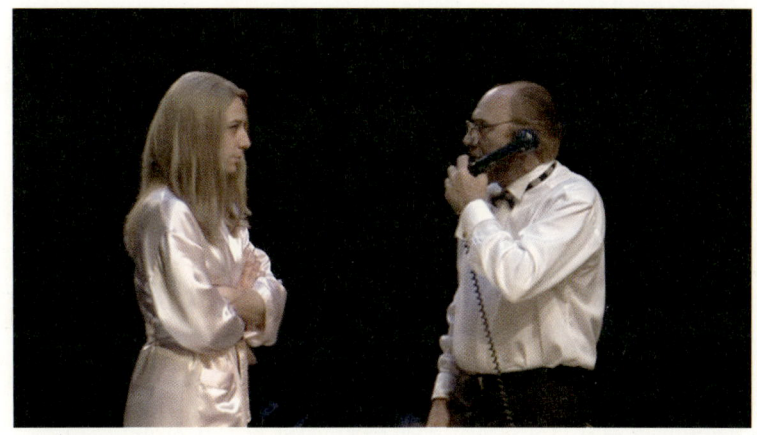

다. 아이들을 생각하라고 사정해보지만 아내는 이미 마음을 굳혔다.

　남자는 식당으로 와서 아이들과 크리스마스 저녁식사를 준비한다. 수전은 가족의 행복한 순간이 담긴 슬라이드를 튼다. 하지만 보따리 챙겨든 아내가 나타나서 막내 릴리언을 데리고 가려고 한다. 크리스마스 저녁은 순식간에 아수라장으로 변한다. 남편은 안 된다면서 릴리언을 떼어놓고 아내는 결국 혼자 떠난다. 사랑을 위해 남편과 자식들을 버리고 떠난다. 15년 전의 회상 장면은 물러가고 다시 엄마의 방에 수전이 등장한다. 화면에는 15년 전에 틀어놓았던 가족의 슬라이드 사진들이 한동안 보여진다. 불이 꺼지고 객석에는 다시 별이 총총 떠다닌다. 이렇게 「레 제페메르」의 1부가 끝난다. 3시간 반이 걸렸다. 모두가 휴식이 필요할 때다. 배도 채워야 한다.

연극이 있다면 삶이라는 괴물이 두렵지 않다

식사를 하러 태양극단이 마련한 식당으로 모두 같이 간다. 메뉴는 한 가지라 선택의 여지가 없다. 쌀과 몇 가지 야채로 된 인도식 식단이 마련되어 있다. 1인분에 7유로다. 더 맛있고 비싼 것을 사 먹고 싶어도 없다. 돈이 많은 이나 적은 이나, 지위가 높은 이나 낮은 이나, 연극을 만드는 이나 보는 이나 모두 똑같은 것을 먹는다. 식사는 모두 실제로 공연을 했던 배우들이 직접 나누어준다. 벽도 없고 막도 없다. 관객이나 배우나 모두 연극 안에 속해 있는 것이고, 연극 그 자체이다. 식사하는 동안 극단 전원이 공연 수입 전부를 똑같이 분배한다는 놀라운 이야기를 들었다. 연출자건 소품 담당이건 같은 금액의 봉급을 받는다. 철저한 코뮌이다. 파리 코뮌은 아직 사라지지 않고 여기 파리 외곽의 뱅센 숲에서 살아 숨 쉬고 있었다.

식사 후에 2부의 공연이 계속되었다. 2부도 1부와 마찬가지로 삶의 작은 에피소드들이 이어진다. 그런데 대부분 독자적인 에피소드가 아니라 1부의 에피소드와 연결되는 것들이다. 에피소드 15는 에피소드 1에, 에피소드 16은 에피소드 2와 15에 이어지는 식이다. 2부의 에피소드들끼리 이어지기도 한다. 에피소드 29는 에피소드 25에 이어졌다. 그렇게 마지막 에피소드 29까지 장장 7시간이 넘는 연극이, 아니 인생이란 강물 위의 표류가 끝난다. 대부분 슬프고 우울했던 삶의 무대들이었는데 마지막 에피소드의 마무리에서는 웃음소리가 무대에 가득 채워진다. 삶의 고단함과 두려움 속에서도 웃음은 분명히 존재한다. 그리고 그 웃음은 우리에게 위안을 준다. 웃음만 위안을 주는가? 슬픔도 위안을 준다. 연극이라는 옷을 입은 슬픔은 아픔과 함께 위안을 준다. 그것이 연극이다. 비록 우리가 3개월이면 모두 사라진다 해도 슬픔과 웃음이 공존하는 연극이 있다면 삶이라는 괴물을 두려워만 할 필요는 없다. 이것이 아리안 므누슈킨의 질문에 대한 태양극단 단원들의 대답이다.

섬세하고 여성적인 프랑스 연극

모든 공연이 끝나니 박수갈채가 쏟아진다. 커튼콜이 7번이나 이어지다 급기야 스탠딩 오베이션이 펼쳐진다. 아리안 므누슈킨의 손을 잡고 모든 단원들이 파도처럼 우르르 몰려나온다. 객석의 관객들도 모두 파도처럼 일어난다. 관객들은 환호하고 배우들은 눈을 반짝이며 눈물로 답한다. 감동이 펼쳐진다. 무대에서뿐만 아니라 객석에서도 그 감동이 전염된다. 이렇게 7시간, 아니 거의 8시간에 걸친 시간의 강물에서의 표류가 끝이 났다.

　오늘 공연 내내 무대를 지킨 배우들 중 누구 하나만 소개하는 것이 개운치는 않지만 그래도 이 배우는 꼭 언급하고 싶다. 율리아나 카르네이로다 쿠나Juliana Carneiro da Cunha. 1990년부터 태양극단에서 활약해온 브라질 출신 배우다. 오늘 그녀의 역할을 다시 한번 살펴보자. 에피소드 1에서 먼저 잔의 어머니 알린 역으로 등장한다. 이어서 에피소드 3, 17, 24에서는 의사 역을 맡아 페를을 돌본다. 또 에피소드 9와 19에서는 에스트레야의 스페인 출신 어머니 역을 맡아서 열연을 펼치더니 에피소드 11과 21에서는 죽은 아들 자크의 어머니 역을 한다. 이게 끝이 아니다. 에피소드 15와 29에서는 어린 알린의 보호자인 노라 역을 맡고, 에피소드 27에서는 판사의 어머니 역까지 총 1인 6역을 펼친다. 등장한 에피소드만 11편이다. 약간 푼수인 스페인 엄마부터 의사, 귀부인, 폐쇄증 환자까지 스펙트럼 넓은 연기를 보여준 그녀의 이름을 꼭 알리고 싶다.

　그동안 나는 프랑스 연극이 섬세하면서도 여성적인 변이 상소되기 때문에 미술적인 감각에 주로 호소하는 듯한 느낌이 들어서 영국이나 독일 연극에 비해 울림이 떨어진다고 느꼈었다. 하지만 오늘의 이 연극 한 편으로 그런 생각이 무지에서 나온 것임을 깨달았다. 아리안 므누슈킨과 같은 훌륭한 연출자가 만든 연극을 보지 못해서 그런 것이다. 모든 것이 다 연출자가 하기 나름이다. 우아하고 섬세하게 만들어도 거기에 해당하는 울림이 있게 마련이다.

터벅거리며 센 강을 건너서 바스티유의 호텔로 돌아간다. 오늘도 센 강에 별이 촛불처럼 이글거리며 떠 있다. 센 강에 비치는 별빛은 항상 새롭다.

태양극단의 여사제, 아리안 므누슈킨 라카르투슈리 안에는 여러 극단이 있지만 사람들은 라카르투슈리 하면 태양극단과 그 단장 아리안 므누슈킨을 떠올린다. 그녀의 아버지는 러시아의 영화감독 알렉산드르 므누슈킨이다. 아버지가 딸의 이름을 따서 '아리안 필름'이란 영화사를 만들었으니 그녀가 영화와 연극을 하는 것은 숙명이란 생각이 든다. 아리안 므누슈킨은 프랑스에서 본격적으로 연극을 공부한 뒤, 이때 만난 친구, 제자 들과 함께 극단 공동체인 태양극단을 결성한다. 그리고 1970년에 라카르투슈리에 자리 잡는다. 이후 태양극단은 예술성 높은 작품들을 만들어내어 아비뇽 연극제의 단골 게스트가 되었음은 물론 세계 각국에서 공연을 유치하고 싶어하는 극단이 되었다.

므누슈킨의 연극 테마에는 국경이 없다. 므누슈킨은 다른 유럽의 연출자들이 잘 관심을 갖지 않는 아시아 및 아프리카의 전통적인 연극을 적극적으로 활용한다. 태양극단의 배우들 역시 세계 각지에서 왔다. 이들은 아리안 므누슈킨의 천막 안에서 각자의 삶과 전통을 통째로 자르고 녹여서 그들만의 독특한 연극을 만들어낸다. 므누슈킨은 사회운동도 활발히 한다. 보스니아 전쟁 때는 양민학살에 반대하여 단식투쟁을 벌였고, 아프리카 불법체류자들을 위해 라카르투슈리를 그들의 피난처로 제공하기도 했다.

다른 연출가들과 마찬가지로 그녀도 처음에는 스타니슬랍스키의 연극론을 공부하지만 이후 지적인 부분을 강조하는 스타니슬랍스키의 연기론보다는 감성적인 부분에 호소하는 브레히트의 연기론을 선택한다. 그래서 태양극단은 분장실이 따로 없이 공연하는 경우가 많다. 무대에서 관객들이 보는 앞에서 분장도 하고 무대 장치나 도구들도 준비하면서 그녀만의 소외효과를 보여준다. 사실적인 연극으로 환상을 심어주기보다 환상적인 연극으로 현실을 보여주고 싶어하는 것이다.

베른하르트 作 「은퇴 전야Ante la Jubilacion」는 카르메 포르타셀리Carme Portaceli의 연출로 마드리드의 바예잉클란 극

장에서 공연되었다. 주요 배우는 다음과 같다. Ante la Jubilación, Teresa Lozano:Clara, Gloria Muñoz:Vera,

Walter Vidarte:Rudolf

15

나치를 향한 독기 서린 비웃음 「은퇴 전야」

히틀러가 죽고 난 후 영국군 감옥에서 독일 해군 병사들을

나치 군법을 적용해서 판결한 히틀러의 해군 법무관이 있었다.

이는 우리가 의혹을 가져야 하는, 정말로 소름 끼치는 법관이었다.

해군 법무관들은 육군이나 공군들보다 훨씬 교활했다.

그들은 전쟁 말기에 모든 파일을 없앴다.

지금 그가 이 땅 위에서 숨 쉴 수 있는 것은

오직 그를 알고 있는 사람들의 침묵 덕분이다.

—롤프 호흐후트의 소설 「독일에서의 어떤 사랑」의 표지에서

당시에 옳았던 것이 오늘은 옳지 않은 것이 될 수는 없다.

—1978년 5월 15일자 ≪슈피겔≫지에 실린 한스 필빙어의 인터뷰 중에서

마드리드의 라바피에스 광장에 있는 바예잉클란 극장Teatro Valle-Inclán에 들른다. 라바피에스? 발을 씻는다? 곰곰이 생각해보니 요한복음에서 예수가 제자들과 마지막 저녁식사를 하기 전에 손수 제자들의 발을 씻겨주는 장면이 떠오른다. 독실한 기독교인인 마드리드 사람들이 근처 성당에 들어가기 전에 성경의 이 구절을 생각하면서 여기 있는 분수에서 발을 씻어서 이런 이름이 붙여진 것 같다. 극장도 내가 가장 좋아하는 극작가의 이름을 딴 극장이라 어쩐지 느낌이 남다르다. 바예잉클란Ramón María del Valle-Inclán을 알기 전에는 가장 좋아하는 스페인 극작가가 누구냐는 질문을 받으면 주저하지 않고 페데리코 가르시아 로르카를 꼽았다. 그러나 바예잉클란의 희곡 「보헤미아의 빛」을 읽고 난 후에는 바예잉클란이 로르카를 제치고 그 자리를 차지한다. 스페인어권의 연극은 일반에 그리 많이 알려지지 않은 탓에 도서관 서고에 묻혀서 사람들의 손길을 기다리고 있는 희곡이 잔뜩 있을 것 같다. 좀 더 공부해서 그들을 캐낼 수 있으면 좋겠다.

오늘의 메인 공연은 셰익스피어의 「리어 왕」이다. 하지만 이미 매진이다. 공들여서 잘 만들었나 보다. 메인 무대보다 좀 작은 무대인 살라 프란시스코 니에바*에서 토마스 베른하르트의 「은퇴 전야Ante la Jubilación」를 공

---

* 스페인 포스트모던 연극을 대표하는 극작가, 연출자인 프란시스코 니에바Francisco Nieva의 이름을 딴 방이다.

연한다. 좀처럼 보기 힘든 이 연극을 여기 마드리드에서 볼 수 있다니. 차라리 오늘 「리어 왕」의 표가 매진된 것이 다행이란 생각도 든다. 두말 않고 표를 산다.

공연까지는 아직 시간이 남았다. 극장 옆으로 살짝 빠져서 마리아 거리로 나서니 근사한 카페 하나가 눈에 들어온다. 빈티지 가구들로 가득 찬 카페인데 느낌이 예사롭지 않다. 커피와 사과파이를 하나 주문한 뒤 분위기를 살펴보니 피아노도 보이고 옆방에는 갤러리 같은 것도 보인다. 첫눈에 알겠다. 예술 좀 한다는 인간들의 집합소다. 카페 이름은 바르비에리다. 앞으로 요 근처에서 공연을 보게 되면 자주 오게 될 카페다. 한데 담배들을 무지하게 태워댄다. EU에서 카페나 술집에서도 금연할 것을 법으로 지정해서 베를린에선 실내에서 담배를 피우지 않는데, 역시 스페인답다. 제멋대로다. 하고픈 것은 일단 하고 본다. 한데 담이 결린 목이 아직도 아프다. 연극 보는 내내 고생 좀 하겠다.

욱일승천하던 정치인의 날개를 꺾다

바덴바덴이란 도시가 있다. 젊은 사람들은 잘 모르겠지만 마흔 살 이상의 한국인들에겐 낯선 이름이 아니다. 88올림픽을 유치하던 시절, 올림픽 개최지를 결정하는 IOC 회의가 열린 도시가 바로 바덴바덴이다. 우리는 귀에 못이 박이도록 들어서 잊고 싶어도 잊을 수 없는 지명이 되어버렸다. 이 바덴바덴이 있는 주가 독일의 서남쪽에 위치한 바덴뷔르템베르크이다. 바덴baden은 '목욕하다'라는 뜻의 동사이기도 한데 이름에서 알 수 있듯 이곳은 온천이 많은 지역이다. 주도는 슈투트가르트이고 독일뿐 아니라 전

유럽에서 가장 부유한 지역으로 손꼽힌다. 메르세데스벤츠나 포르셰 같은 굴지의 자동차 회사들뿐만 아니라 기계공구 제조업체로 유명한 보슈, 렌즈 업계의 선두주자인 카를차이스 같은 세계 굴지의 회사들의 본부가 있기 때문이다. 이렇게 돈이 좀 굴러다니는 지역이다 보니 지역의 성향은 자연스레 보수적으로 나타난다. 그래서 이 지역은 보수정당인 기독교민주당의 아성이다. 이 지역에서 압도적인 지지를 받으면서 1966년부터 주지사로 있던 인물이 있었다. 한스 필빙어가 그 주인공이다. 2차대전 후에 정치에 입문하여 승승가도를 달리면서 기민당 부의장까지 지낸 인물이다. 한데 1978년에 벌어진 한 사건으로 그는 주지사로서뿐만 아니라 당내에서도 힘을 잃고 양 날개가 우드득 꺾인다.

롤프 호흐후트Rolf Hochhuth가 쓴 소설 「독일에서의 어떤 사랑Eine Liebe in Deutschland」이 문제의 발단이다. 메이저 신문 중 하나인 ≪디 차이트≫지가 이 소설을 소개하면서 그가 쓴 글의 일부를 인용하여 신문에 게재한다.

소설의 배경은 이렇다. 2차대전이 막바지에 다다를 무렵 독일의 해군 병사인 발터 그뢰거는 노르웨이로 발령이 난다. 하지만 그는 탈영하여 노르웨이 출신 여자친구와 함께 스웨덴으로 도망할 계획을 세운다. 한데 불행히도 이 커플은 체포되어 군사재판에 회부되고, 그뢰거는 8년형을 받는다. 하지만 함대의 사령관은 이 결정에 불만을 품고 사건을 오슬로의 군사재판소에 다시 회부하여 검사에게 사형을 구형할 것을 명령한다. 재판이 벌어지던 날 원래 그뢰거를 기소했던 검사는 상부의 방해로 재판에 참석하지 못한다. 이 검사가 그뢰거의 사형을 반대하는 탄원을 올렸기 때문이다. 그 대신 이 사건과는 전혀 무관한 법무관이 검사로 임명된다. 그가 바로 한스 필빙어이다. 필빙어는 제독의 명령대로 사형을 구형하고 재판부는 기계적으로 사형을 언도한다. 그리고 1945년 3월 16일, 불쌍한 그뢰거는 필빙어의 감독하에 형장의 이슬로 사라진다.

호흐후트는 이 사건을 기반으로 소설을 쓰면서 필빙어를 '소름 끼치는 법관'이란 표현을 쓰면서 신랄하게 비난하고 ≪디 차이트≫지는 호흐후트의 글을 그대로 신문에 게재한다. 이에 필빙어는 즉각 반발하면서 ≪디 차이트≫지를 중상모략으로 고발한다. 당시 재판부는 필빙어의 손을 들어 호흐후트의 표현이 중상모략에 해당된다고 판단하고 이를 금지하는 판결을 내린다. 하지만 이미 불은 붙어버린 후이다. 시민 사회는 표현의 자유를 침해한다는 비난을 하고 각 언론사들은 필빙어의 과거 경력을 하나씩 들춰내기 시작한다. 결국 나치 말기에 필빙어가 사형을 구형하거나 언도했던 사건들이 드러난다. 특히 필빙어가 히틀러의 자결 후 영국군 수용소 내에서 진행된 재판에서도 나치의 군령을 적용하여 사형을 언도한 기록이 발견되어 시민들의 분노를 불러일으킨다. 해군 법무관으로 근무하면서 단 한 번도 사형을 언도한 적이 없다는 필빙어의 주장이 거짓으로 드러나면서 분노의 불길이 더욱 거세진 것이다. 이런 지경에 이르자 기민당 내에서도 필빙어를 비난하는 목소리가 나오고 결국 필빙어는 주지사 자리뿐 아니라 당내의 모든 자리에서 물러난다. 욱일승천하던 한 정치인의 생명이 끝장나버린 것이다. 당시 이 사건은 전 세계인들에게 큰 관심을 끌었다.

그런데 전 세계인의 주목을 끌었던 이 사건이 한국인들에겐 생소한 것은 왜일까? 당시 대한민국은 나치의 군사재판보다 더 살벌한 유신 재판이 기승을 부리며 많은 이들의 목숨을 앗아가던 시절이다. 유신의 칼날이 작두날처럼 민초들을 싹둑싹둑 베어내던 시대였으니 나치 시절의 경력이 정치인의 발목을 쳐내는 사건이 보도될 턱이 없다. 설사 이 사건이 알려졌어도 다른 나라들에서처럼 큰 관심을 끌지는 못했을 것 같다. 그저 한국인들을 광부와 간호사로 받아주는 고마운 서독에서 일어난, 이해하기 어려운 사건 정도로 받아들여지지 않았을까?

필빙어를 비난하기 위해 베른하르트의 연극을 선택하다

당시 연출가 클라우스 파이만은 필빙어가 주지사로 있던 주의 주도인 슈투트가르트 극장의 상임 연출가였다. 파이만은 필빙어 사건과 관련해서 호흐후트가 쓰고 있던 희곡「법관들Juristen」을 고별 작품으로 무대에 올리고 보홈으로 갈 예정이었으나 호흐후트의 집필이 예상보다 늦어져서 대신 토마스 베른하르트의 「은퇴 전야」를 무대에 올린다. 그럼 왜 클라우스 파이만은 필빙어를 비난하는 목적으로 토마스 베른하르트의 이 연극을 선택한 것인가? 연극의 내용을 둘러보자.

나치 독일에서 히틀러보다 더 악명을 떨친 인물이 있다. 하인리히 힘러Heinrich Himmler가 그 사람이다. SS친위대의 대장으로, 또 히틀러 권력 말기에는 내무장관으로 있던 인물로 나치 독일의 2인자이자 히틀러의 후계자로 지목되었던 인물이다. 600만 유태인의 대량학살도 사실 힘러에 의해 주도되었다. 힘러는 어린 시절에 양계장을 했던 경험을 바탕으로 종족의 우열론을 내세우면서 장교는 물론 병사들의 족보까지 파헤쳐서 순수한 아리안 혈통으로만 친위대를 조직하는 등 병적인 집착까지 보였다. 그러나 전쟁의 막바지에는 독일에 승산이 없다고 생각하고 연합군의 수뇌부에 신변보장과 함께 항복을 제의하여 히틀러의 분노를 불러일으키기도 했다. 결국 사병으로 변장하고 독일을 빠져나가려다 영국군에게 검거되어 수감되고 끝내 자결로 생을 마감한다. 그의 자살에는 처칠의 음모설도 나돌지만 공식적으로는 독이 든 캡슐을 깨물고 죽은 것으로 알려져 있다.

베른하르트의 연극 「은퇴 전야」는 이 힘러의 생일인 10월 7일에 벌어지는 내용이다. 나치의 SS친위대 장교이며 유태인 수용소의 부소장을 지냈던 루돌프 휠러는 신분을 숨기고 잠적한 뒤 지금은 대법원장이라는 신분으로 살고 있다. 전쟁이 끝나갈 무렵 힘러는 루돌프에게 가짜 여권을 줘서 탈출에 성공하게 한다. 가짜 여권으로 신분을 위조한 루돌프는 동생 베라의 도움으로 지하 벙커에서 10년 동안 숨어 지내다가 세인의 관심이 잠잠해지자 세상에 나와서 법관으로 승승장구하면서 대법원장이란 막강한 지위까지 올라간다. 평소 철저하게 비밀을 유지하면서 사는 루돌프는, 자신의 목숨을 구해준 힘러의 생일이면 저택에서 비밀리에 축하 파티를 벌인다. 매년 10월 7일에 귀머거리에 벙어리인 하녀 올가를 할머니에게 보내고 두 여동생 베라, 클라라와 함께 힘러 탄신일 기념 파티를 벌이는 것이다.

내일이면 대법원장에서 은퇴하는 루돌프에게는 오늘이 더욱 뜻깊다. 이제 삶의 고단함에서 벗어나 거액의 연금을 받으면서 여행이나 다니려고 한다. 자신이 발각되지 않고 이렇게 살아남아 존경까지 받아가면서 노년을 보낼 수 있으리라고는 생각하지 못했다. 항상 조마조마한 마음으로 살아온 세월이다.

친구는 가까이, 적은 더욱 가까이

연극은 이런 루돌프가 집으로 돌아오기를 기다리면서 법관복을 다림질하고 있는 언니 베라와 동생 클라라의 대화로 시작된다. 한데 베라와 클라라의 사이가 심상치 않다. 가시 돋친 독설을 뿜어내는 클라라는 휠체어에 앉아 있다. 그런데 막내는 자신을 돌봐주는 언니와 오빠에게 왜 악감정을 가지고 있는 것인가? 클라라는 루돌프나 베라와 사상적으로 다른 배경을 가지고 있다. 그녀는 사회주의자로서 한때 혁명가와 사랑에 빠졌었다. 이 혁명가가 자살을 한 뒤부터 그녀는 좌익 계열의 책과 신문에 빠져 산다. 그런데 전쟁이 끝나기 이틀 전 미군 비행기가 클라라가 다니는 학교에 폭격을 해서 90여 명의 학생들이 사망하고 클라라는 절름발이가 되어 평생 휠체어 신세를 지게 되었다. 주위에서는 클라라를 요양원에 보내라고 하지만 베라와 루돌프는 그럴 수 없다. 그녀가 입을 열면 루돌프의 과거가 드러나기 때문이다. 친구는 가까이, 그리고 적은 더욱 가까이에 두고 봐야 한다.

숨기고 싶은 것은 루돌프의 나치 경력뿐만이 아니다. 이들 남매에게는 또 하나의 비밀이 있다. 베라는 오빠 루돌프와 근친상간의 관계에 있다. 이 때문에 둘 다 결혼하지 않고 살고 있는 것이다. 물론 이는 나치의 혈통주의를 베른하르트가 배배 꼬면서 조롱하는 장치이다. 그리고 이런 비밀을 지키려고 일부러 귀머거리에 벙어리인 하녀 올가를 고용한 것이다. 이런 사실을 알고 있는 클라라가 오빠와 언니를 곱게 볼 리 없다. 게다가 매년 힐러의 생일이 돌아오면 루돌프는 불쌍한 막내 동생에게 유태인 수용소에서 유태인들이 입었던 줄무늬 수용소 복장을 입힌 뒤 머리도 박박 밀게 하고는 자신은 SS친위대 복장으로 갈아입고 샴페인을 마신다. 베라가 그 나치 장교복과 수용소 복장을 다림질하면서 1막은 끝이 난다.

2막에서는 고된 업무를 마치고 집에 돌아온 루돌프가 오늘 벌어진 일들을 이야기한다. 우연히 유태인 아이들을 마주친 이야기로 시작해서는 예전 같으면 어찌 감히 유태인들이 이 독일 땅에서 뛰놀 수 있겠느냐며 세상 좋아졌다고 한탄한다. 또 자기 집 앞에 공장 짓는 것을 금지했다면서 과거를 회상한다. 예전에도 집 앞에 독가스 공장을 지으려고 했었지만 힐러의 도움으로 막아낸 이야기를 하면서 힐러 찬양에 들어간다. 베라가 잠시 자

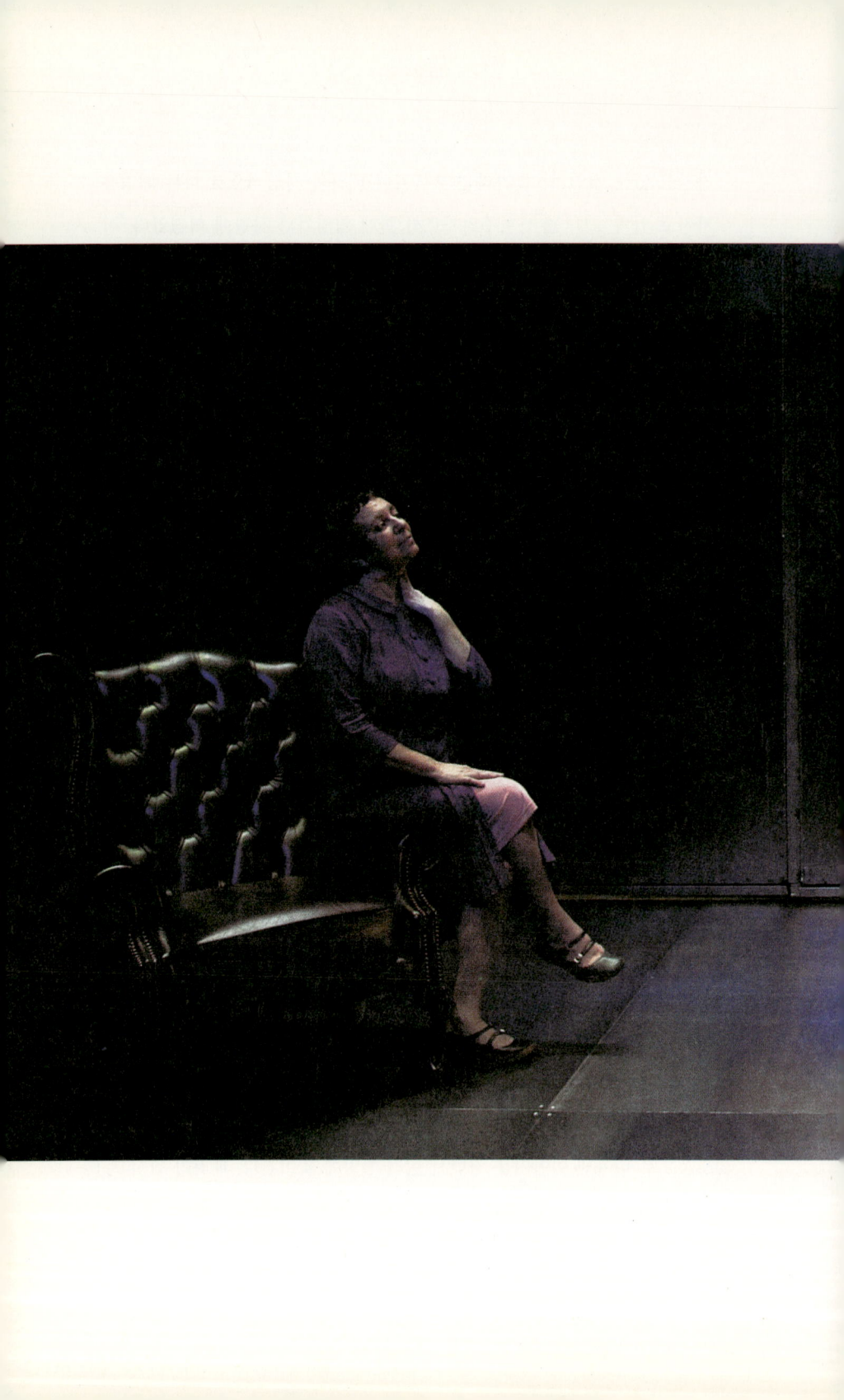

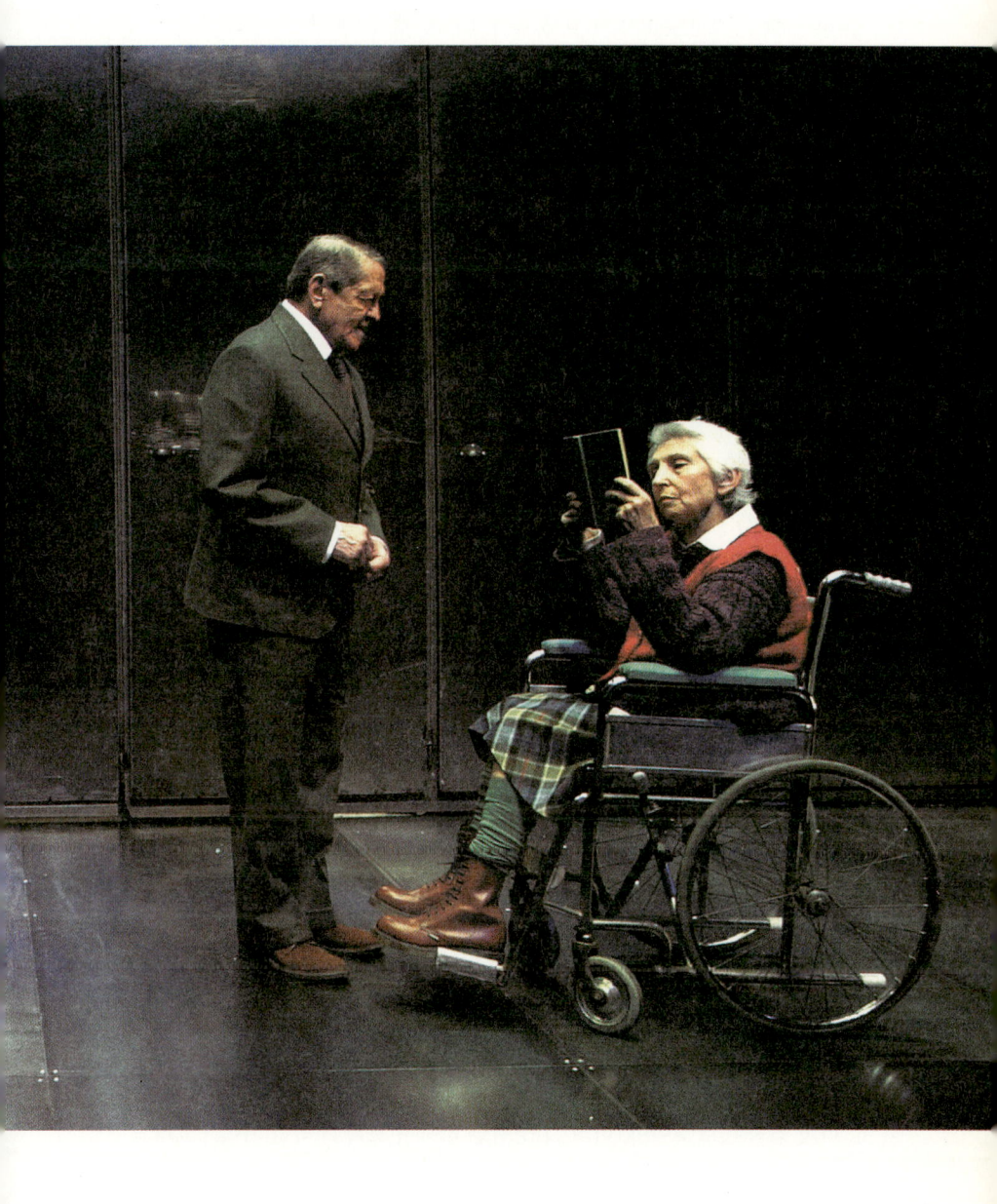

리를 비운 사이 루돌프와 클라라는 격렬한 말다툼을 하고 루돌프와 베라는 사랑을 나눌 것이라는 암시와 함께 클라라를 혼자 둔 채 방으로 들어간다.

3막이 올라가면 나치 장교의 제복을 입은 루돌프가 술이 얼큰하게 취한 상태로 등장한다. 베라와 클라라도 테이블에 앉아서 같이 식사하면서 샴페인을 마시고 있다. 복장만 갖춰 입은 것이 아니라 권총까지 차고 대사를 이어가는 루돌프의 모습이 어쩌 아슬아슬하다. 이때 베라가 앨범을 가져와서 루돌프와 같이 추억을 회상하는데 그 추억이라는 것들이 기가 막힌다. 전쟁 중에 자신이 죽인 민간인들의 사진이 담겨 있는 앨범을 들고 자랑스럽게 회상하는 장면이 한동안 이어진다. 이렇게 술 퍼먹고 왕년의 무용담을 늘먹이다 보면 객기가 발동하는 법이다. 루돌프가 권총을 빼들고는 베라의 얼굴을 겨냥한다. 베라는 기겁을 하면서 술이 너무 과했으니 제발 그만두라고 사정하지만 루돌프는 듣지 않는다. 내가 하고 싶으면 하는 거라며 너희들을 쏘겠다고 더 발광한다.

루돌프는 사정하면서 빌어대는 베라와 달리 지금껏 침착하게 아무 말 없이 지켜만 보던 클라라에게도 권총을 들이댄다. 하지만 클라라는 조금의 미동도 없이 이 미친 짓을 노려보기만 한다. 루돌프는 더 화가 난다. 권총을 거칠게 흔들어대면서 어서 살려달라고 사정하라며 클라라를 협박한다. 하지만 클라라는 아무 말도 하지 않고 노려볼 뿐이다. 그러자 갑자기 루돌프는 가슴을 쥐더니 테이블에 푹 쓰러진다. 제 풀에 못 이겨서 심장마비가 온 것이다. 이를 지켜보던 베라는 황급히 루돌프를 구해보려 하지만 루돌프는 아무 반응이 없다. 결국 포기하고 유태인 의사인 프롬 박사를 부르기 위해 루돌프의 옷과 신발을 벗기고 민간인 복장으로 갈아입는다. 그러고는 아무 말 없이 휠체어에 앉아 있는 클라라에게 이렇게 말한다. "네 잘못이야. 너의 침묵이 잘못이야. 너의 그 영원한 침묵이 오빠를 죽인 거야." 그러고는 전화기로 달려가서 유태인 의사에게 목숨을 구걸한다.

나치를 향한 독기 서린 비웃음

베른하르트는 이 연극을 '독일 혼魂이 펼치는 코미디'라고 정의한다. 한마디로 엿 먹으란 말이다. 베른하르트는 대사의 중간 중간에 음악을 이용해 나치들을 비웃는다. 모차르트의 「아이네 클라이네 나흐트무지크」와 베토벤의 교향곡 5번이 울려퍼지고 휠러 가족이 예술을 얼마나 사랑하는지 보여준다. 예술을 사랑했던 히틀러와 나치들에게 비웃음을 선사하기 위해서다. 코미디라고 하지만 전혀 코미디 같지 않다. 코미디라는 부제 자체가 독기 서린 비웃음이다. 비장함을 좋아하는 히틀러와 나치 일당에게는 미움이나 원망보다 비웃음이 어울린다는 것이 베른하르트의 확고한 신념이다.

바르셀로나 출신의 젊은 여성 연출자 카르메 포르타셀리Carme Portaceli가 마드리드의 중견 배우들과 함께 만든 베른하르트의 「은퇴 전야」는 독일어의 울림을 스페인어로 어떻게 바꾸어 보여줄 것인가? 이것이 나의 또 다른 관람 포인트였는데 이 부분은 너무 기대가 컸던 것 같다. 스페인어와 독일어의 울림을 비교하는 것 자체가 무리였다. 배우들에게 내 빈잔에 맥주를 따르라는 무리한 바람만 가득했다. 그들이 가지고 있는 것은 맥주가 아닌 상그리아인데.

막이 오르면 여섯 개의 거대한 철문이 배경으로 나타나고 베라는 다림질을 하고 클라라는 양말을 꿰매고 있다. 전직 나치 친위대 장교의 차가운 이미지와 잘 맞아떨어진다. 그리고 이 철문들은 각자 옷장, 식당, 거실 같은 다른 공간의 역할도 거든다. 다림질할 옷을 꺼내고 집어넣을 때도 사용하지만, 피아노가 나오고 사라지는 장면도 문 두 개가 열리면서 수월하게 처리된다. 그리고 나중에 가운데 철문이 열리면서 거대한 힘러의 초상과 함께 강렬한 조명을 비춘다. 하지만 배우들이 직접 이런 문을 여닫는 것이 자연스럽게 이어지지 못했다. 넓고 깔끔한 무대를 만들고 싶어서 그랬겠지만 차라리 그냥 빈 무대를 사용했으면 좀 더 좋은 효과가 나지 않았을까? 루돌프 역을 맡은 발터 비다르테Walter Vidarte는 좀 더 강한 이미지가 필요했다. 겉으로는 강한 척하지만 사실은 10년이나 숨어 지내며 두려움에 떨다가 결국 마지막에 어이없이 죽어버리는 모순적인 캐릭터를 구현했어야 하는데, 인상이나 대사를 보면 너무 희극적으로 그려진 것 같다. 물론 이런 식으로 이 연극을 해석하는 것도 연출자의 자유다. 베라 역의 글로리아 무뇨스Gloria Muños도 좀 더 적극적인 성적 표현이 필요했다. 동생 클라라를 대하는 차가움은 잘 전달되지 않았고 오히려 친근한 이미지가 전달되었다. 클라라 역의 테레사 로사노Teresa Lozano만 원래 베른하르트가 원하는 차갑고 냉소적인 느낌을 잘 살린 것 같다.

아쉬움이 많이 남는 연극이었지만, 마드리드에서, 그것도 토마스 베른하르트의 연극을 봤다는 것만으로도 위안이 된다. 연극은 무기체가 아니다. 살아 꿈틀대면서 진화도 하고 퇴화도 하며 때로는 멸종되기도 했다가 다시 어딘가에서 새롭게 태어나기도 한다. 마음에 드는 연극이 있는가 하면, 마음에 전혀 들지 않는 연극도 있다. 나치와 그 잔당들을 그저 우스꽝스럽게 만들고 싶은 연출자의 의도는 이해가 가기에 베른하르트의 주문대로 나치들을 실컷 비웃어주긴 했다.

호흐후트의 현실 고발 작품들 호흐후트가 쓴 정치적인 작품들은 「법관들」이나 「독일에서의 어떤 사랑」만이 아니다. 1963년에 쓴, 그의 가장 유명한 희곡인 「신의 대리인der Stellvertreter」은 히틀러의 유태인 학살에 동조한 교황 피우스 12세를 고발하는 연극이다. 그가 나치만 비난하는 것은 아니다. 두 번째 희곡 「군인들Soldaten, Nekrolog auf Genf」에서는 2차대전 중에 지브롤터 공군 기지에서 일어난, 폴란드 망명정부 총리 브와디스와프 시코르스키의 비행기 추락사가 사실은 윈스턴 처칠의 명령에 의한 것이었다고 주장한다. 그의 이런 현실 고발은 1984년에 미군의 화학 무기와 로널드 레이건을 다룬 「유디트Judith」나 실업 문제를 다룬 2004년 작 「맥킨지가 온다Mckinsey kommt」같은 작품에서도 계속 이어지고 있다. 그리고 한스 필빙어를 추락시킨 소설 「독일에서의 어떤 사랑」은 1983년에 폴란드 영화감독 안제이 바이다에 의해 독일과 프랑스의 합작으로 영화로 제작되었다.

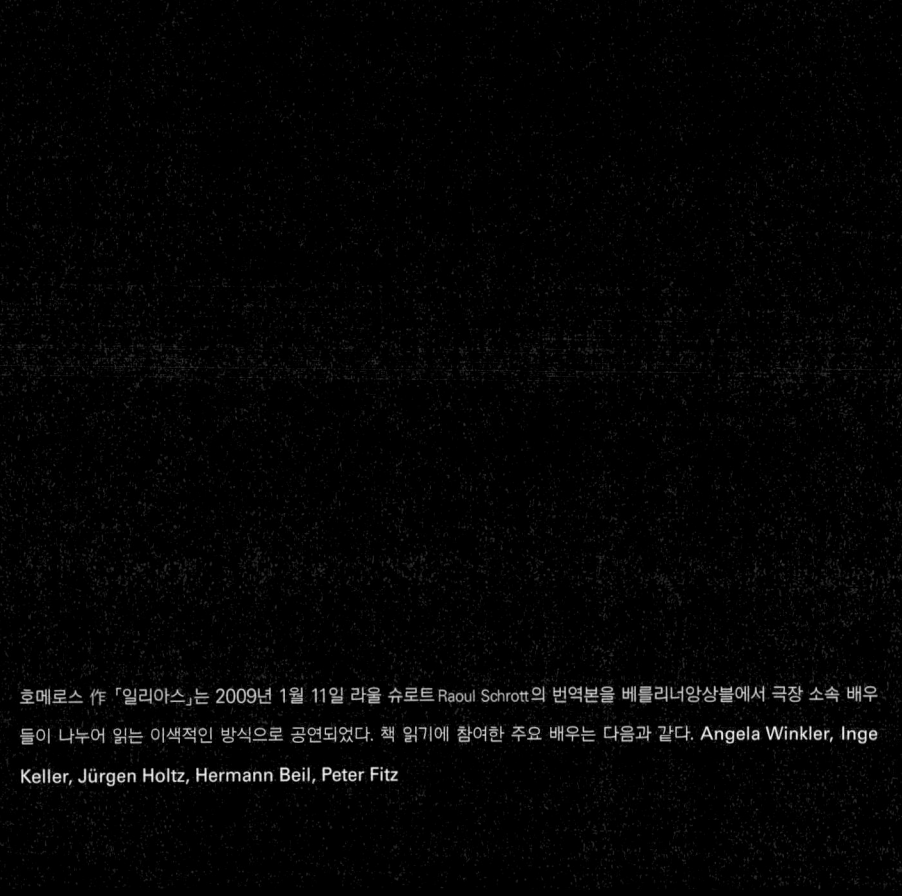

호메로스 作「일리아스」는 2009년 1월 11일 라울 슈로트 Raoul Schrott의 번역본을 베를리너앙상블에서 극장 소속 배우들이 나누어 읽는 이색적인 방식으로 공연되었다. 책 읽기에 참여한 주요 배우는 다음과 같다. Angela Winkler, Inge Keller, Jürgen Holtz, Hermann Beil, Peter Fitz

16

연극의 창세기 그리고 연극 오디세이아의 종점 「일리아스」

호메로스의 서사시는 전쟁뿐 아니라

인간의 평화를 갈망하는 화합을 다루고 있다.

그리고 고귀한 것과 저속한 것을 다루며

개인적인 사생활을 공개적으로 다루는 서사시이다.

어떻게 신들이 자신들의 영역에서 또는 인간들과 얽히면서

어떤 방식으로 관계 맺는지 그린다.

천상과 저승을 묘사하고, 신과 영웅의 후손들을 모두 망라한다.

—플라톤의 「이온Ion」 중에서

오늘 보는 연극이 베를린에서 보는 마지막 연극이 될 것 같다. 아파트도 다 정리해서 나오고 나니 막상 갈 곳이 마땅치 않다. 아델라는 한국에 돌아갈 때까지 자기 집에 머무르라고 하지만 그곳은 아무래도 여러 사람이 사는 집이라 편치가 않다. 비용이 좀 들더라도 호텔이 나을 것 같아 쿠담 거리에 있는 시티호텔에 숙소를 잡는다. 1주일만 참으면 된다. 베를린에 여행 왔다고 생각하자.

아침을 먹으러 호텔 식당으로 나왔는데 제법 근사한 식사가 차려져 있다. 든든하게 먹은 뒤 슈타트오페라하우스부터 고리키 극장을 따라 나의 흔적들을 카메라로 한번 찍어본다. 슈프레 강을 따라서 걸어가도 본다. 베를리너앙상블에 도착해서는 브레히트의 동상을 다시 한번 찍어본다. 그런데 너무 추워서 안 되겠다. 그냥 칸티네로 들어가서 차를 한 잔 마시다가 뚱보 주방장 하리도 한번 찍는다. "여기 잠깐 봐, 하리." 돌아본 사이에 셔터를 찰칵! 하리가 다시 찍겠다고 커다란 국자를 휘두른다. 안 돼, 이미 한번 찍은 건 안 돼.

호메로스는 아시리아의 궁전 내시였다

라울 슈로트Raoul Schrott라는 작가가 있다. 오스트리아 티롤 출신으로 지금
은 베를린자유대학의 교수로 있는데 시나 소설도 쓰지만, 비교문학이나 문
학비평으로 유명하다. 그런데 일반에게는 충격적인 연구 결과를 발표한 트
로이 전문가로 가장 많이 알려져 있다. 2007년부터 신문 지면을 뜨겁게 달
구다가 2008년에 마침내 폭탄을 터트렸다. 그에 의하면 호메로스는 아시
리아의 궁전 내시로 있었던, 그리스어가 가능했던 글쟁이였다. 그리고 트
로이전쟁이 일어났던 지역도 지금의 아나톨리 지역 서북쪽의 트로이가 아
니라 동남쪽의, 키프로스 섬이 마주 보이는 킬리키아란다. 이런 주장 때문
에 그는 학계는 물론 일반 대중 사이에서도 논쟁의 정점에 있다. 그가 결국
2008년에 「일리아스」를 새롭게 번역했다.

수메르의 대서사시인 길가메시 신화에 근거를 둔 이야기들이 「일리아
스」에 많이 나온다는 것을 기반으로 오늘날 터키 지역에 해당하는 킬리키
아에 상주하면서 연구를 진행한 모양인데, 아무튼 재미있는 작가이다. 직
업이 글쟁이다 보니 학자로서 크게 대접은 못 받지만, 여기 베를리너앙상
블의 평가는 다르다. 그가 번역한 호메로스의 「일리아스」를 가지고 오늘
베를리너앙상블에서 무대를 꾸민다. 2008년에 이미 헤센라디오 쿨투어*에
서 라디오 연극으로 그가 번역한 「일리아스」 전 권을 방송한 적도 있고 오
디오북으로도 출간되었지만, 그래도 여기가 어디인가. 베를리너앙상블의
배우들을 통해 공연을 올린다는 것은 슈로트에게도 엄청난 기회이다. 그간

---

* 독일의 금융과 경제의 중심지, 프랑크푸르트가 있는 헤센 주를 대표하는 방송국이 헤센라디오이고, 그중에서 문
화와 예술을 담당하는 방송이 헤센라디오쿨투어이다. 줄여서 hr2라고 한다.

의 구설수들을 한 번에 잠재울 수도 있을 테니까.

오늘 공연은 정확하게는 연극이 아니라 책 읽기이다. 「일리아스」 24권을 전부 읽는 건 무리인지라 8권만 추려서 읽는다. 그래도 8시간 반이 걸리는 마라톤이다. 나에게는 이것이 베를린에서의 마지막 연극이다. 연극의 창세기인 호메로스의 「일리아스」를 기나긴 연극 여정의 마지막 작품으로 만나는 것이다. 연극의 신이 나를 위해 마련한 기나긴 연극 수업이 이렇게 끝난다. 그리고 그 끝의 서곡은 호메로스의 노래로 시작된다.

옛날 옛날에 수없이 많은 인간들이 땅 위에서 방황하던 시절
대지의 그 넓디넓은 가슴이 이들에게 짓눌려 위협받던 시절이 있었다.
제우스가 이를 보고 불쌍히 여겨서 현명한 결정을 내렸는데
모든 먹거리를 제공하는 대지에서 인간이란 짐을 덜어내는 결정이었다.
그래서 제우스는 트로이전쟁이란 엄청난 전투에 불을 붙여
죽음을 통해 대지의 무거운 짐들을 덜어내주었다.
그렇게 많은 전사들이 트로이에서 죽어갔고, 제우스의 계획은 달성되었다.

그런데 뭔가 이상하다. 호메로스의 「일리아스」가 이렇게 시작하던가? 우리가 아는 「일리아스」의 서두와는 너무나 다른 내용이다. 「일리아스」의 내용을 아무리 찾아봐도 이런 내용은 안 나온다. 그런데 공연 프로그램에는 이 같은 내용이 호메로스의 「일리아스」 서곡이라고 적혀 있다. 의문은 나중에 풀렸다. 이건 트로이선생과 관련된 고대 그리스의 서사시 모음인 「에피코스 키클로스Epikos kyklos」 중 「키프리아Cypria」의 한 부분이다. 「키프리아」는 「일리아스」의 보충 해설의 앞부분이라고 생각하면 된다. 총 11권으로, 그리스 고전 시기에 쓰였다고 하는데 작가가 불분명하다. 한 사람이

아니라 여러 사람이 썼다고도 하고, 심지어는 호메로스 본인이 썼다고 추정하는 자료들도 있다. 그만큼 많은 부분이 「일리아스」와 「오디세이아」와 연관되어 있다. 키프로스의 스타시누스가 썼다고도 하고, 키프로스에 있는 살라미스의 헤게시아스가 썼다고도 해서 「키프리아」라는 이름이 붙게 된다. 일설에 의하면 이 서사시를 호메로스가 사위인 스타시누스에게 결혼지참금으로 줬다고도 한다. 더 나아가서는 그리스의 시인 핀다로스가 쓴 송시 중 「네메안 송시Nemean Ode」의, 지금은 분실된 부분을 후대 사람들이 베꼈을 것이라는 주장까지 있다.

이렇게 엇갈리는 주장이 난무하는 것은 원본이 남아 있지 않아서이다. 텍스트의 원본은 50줄만 남아 있는데 그것도 다른 이들에 의해 인용된 조각들만 남아 있으니 원작자를 알 길이 막연하다. 하지만 라울 슈로트는 이 서문이 호메로스가 쓴 것이라는 데 의견을 같이해서 이를 「일리아스」의 서곡으로 실어놓은 것이다.

어린 시절에 문고판으로 읽은 「호머 이야기」는 펠레우스와 테티스의 결혼식에 초대받지 못한 불화의 여신 에리스가 던진 사과로 인해 벌어지는 트로이전쟁으로 시작하는, 바로 이 「키프리아」의 이야기부터 시작한다. 해서 「호머 이야기」같이 트로이전쟁을 설명하는 책들만 읽고 직접 호메로스의 「일리아스」를 읽어보지 않으면 「일리아스」의 시작 부분을 잘 모른다.

「일리아스」는 그리스군이 트로이를 포위하고 있는, 전쟁한 지 10년째되는 무렵에 아가멤논과 아킬레우스의 말다툼으로 시작된다. 그리고 마지막 부분에서는 사랑하는 친구 파트로클로스를 잃은 아킬레우스가 복수를 위해 헥토르를 죽이고 그의 시신을 질질 끌고 다닌다. 그리고 프리아모스가 아킬레우스에게서 아들 헥토르의 시신을 받아와서 장사 지내는 장면으로 끝난다.

후에 파리스가 아킬레우스의 약점인 발꿈치에 화살을 쏴서 아킬레우스를 죽인 후, 기가 꺾인 그리스군이 목마를 사용해서 트로이 성 안에 잠입해 트로이를 멸망시키는 부분은 눈을 씻고 찾아봐도 안 나온다. 이 부분은 「일리아스」에 기록된 부분이 아니라, 앞의 「키프리아」와 마찬가지로 「에피코스 키클로스」 중에서 「아이티오피스」와 「소小-일리아스」에 나오는 내용들이기 때문이다.

호메로스, 문학의 아버지

자, 그럼 공연장으로 들어가보자. 먼저 베를린자유대학에서 비교문학을 가르치고 있는 올리버 루브리히가 나와서 간략하게 라울 슈로트와 「일리아스」를 소개하면서 관객을 맞이한다. 이어 라울 슈로트가 나와서 자신의 새로운 번역에 관한 문제, 호메로스의 정체성, 그리고 일리아스의 무대는 트로이가 아니라 킬리키아라고 주장하는 근거 등을 설명한다. 또 호메로스의 「일리아스」는 닥틸릭 헥사메터Dactylic Hexameter로 이루어져 있는데 이것을 그대로 독일어로 번역하는 것은 불가능하므로 그 대신 딱딱한 고어체나 문어체가 아닌 현재 일반인이 사용하고 있는 독일어로 번역했다고 한다. 맞는 말이다. 고전은 언제나 당대의 감각으로 재번역되어야 한다. 그리고 호메로스는 아시리아 궁전의 환관이었으며 2개 국어가 가능한 작가로서 당시 자기가 살던 지역의 이야기인 길가메시 신화와 연관된 전설에 근거해서 「일리아스」를 엮어냈다고 주장한다.

그의 이야기를 듣다 보니 고대의 문학 기술 형태에 관한 생각이 떠오른다. 그리스나 소아시아에서 조금 더 동쪽으로 오면 인도의 베다 문학이 있다. 그런데 이 베다 문학은 기록이 아닌 암송 문학이다. 토씨 하나 틀리지 않고 외워서 그대로 대를 이어 전승시킨다. 놀랍게도 베다 문학은 지금까지 살아남았다. 인도에서 발생한 불교의 경전도 팔리어로 기록되기 전까진 모두 구송 경전이었다. 사람이 경전인 것이다. 그 엄청난 분량을 한 사람이 외우는 것은 어불성설이고, 여러 사람이 장을 나누어서 외운 다음 대를 이어 전승한다. 인도의 모든 경전은 이렇게 구송 경전으로 이루어져 있었다. 한데 왜 이렇게 힘들게 외우는 방식을 선택한 것일까? 종이가 없었기 때문이다. 파피루스나 양피지 같은 것들은 있더라도 그 가격이 엄청났을 것이다. 결국 아주 중요한 것들만, 그것도 빼곡히 기록하게 된다.

　슈로트의 주장대로 호메로스가 아시리아의 궁전에 있었다면, 그쪽 사정은 어떠했을까? 이들 수메르인들은 문자를 파피루스나 양피지가 아니라 점토판에 새기는, 이른바 쐐기문자를 사용했던 이들이다. 문자를 점토판에 찍는 걸로 끝이 아니라 이를 도자기나 항아리처럼 구워내야 한다. 역시 비용이 만만치 않게 드는 작업이다. 이런 상황에서 그 엄청난 양의 「일리아스」와 「오디세이아」가 수메르인의 언어도 아닌 그리스어로 기록된다는 것이 쉬운 일이었을까? 아무래도 호메로스는 구송시인이었을 것 같다. 그럼 이런 이야기들을 문자로 기록한 사람을 호메로스로 볼 것인가, 아니면 구송할 수 있게 틀을 만든 사람을 호메로스로 볼 것인가에 대한 관점이 중요한 것 같다. 어차피 호메로스라는 이름이 본명도 아니지 않는가?*

　그리스인이냐 아니냐 하는 것도 중요하지 않을 것 같다. 호메로스의 「일리아스」와 「오디세이아」는 그리스어로 그리스인들에게 널리 알려져 있

---

* 호메로스homeros는 그리스어로 '인질'이라는 뜻이다. 또 다른 지역에서는 '장님'이라는 뜻도 있다. 그래서 그가 인질이었거나 장님이었다는 이야기들이 나돈다. 이외에 그의 이름을 '노래를 묶은 사람', '조화롭게 노래하는 사람'으로 해석하는 학자들도 있다.

었기 때문이다. 최근에도 나는 이를 그대로 외워서 암송하는 그리스 할머니를 만난 적 있다. 그때의 충격이란……. 그리스인들에게 호메로스는 문학의 아버지로서, 또 자랑스러운 그리스인으로서 남아 있다. 가뜩이나 터키인이라 하면 치를 떠는 그리스인들에게 사실은 호메로스가 터키 지역 어느 궁전의 내시였다고 말하면 믿겠는가? 분통과 원망만 살 뿐이다.

음악을 글로 표현한다는 것

그런데 그의 말 중에 주목해야 할 부분이 있다. 「일리아스」가 닥틸릭 헥사메터(강약약육보격)로 이루어져 있다는 것이다. 메터는 행의 리듬 구조인데 간단하게 시 한 줄이라고 생각하면 된다. 헥사는 6이라는 뜻이니 헥사메터는 시 한 줄이 6부분으로 나누어진다는 것이다. 이 6부분으로 나누어지는 한 마디, 한 마디를 중국이나 일본에서는 각脚이나 보步라고 하고 영어로는 푸트foot라고 한다.

모든 언어에는 음절이 있다. 이 음절은 모음으로 구별된다. 예를 들어, 영어로 머더mother는 2음절 단어라서 머-더mo-ther로 끊어 읽는다. 안 그런 경우도 간혹 있지만, 보통은 모음에서 끊으면 그것이 음절이 된다. 이 음절이 2개냐, 3개냐, 또 각 음절의 강세가 어떻게 되느냐에 따라서 푸트의 종류가 나뉜다. 대표적인 3음절짜리로는 닥틸(강강약)이 있고, 2음절짜리로는 앞서 말한 이암브(약강)가 있다. 그리므로 딕딜릭 헥사메터란 강약약 3음절로 된 푸트가 6개인 메터, 즉 시 한 줄에 3음절로 이루어진 단어가 6개 있다는 것이다.

그럼 호메로스의 「일리아스」는 닥틸릭 헥사메터이니 딴다다-딴다다-

딴다다-딴다다-딴다다-딴다다 식으로 되어 있겠다고 생각하면 좋겠지만, 저렇게 단순한 리듬만 반복되면 얼마나 재미없겠는가? 한 메터가 6개의 푸트로 이루어져 있지만, 6개의 푸트가 동일한 것은 아니다. 6개 중에 4개 정도가 닥틸이고, 여기에 강세나 음절 수가 다른 푸트가 섞여 있어도 닥틸릭 헥사메터라고 한다. 반올림한 것이다.

한데 여기 또 하나의 문제가 남는다. 보통 우리는 문장을 의미의 단위인 단어로 끊어 읽는다. 그래야 의미 전달이 명확해진다. 하지만 그리스 서사시나 극을 읽을 때는 푸트의 형식으로 끊는다. 강-약-약의 음절로 단어를 끊어서 이 법칙을 적용시킨다. 시를 뜻이 아닌, 리듬으로 끊어서 읽는 것이다.

예로서 「일리아스」 제1행의 리듬을 한번 보자. 우리말로 번역하면 "여신이여, 펠레우스의 아들 아킬레우스의 분노를 우리에게 노래해주오."란 뜻이다.

메닌 아이데 테아 펠레이아데오 아킬레우스
Menin aeide thea Peleiadeo Achileus

이것을 푸트로 끊으면 다음과 같이 읽을 수 있다.

메니나-이데테-아펠-레이아-데오아킬-레우스
Menin a/eide, the/a, Pe/leia/deo Achi/leus

직접 악센트를 넣어 소리 내서 노래하듯 읽어보면 금방 이해될 것이다. 음악을 글로 표현한다는 것은 이렇게 무리가 있다. 더구나 고대의 언어인 호메로스의 「일리아스」나 「오디세이아」를 원문으로 읽는다는 것은 이런 상상도 못할 고역이 있는 것이다. 그러니 낭송을 거치지 않으면 그 재미를 제대로 느낄 수 없다.

그러니까 슈로트는 원래의 그리스어의 음률을 살리지 못한다면, 현재 자신들의 언어의 음률에 맞춰서 낭송을 시도해보자는 것이다. 그리고 그 낭송을 할 음유시인들로 최고의 극단인 베를리너앙상블의 배우들을 선택한 것이다.

관객들의 영혼을 트로이의 전쟁터로 옮겨놓다

이윽고 본 막이 시작된다. 「일리아스」의 제1권은 라울 슈로트 본인이 낭송한다. 자신이 번역했으니 내용을 알아서 잘 읽는다. 아테네군이 아폴론의 노여움을 사서 역병으로 고생하게 되는 제1권의 앞부분만 번역해 보았다.

> 여신이여, 펠레우스의 아들 아킬레우스의 분노를 우리에게 노래해주오. 아킬레우스의 분노는 그리스군에 커다란 손실을 가져왔으며 수많은 전사들을 저승길로 보내고 개나 새들만 좋은 일 시켰다. 이렇게 모든 것이 제우스가 계획한 대로 되었으니 이는 처음에 두 사람의 다툼으로 시작되었다. 아트레우스의 아들, 아가멤논과 아킬레우스가 그 당사자였다.
>
> 그럼 신들 중 누가 이들의 다툼을 부추겼는가? 제우스와 레도의 아들 아폴론을 아가멤논이 화나게 해서, 아폴론이 군대에 역병을 돌게 하여 직위에 관계없이 수많은 이들이 병들어 죽어갔다. 이는 그들의 대장이 한 사제를 모욕해서 벌어졌다. 아폴론 신전의 사제인 크리세스는 딸의 몸값으로 수많은 선물을 들고

배로 왔다. 신의 하얀 띠를 두른 황금 지팡이를 들고서 그리스인들, 그중에서도 특히 아트레우스의 두 아들에게 영광을 기원하면서 이렇게 말했다.

"메넬라오스, 아가멤논, 그리고 모든 그리스의 용장들이시여! 그대들이 프리아모스의 나라를 정복하고 무사히 고향으로 돌아가기를 올림포스의 신들에게 기원 드립니다. 제우스의 아들, 아폴론을 생각해서라도 여기 몸값을 받으시고 제 딸년을 부디 돌려주시길 바랍니다."

그러자 모든 군인들이 중얼댔다.

"사제에게 잘못하면 안 돼요. 몸값을 받으세요!"

하지만 아가멤논은 그렇게 하지 않았다. 그 대신 불같이 화를 내면서 사제에게 떠날 것을 명령했다.

"다시는 이 근처에서 얼쩡거리지 마! 이 늙은 놈아. 만일 다시 내 눈에 띈다면 아무리 신의 지팡이와 띠를 가지고 있다고 해도 소용없어. 딸? 포기해! 그 계집은 내가 아르고스로 데려가서 내 잠자리 시중을 들게 할 거야. 이제 어서 꺼져주게. 지금 안전할 때 가는 게 좋을 거야."

너무나 난폭한 그의 태도에 노인은 두려워 아무 말도 못하고 물러날 수밖에 없었다. 파도가 험하게 몰아치는 해변에서 물러나면서 레토의 아들인 아폴론에게 간절히 기도하고 또 기도했다.

"오, 은빛 활의 주인이시며 신성한 도시들과 테네도스의 수호자이신 아폴로 신이시여, 제가 그간 올린 수많은 제물들이 마음에 드신다면 제 청을 부디 들어주소서. 저를 이렇게 피눈물 흘리게 한 그리스인들에게 당신의 화살을 퍼부어 주시옵소서!"

이러한 기도를 들은 아폴론은 올림포스 산에서 쏜살같이 내려와 그의 분노를 담아 화살을 날렸다. 처음에는 짐승들에게, 그리고 개들에게, 다음에는 군인들에게 역병의 화살을 날렸다. 군인들은 고통을 호소했고 역병의 불은 밤낮으로 불타올랐다. 신의 화살은 9일 동안 군 전체에 쏟아져 내렸다. 10일째 되는 날 아킬레우스는 전 지휘관을 불러 모았다. 그리스인들이 죽어가는 것을 불쌍히 여긴 헤라 여신이 시킨 것이다. 모두가 모인 자리에서 아킬레우스는 일어서며 말했다.

"아가멤논, 이거 큰일이구려. 이러다가는 전쟁보다 병으로 군사들이 다 죽겠소. 도대체 아폴론 신이 왜 이렇게 화가 났는지 점쟁이에게 물어봅시다. 혹 우리가 드린 제삿밥이 마음에 들지 않아서 그런 건지. 제물을 좀 바치면 병을 거두어줄 지도 모르는 일 아니오?"

이후 아가멤논과 아킬레우스의 언쟁에서는 욕설이 난무한다. 「일리아스」 원본에는 권위를 갖춘 고전이라는 상식을 깨는 욕설들이 꽤 많지만 특히 제1권에 가장 많다. 이런 욕설과 함께 감정을 한껏 담은 낭독으로 라울 슈로트는 관객들의 영혼을 모두 트로이의 전쟁터로 옮겨놓는다.

슬픔이란 술에 100년 동안 절인 목소리

제2권은 앙겔라 빙클러가 나와서 읽는다. 그녀 특유의 슬픔이 가득한 눈으로 읽는 「일리아스」라니, 기대 된다. 그녀의 목소리에는 눈물이 녹아 있다. 슬픔이란 술에 100년은 절인 듯한 목소리이다. 비 맞은 수양버들처럼 축 치진 흑발 사이에 군데군데 섞여 있는 흰머리가 아니라면 좀처럼 나이를 종잡을 수 없는 앙겔라 빙클러. 언젠가 음반 가게에서 마주쳤을 때 나를 뚫어지게 바라보면서 인사를 건네던, 그녀의 커다랗고 새까만 눈동자를 결코 잊을 수 없을 것이다. 그 눈동자를 마주하는 것도 오늘이 마지막이 되겠지.

오늘도 그녀는 그 슬픈 목소리로 잠들어 있는 나의 슬픔을 깨워낸다.

제2권에서는 제우스의 계략에 빠져서 잔꾀를 부리다가 곤란에 처한 아가멤논의 이야기, 그리고 전열을 가다듬어 트로이를 공략할 준비를 하는 이야기가 펼쳐진다. 제2권의 후반부에 가서는 장수들과 그 내력을 장황하게 전달하는 데에, 즉 사람들 이름을 소개하는 데 거의 지면의 반을 잡아먹는다. 다들 용감하고 대단한 내력을 가진 영웅들이라는 것을 알리기 위한 것도 있지만, 앞으로 전개될 이야기들에서 이들이 하나하나 다 주요 배역이기 때문이리라.

제2권까지 읽고 나자 벌써 두 시간이 흘렀다. 휴식이 필요하다. 첫 번째 휴식이다. 옆에서 졸고 있던 아델라를 깨워서 데리고 나온다. 베를리너 앙상블의 칸티네로 들어가 새카맣게 태운 커피에 설탕을 잔뜩 부어서 마신다. 당 수치가 걱정되지만, 그래야 체력이 좀 버텨주니 할 수 없다. 아델라는 브레첼에 맥주를 한 잔 마신다. 그거 마시면 해롱거려서 또 졸릴 텐데. 하지만 말리지 않고 그냥 둔다. 아마 장군들 이름이 계속 나올 때 이미 잠의 신 히프노스의 방문을 받았겠지. 나도 좀 지겨웠는데 앙겔라 빙클러의 목소리라 즐겁게 들으려 애썼다. 다시 공연장으로 들어온다.

제3권을 읽는 배우는 페터 피츠Peter Fitz다. 소위 선이 굵은 배우로 알려져 있다. 그러나 그를 이런 정도로만 소개하는 것은 사실 실례다. 1931년생이니 77세인데 60세로밖에 보이지 않는다. 1950년부터 연기했으니 어언 60년 동안 무대와 함께했다. 하지만 일반 독일인들은 그를 영화배우로 많이 알고 있다. 그만큼 연극 외에도 많은 활동을 했다. 그가 출연한 영화만 뽑아봐도 A4 용지로 두 장은 나온다.

독일도 예외 없이 미국 영화의 영향에서 자유롭지 못하다. TV 시리즈나 영화는 거의 미국 프로그램들이 주를 이루고 있는데, 그런 방송을 보다 더빙 때문에 깜짝 놀라는 경우가 종종 있다. 처음에는 브루스 윌리스나 잭 니콜슨이 독일어를 하는 줄 알았다. 그만큼 더빙 수준이 뛰어나다. 프랑스에서 살던 경험에 비춰보면, 보통 더빙한 영화들은 재미가 반감되는데 독일 방송은 다르다. 해서 영화관에도 독일어로 더빙한 할리우드 영화에 관객이 몰려든다. 난데없이 웬 더빙 이야기인가? 바로 페터 피츠가 더빙 배우로 유명하기 때문이다. 그의 딸 헨드리케와 아들 플로리안도 유명한 배우로 활동 중이다. 나이를 먹어서인지 그의 목소리는 얼핏 들으면 산들바람처럼 기력이 빠진 듯 들린다. 강한 음색을 가진 보통의 독일 배우들과는 느낌이 사뭇 다르다. 카랑카랑하진 않지만 마치 옆자리에 앉아서 이런저런 이야기를 들려주던, 고교 시절의 담임선생님 같다. 귀에 쏙쏙 들어온다. 그 눈빛은 또 얼마나 선한지.

페터 피츠가 들려주는 「일리아스」 제3권에서는 전장에서 파리스를 보고 분노를 터트리는 메넬라오스와 겁에 질려서 대열 속으로 숨어버린 동생 파리스를 헥토르가 나무라는 장면이 나온다. 이에 파리스는 트로이의 운명을 걸고 메넬라오스와 결투를 벌이고, 결국 목이 달아나려는 순간 여신 아프로디테의 개입으로 간신히 목숨을 건진다.

64년 동안 무대 위에서 보낸 삶이 저절로 말을 한다

제3권이 끝나자 라울 슈보트가 다시 나와서 코멘트를 한다. 다음에는 제6권으로 건너뛰기에 상황을 대략 설명하기 위해서다. 메넬라오스의 승리로 평화가 찾아왔다고 생각하는 순간, 트로이를 미워하는 두 여신 헤라와 아테네의 강력한 개입으로 전쟁은 다시 계속된다. 그리고 아테네가 빙의憑依

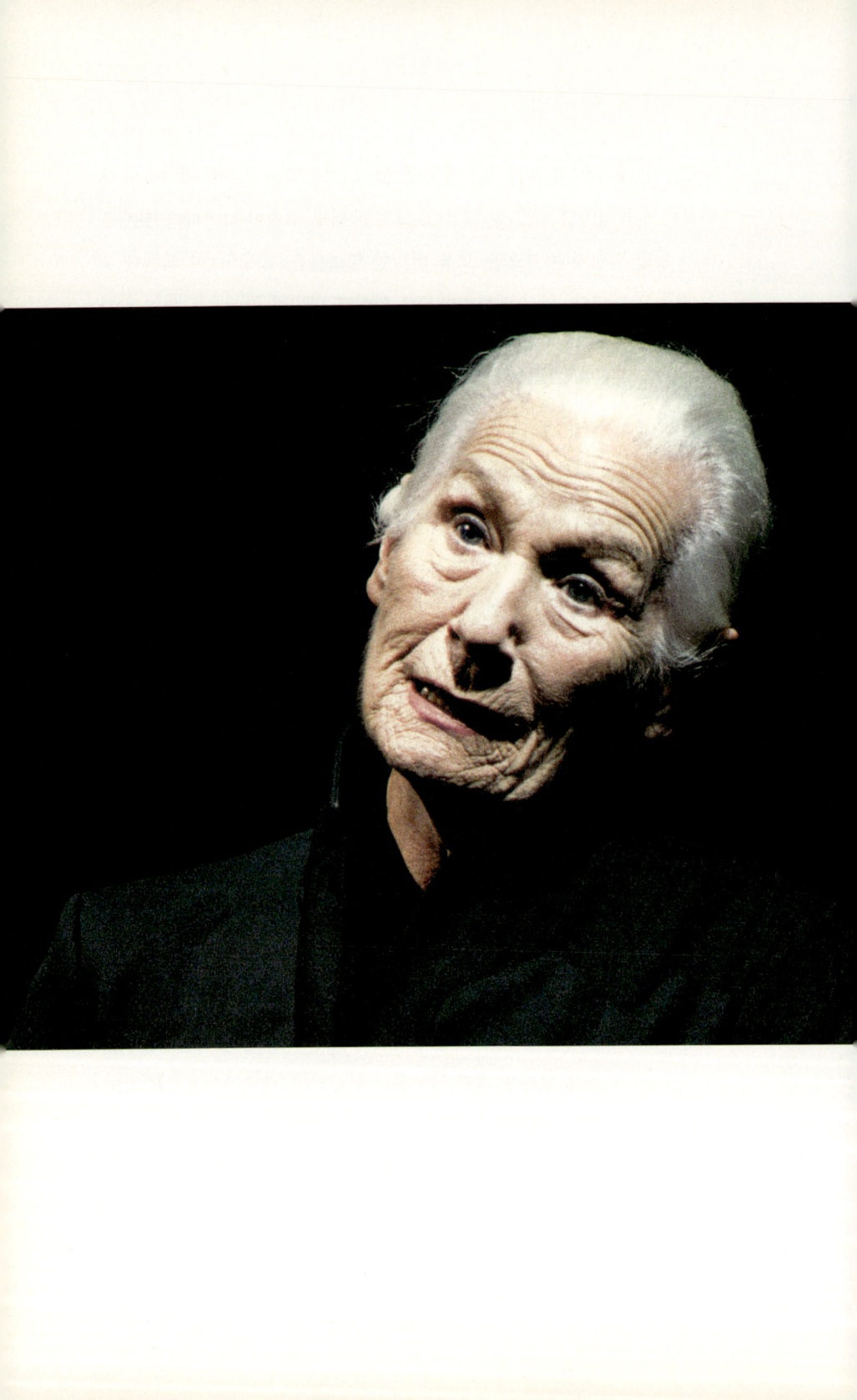

한 그리스의 장수 디오메데스의 활약상이 제4권과 제5권에서 펼쳐진다.

라울 슈로트의 코멘트가 끝나자 바로 제6권으로 이어진다. 제6권은 잉에 켈러Inge Keller가 나와서 읽는다. 의자와 탁자를 준비했다. 워낙 고령인지라 한 시간 동안 서서 읽기는 무리이다. 예전에 그녀가 도이체스테아터에서 「파우스트」 2부를 공연할 때가 기억난다. 지팡이를 짚고 무대 왼편 가장자리에 기대어 연기한 적이 있었다. 열광적인 커튼콜이 이어졌지만, 불편한 몸을 이끌고 계속 나와야 하는 그녀 때문에 오히려 커튼콜이 죄송스럽던 기억이 생생하다. 야속한 관객들은 그래도 계속 커튼콜을 했고 다른 배우들이 그녀를 부축하면서 퇴장과 입장을 하다가, 나중에 아예 그녀는 퇴장하지 않고 무대에 그냥 서 있었다. 몸이 부자연스럽기에 제스처가 들어간 연기는 하지 않지만, 책 읽기쯤은 아직도 가능하다. 그런 그녀가 등장해 자리에 앉자 무대가 살아 움직인다. 64년 동안 무대 위에서 보낸 삶이 저절로 말을 한다. 숨소리 하나, 물 마시는 동작 하나, 그 순간 순간의 모든 것이 그녀에 의해 창조된다. 연극의 여신 잉에 켈러가 호메로스의 「일리아스」를 이렇게 빚어내고 있다. 읽기만으로 관객을 사로잡는다는 것은 결코 쉬운 일이 아니다. 86세의 노구로 앉아서 읽기만 하는데도 잉에 켈러는 무대를 평정한다. 모든 관객의 숨이 멎는다. 졸고 있던 아델라도 이 순간만큼은 졸지 않는다. 언어의 울림이란 이런 것이다.

제6권에서는 디오메데스의 신기神氣가 아테네 여신의 분노에 기인함을 알고 헥토르가 트로이의 성안으로 들어가서 여신에게 제사를 지내 그 분노를 딜래줄 것을 어머니 헤카베에게 부탁한다. 그리고 자신의 아내인 안드로마케와 이별한 뒤 전쟁의 원인인 동생 파리스를 데리고 전쟁터로 향한다.

마지막 이별을 고하는 헬레네와 헥토르의 대화에서 잉에 켈러의 목소리가 비장한 슬픔에 잠겨서 흐느낀다. 객석에서도 손수건을 꺼내 눈가로 가져가는 이들이 눈에 띈다. 잉에 켈러의 읽기에는 이토록 큰 힘이 실려 있다. 그녀의 목소리를 담은 오디오북이 서점에서 눈에 많이 띄는 것이 이제 이해된다.

낭독을 마치고 우레와 같은 박수를 받으며 잉에 켈러가 퇴장한다. 이제 두 번째 휴식 시간이 주어진다. 배가 출출하기도 해서 칸티네로 가서 비엔나소시지에 브뢰첸으로 간단하게 요기를 한다. 베를리너앙상블의 비엔나소시지도 오늘이 마지막이구나. 모든 것이 다 소중하게 느껴진다. 휴식이 끝나고 다시 공연장으로 들어가니 또 라울 슈로트가 나와서 코멘트를 한다. 제6권에서 한참을 건너뛰어서 제21권으로 넘어가겠다며, 그사이의 내용들을 간략하게 소개한다. 목숨을 걸고 성문을 나선 헥토르의 용맹을 그리스군이 당해낼 수 없게 되면서 수많은 군사들과 장군들이 헥토르의 손에 처참하게 죽게 된다. 이를 보고 연민을 느낀 아킬레우스의 친구 파트로클로스는 아킬레우스의 갑옷을 빌려 입고 전투에 참가하지만 결국 헥토르의 손에 죽임을 당한다. 이에 분노한 아킬레우스가 아가멤논과의 불화로 전투에 참가하지 않겠다는 처음의 맹세를 깨고 마침내 친구의 복수를 위해 전투에 참가하면서 전쟁은 새로운 국면에 들어선다.

라울 슈로트가 들어가고 제21권을 읽기 위해 민둥머리의 위르겐 홀츠가 등장한다. 로버트 윌슨이 연출한 브레히트의 「서 푼짜리 오페라」에서 앵벌이 두목인 피첨 역을 열연하고 있는 위르겐 홀츠Jürgen Holtz. 1932년생이니 76세이다. 1952년부터 연기의 길에 들어섰으니 60년 연극 인생이다. 동베를린 시절 폴크스뷔네에서 베를리너앙상블로 옮겼으나 1974년에 그가 주연한 스트린드베리의 「줄리 아씨」가 공연 금지 처분을 받는다. 그 후 다시 폴크스뷔네로 돌아왔다가 1983년에 동독을 떠난다. 함부르크와 보훔에서 하이너 뮐러와 함께 공연을 핑계로 탈출한 뒤 비자를 계속 연장하면서 서독에 머무른다. 그리고 통일이 된 후 다시 베를린으로 돌아와서 활동한다. 독일의 현대사가 그의 연극 여정에 그대로 담겨 있는 것이다. TV나 영화에도 자주 등장하니 독일인들은 그가 낯설지 않다. 한국에 소개된 영화 중에서는 2003년 영화 「굿바이 레닌」에 작은 역할로 출연했었다. 동네 주민으로 나오는데, 주인공 알렉스가 엄마에게 줄 동베를린산 메이커인 슈프레발트 오이피클을 구하지 못해서 그 브랜드가 붙은 병을 구하기 위해 쓰레기통을 뒤지는 장면에서 투덜대는, 머리카락 없는 아저씨 역을 했던 분이 바로 이 위르겐 홀츠이다. 늘 카리스마 넘치는 위르겐 홀츠가 제21권을 읽어내려 간다.

제21권에서는 성난 아킬레우스가 트로이군을 학살하는 장면이 나온다. 그리고 이런 잔인한 학살을 보다 못한 크산토스 강의 신 스카만드로스가 아킬레우스를 막아서지만 헤라 여신의 개입으로 허사가 된다. 이어서 신들이 속속 전쟁에 개입하게 되고 트로이의 병사들은 공포감에 앞을 다투어 성안으로 퇴각한다.

만프레트가 술을 한잔하셨나

제21권을 다 읽고 위르겐 홀츠가 들어가자, 헤르만 바일 선생이 나온다. 클라우스 파이만의 연극 짝꿍으로 알려진 헤르만 바일은 오스트리아 빈 출신으로 1974년 슈트트가르트 주립극장 상임연출자 시절부터 클라우스 파이만의 드라마트루그이다. 파이만이 있는 곳에는 항상 바일이 있다. 슈트트가르트에서 보훔, 빈을 거쳐 베를린까지 파이만과 짝을 이루어 수석 드라마트루그로 일해왔다. 어언 35년이다. 35년 동안 한 사람과 호흡을 맞춰서 일하면, 눈빛만 마주쳐도 서로 무슨 생각을 하는지 안다. 적어도 내가 있는 동안 베를리너앙상블에서 가장 책 읽기를 많이 한 사람이 바로 이 헤르만 바일이다. 그리고 그의 책 읽기 공연에는 베를리너앙상블의 배우들도 연습 스케줄이 없는 날이면 관객이 되어서 객석에서 눈을 반짝거리며 바일 선생의 목소리에 귀를 기울인다. 아주 작은 역할로 자신이 직접 무대에 서 보기도 하는 헤르만 바일. 외모와 목소리만 들어보면 엄한 선생님 같지만, 배우들에게는 어머니와 같은 존재이다.

관객들에게는 배우들보다 더 많이 마주치는 사람이 또 헤르만 바일이다. 베를리너앙상블에서는 보통 공연 1시간 전에 원하는 관객들에게 연극에 대해 이런저런 설명을 해준다. 공연에 얽힌 이야기와 연극을 이해하는데 꼭 필요한 내용들을 사전에 알려주고 질문도 받는 자리이다. 이런 자리는 꼭 드라마트루그가 진행을 맡는다. 그래서 연극에 관심이 많은 관객들은 그와 이야기를 나눌 기회가 많다.

헤르만 바일이 읽어주는 제22권에서는 헥토르가 트로이군을 위해 아킬레우스와 단독으로 맞서게 된다. 하지만 불멸의 아킬레우스를 당해내지 못하고 비참하게 죽는다. 아킬레우스는 헥토르의 시신을 마차에 매달고 친구 파트로클로스의 시신이 있는 곳까지 질질 끌고 가고, 이를 성 위에서 지켜보던 헥토르의 가족들은 오열한다.

이렇게 제22권까지 읽고 약 40분 정도 휴식 시간이 주어진다. 마지막이자 세 번째 휴식 시간이다. 연극도 식후경이다. 칸티네에 가서 엄청나게 큰 베를리너앙상블 슈니첼을 먹었다. 아델라는 샐러드를 시켰다. 우리 얼굴보다 더 큰 슈니첼과 샐러드를 반쪽씩 나눠 먹고는 졸음 방지용으로 새카만 커피를 마신다. 벨이 울린다.

제23권은 만프레트 카르게 선생이 읽는다. 카르게는 베를리너앙상블의 배우학교가 배출한 최초의 학생 중 한 명이다. 전설의 배우 헬레네 바이겔Helene Weigel의 제자로 지금까지도 베를리너앙상블에 발을 담그고 있는, 살아 있는 베를린의 연극사다. 연출가로서도 명성을 떨친 바 있다.

제23권은 아킬레우스가 헥토르의 시신을 끌고 와서 친구 파트로클로스의 영전에 바치고 장례식을 치르는데 여기서 좀 흥미 있는 장면이 나온다. 파트로클로스의 화장이 끝나고 그를 기리는 미니 올림픽을 치른다. 각종 경기가 벌어지는데 호메로스의 정확한 기술이 고대 전투 형태를 생생하게 보여준다. 그런데 만프레트가 술을 한잔하셨나? 대충 한다는 느낌이 든다. 지금 옆 극장에서 본인이 연출한 작품이 공연 중인데, 거기에 신경이 가 있어서일까? 잔뜩 기대하고 있었는데 김이 새는 느낌이다. 실수를 할까 봐 내가 오히려 긴장된다. 다행히 실수 없이 무사히 넘어간다. 안도의 한숨이 나온다.

8시간 반 동안의 낭독

마지막 24권은 지금까지 나와서 읽은 7명에 젊은 배우 크리스토퍼 넬Christopher Nell을 더해 8명이 각자 한 역할씩 맡아 읽는다. 무대가 꽉 차면서 카르게 때문에 김샜던 분위기가 다시 후끈 달아오른다. 「일리아스」의 마지막 내용은 이렇다.

장례식 겸 미니 올림픽이 끝나고, 모두가 돌아간 뒤에도 아킬레우스는 잠을 이루지 못한다. 파트로클로스만 생각하면 눈물이 앞을 가리고 부아가 치밀어서 잠을 못 이룬다. 밖에서 방황을 하다가 동이 틀 무렵이면 헥토르의 시신을 매단 전차를 끌고 파트로클로스의 무덤을 세 바퀴 돌고는 낮 동안에는 먼지 구덩이 속에 그대로 시신을 방치한다. 이러기를 11일이나 계속한다. 하지만 아폴론의 가호로 헥토르의 시신은 손상되지 않고 온전히 보존된다.

아킬레우스의 이런 행동이 계속되자 올림포스의 신들은 헤르메스에게 시신을 훔쳐와서 헥토르의 가족에게 돌려주라고 재촉하지만 헤라, 아테네, 그리고 포세이돈의 반대에 부딪힌다. 보다 못한 아폴론은 어쩌면 그렇게 매정할 수 있느냐고 이들을 힐난한다. 헥토르와 그의 가족들이 제사를 소홀히 지낸 적도 없는데 아킬레우스의 편만 드느냐고 몰아붙인다. 그러자 이에 대한 헤라의 대답은 간단하다. 어찌 인간의 아들인 헥토르와 여신의 아들인 아킬레우스가 동등하냐는 것이다.

이에 제우스가 나선다. 아킬레우스의 어머니 테티스를 불러서 아킬레우스의 자존심을 훼손시키지 않도록 트로이의 왕인 프리아모스가 그에 해당하는 선물을 들고가 사정하도록 할 테니 헥토르의 시신을 프리아모스에게 돌려주도록 아들을 설득하라고 한다. 어찌 제우스의 명을 거역하겠는가? 그녀가 아들에게 가서 이런 신들의 결정을 설명하자, 아들은 제우스의 명에 따르기로 한다.

제우스는 전령인 이리스를 프리아모스에게 보내 이런 사실을 알리고, 늙은 하인과 단 둘이서 헥토르의 시신을 운반할 마차를 몰고 아킬레우스의 막사로 가라고 전한다. 이에 프리아모스는 식구들을 모아 이러한 제우스의 뜻을 알리고 헥토르의 시신을 찾으러 갈 준비를 한다. 이를 들은 헤카베는 기겁을 하면서 말린다. 그곳이 어떤 곳인데 늙은 몸으로 혼자 가며, 설령 도착하더라도 아킬레우스가 순순히 시신을 돌려주지도 않을 것일뿐더러 목숨도 보전하기 어렵다며 피눈물을 흘리면서 말린다. 하지만 프리아모스는 아들의 시신을 부둥켜안고 울 수라도 있다면 아킬레우스에게 죽어도 좋다면서, 가장 값진 보물들을 챙겨서 길을 떠난다. 제우스는 길잡이 헤르메스를 보내서 프리아모스가 무사히 아킬레우스의 막사에 도착하도록 보호해준다.

자신의 막사에 도착한 프리아모스를 본 아킬레우스는 늙은 왕의 고귀함에 감동을 받는다. 또한 그의 고뇌에서 자신의 아버지 펠레우스의 고뇌를 발견하면서 두 영웅은 서로 눈물을 흘린다. 아킬레우스는 자식같이 어린 자신의 발을 붙들고 오열하는 백발의 늙은 왕을 일으켜 세우면서 연민에 눈시울을 적신다. 그리고 시신을 돌려줄 준비를 하고 저녁식사를 대접한다. 헥토르를 잃은 뒤 물 한 모금 마시지 못하고 잠 한숨 자지 못했던 프리아모스는 식사를 하고 잠시 눈을 붙이게 해달라고 한다. 그동안 쌓인 긴장과 피곤이 풀어지니 몸이 견뎌내질 못하는 것이다.

아킬레우스는 순순히 승낙하고 자신의 막사에서 자고 갈 것을 허락한다. 그리고 헥토르의 장례를 치를 동안에는 전투를 하지 않겠노라고 약속한다. 잠시 눈을 붙이고 있노라니 헤르메스가 늙은 왕을 깨운다. 날이 밝아 아가멤논이 이 사실을 알게 되면 시신을 가져가는 것이 쉽지 않으니 어서 일어나 길을 떠나자고 한다. 이에 아차 싶은 프리아모스는 부랴부랴 시신을 챙겨 트로이 성으로 돌아간다. 성곽에서 헥토르의 시신이 돌아오는 것을 본 헥토르의 여동생 카산드라는 사람들을 부르고, 모든 이들이 나와 헥토르의 시신을 부여잡고 운다. 프리아모스가 나중에 울 기회가 있을 테니 지금은 시신을 집으로 운반할 길을 터 달라고 말하자, 모두 물러선다. 헥토르의 시신을 둘러싸고 아내 안드로마케, 어머니 헤카베, 그리고 이 모든 전쟁의 근원인 헬레네의 순으로 돌아가면서 애처롭게 곡을 한다. 이렇게 장례가 치러질 동안 아킬레우스는 약속대로 11일 동안 전투를 중단한다.

기나긴 낭독은 8시간 반 후에야 끝이 났다. 관객들도 모두 진이 빠져버렸다. 지친다. 어서 호텔로 돌아가서 쉬었으면 좋겠다. 그렇다고 박수를 보내지 않고 떠날 수는 없는 법. 당연히 스탠딩 오베이션이다. 이걸 공연하는 인간들이나, 듣고 있는 인간들이나 다 징한 인간들이다. 겨우 8편만 읽었는데도 이러한데, 「일리아스」를 전부 읽는다면 어떤 일이 벌어지겠는가? 그런데 언젠가 전부 읽는다고 할 것 같다. 이들은 한다면 진짜로 하는 사람들이다.

베를리너앙상블과 헬레네 바이겔 베를리너앙상블 하면 보통 브레히트가 만든 극단으로만 알려져 있다. 하지만 베를리너앙상블은 브레히트 혼자서 만든 것이 아니다. 베를리너앙상블의 설립자는 브레히트와 그의 두 번째 부인인 헬레네 바이겔이다. 1949년에 베를리너앙상블은 브레히트가 예술감독, 바이겔이 상임연출을 맡으면서 새롭게 첫발을 내딛는다. 배우로 명성을 날리던 바이겔은 브레히트와 함께 망명길에 오르면서 거의 연기를 못 하다가 베를린에 돌아와서 다시 무대에 오른다. 「억척어멈과 그 자식들」에서 보여준 그녀의 연기는 아직도 전설로 남아 있다. 또한 그녀는 베를리너앙상블에서 많은 학생들을 키워낸다.

브레히트는 1956년에 사망해서 베를리너앙상블에서 그리 많은 활동을 하지 못한다. 하지만 헬레네 바이겔이 남아 있었기에 베를리너앙상블은 세계 최고의 극단으로 자리 잡는다. 오스트리아 빈 출신의 유태인계 여배우 바이겔은 베를리너앙상블이란 선물을 남기고 1971년에 남편 브레히트 옆에 고이 잠들었다. 베를리너앙상블 2층에 가면 브레히트와 바이겔을 기리는 방이 따로 있어 관련된 사진들을 볼 수 있다.

찾아보기

Photography Credit

「파우스트」ⓒ Katrin Ribbe

「벚꽃 동산」, 「도적 떼」ⓒ Matthias Horn

「레 제페메르」ⓒ BEL AIR MEDIA

「은퇴 전야」ⓒ Teatro Valle-Inclan

「오레스테이아」, 「한여름 밤의 꿈」, 「일리아스」ⓒ Iko Freese

「억척어멈과 그 자식들」, 「고도를 기다리며」, 「길 잃은 사람들의 흔적을 좇아서」ⓒ Monika Rittershaus

「이본, 부르군트의 세자빈」ⓒ Susanna Fels

「페르 귄트」ⓒ Gisela Scheidler

「클라우스 파이만 바지 한 벌 사고 나와 함께 식사하러 간다」ⓒ Gerda Maleta

「죽음의 춤」ⓒ Gerd Weigelt

「소포클레스의 안티고네」ⓒ Monika Rittershaus

베를린, 천 개의 연극

유럽 연극의 수도에서 삶을 뒤흔든 작품들을 만나다

1판 1쇄 펴냄 2011년 12월 21일
1판 3쇄 펴냄 2015년 5월 7일

지은이 박철호
펴낸이 박상준
펴낸곳 반비

출판등록 1997. 3. 24.(제16-1444호)
(135-887) 서울특별시 강남구 도산대로1길 62
대표전화 515-2000, 팩시밀리 515-2007
편집부 517-4263, 팩시밀리 514-2329

글 ⓒ 박철호, 2011. Printed in Seoul, Korea.

ISBN 978-89-8371-581-4 13680

반비는 민음사출판그룹의 인문 · 교양 브랜드입니다.
블로그 http://banbi.tistory.com
페이스북 http://www.facebook.com/Banbibooks
트위터 http://twitter.com/banbibooks